Diogenes Taschenbuch 20633

SHAKESPEARES DRAMATISCHE WERKE

Übersetzt von A. W. v. Schlegel und L. Tieck
Herausgegeben und revidiert von Hans Matter

Mit Illustrationen von
Johann Heinrich Füßli

Dritter Band

WILLIAM SHAKESPEARE

Julius Cäsar
Antonius und Cleopatra
Coriolanus

DIOGENES

Die Illustrationen
von Johann Heinrich Füßli
beruhen auf Stichen, die der zehnbändigen Ausgabe
The Plays of William Shakespeare, London, 1805,
entnommen sind.
Lizenzausgabe mit freundlicher Genehmigung
des Birkhäuser Verlags, Basel.
Umschlagillustration:
Ausschnitt aus Füßlis *Antonius und Cleopatra*
Entwurf: Hans Höfliger

Veröffentlicht als Diogenes Taschenbuch, 1979
Alle Rechte an dieser Ausgabe vorbehalten
Diogenes Verlag AG Zürich
30/93/24/3
ISBN 3 257 20633 X

EINFÜHRUNGEN

Dieser Band enthält die Römerdramen Shakespeares, mit Ausnahme seines Erstlingswerkes *Titus Andronicus*, dessen Echtheit von englischen Kritikern aus ästhetischen Gründen bezweifelt wird. Sie beruhen alle auf den sogenannten Parallelbiographien des Griechen Plutarch (gest. um 120 n. Chr.). In dieser Sammlung werden berühmte Griechen berühmten Römern gegenübergestellt, Feldherren, Gesetzgeber, Redner usw. Das Werk wurde im 16. Jahrhundert ins Deutsche, Italienische, Spanische und von Jacques Amyot, dem Bischof von Auxerre, ins Französische übertragen; die letzte Arbeit übersetzte Sir Thomas North 1579 in ein prachtvoll plastisches Englisch und schuf ein Buch, das die Elisabethaner mit ihrer Heldenverehrung entzücken mußte. Hier haben wir Shakespeares Quelle.

Julius Cäsar

Julius Cäsar, einige Jahre vor *Coriolanus* und *Antonius und Cleopatra* entstanden, müßte eigentlich *Marcus Brutus* heißen; denn Brutus, und nicht der ungünstig gezeichnete Cäsar, ist der Held des Stückes. In der Gestalt des Brutus stellt Shakespeare einen edlen, weltverbessernden Denker hin, der in seinem Idealismus unzweckmäßig handelt und wider Willen eine schlimmere Tyrannei vorbereiten hilft, als sie vorher bestand. Und darin besteht die Tragik in diesem Drama. Sie liegt nicht in der Ermordung Cäsars, sondern im Untergang der römischen Republik und im Siege des Cäsarentums. Die Anlage des Werkes, das man eine Tragödie der Vaterlandsliebe nennen könnte, erzielt stärkste Wirkungen. Mit Recht berühmt ist die Leichenrede des Antonius. Dieses rhetorische Meisterwerk scheint Eigentum des Dichters zu sein; Plutarch erwähnt nur die Tatsache, daß Antonius gesprochen habe. Geradezu modern mutet uns das Verhältnis zwischen Portia und Brutus an. Zum Schönsten gehört die Szene, in der Brutus sich mit Cassius versöhnt und von ihm und dem Leben Abschied nimmt. Trotzdem Shakespeare mit seinen Kenntnissen des Altertums wuchert, unterscheidet sich das Bild, das er von Rom entwirft, nicht von demjenigen Londons. Seine Römer sind Engländer; sie tragen Pelzmützen, die Legionen trommeln. Dies ist um so leichter zu verstehen, als ja im Kostüm der eigenen Zeit gespielt wurde.

Antonius und Cleopatra

Stofflich bildet *Antonius und Cleopatra* eine Art Fortsetzung zu *Julius Cäsar*. Dramatisch weniger straff als *Coriolanus*, ist das Stück diesem an Mannigfaltigkeit des Interesses und an dichterischer Schönheit überlegen. Was bei *Coriolanus* über das Verhältnis zur Quelle gesagt ist, gilt auch für *Antonius und Cleopatra*, mit dem Unterschied freilich, daß der Dichter in der Auffassung der Cleopatra von Plutarch abweicht. Möglicherweise ist dies auf den Einfluß einer andern Quelle zurückzuführen. Cleopatra war eine beliebte Bühnenfigur geworden, und Shakespeare kannte ziemlich sicher andere zeitgenössische Behandlungen des Stoffes. In den drei ersten Akten ist seine Cleopatra eine Bacchantin, die verkörperte, skrupellose, unbeständige Sinnlichkeit. Später entwickelt sie sich zur wahren Heldin, die treu und entschlossen in den Tod geht. Obschon das berühmte Liebespaar – beide amoralische Gestalten – einer untergehenden Welt angehört, spürten die Zeitgenossen doch etwas von seiner Größe. Hervorragend ist die Schilderung der Pracht eines orientalischen Hofes und interessant der stellenweise unlyrische, realistische Charakter des Verses.

Coriolanus

Obwohl Shakespeare Plutarch Schritt für Schritt folgt und sich von der Übersetzung sogar sprachlich beeinflussen läßt, hat er doch verschiedene Änderungen vorgenommen, um die dramatische Wucht seines sorgfältig gearbeiteten Stückes zu erhöhen. Coriolan ist eine edle Natur, die durch die kleinliche, egoistische Welt ins Unrecht versetzt wird. Alle Nebenfiguren, auch die vom Dichter erfundene Gattin Virgilia, dienen dazu, seine Persönlichkeit hervorzuheben. Ergreifender als bei Plutarch wirkt Volumnia, die Mutter, in ihrer Rolle als Gegenspielerin. Sie hat den Sohn für eine Laufbahn des Ruhms erzogen und muß ihn, als es zu spät und nur noch unter vollkommener Aufgabe seiner selbst möglich ist, verzichten lehren. In den Kämpfen zwischen Aristokratie und Volk steht Shakespeare auf der Seite der Aristokraten. Die Plebejer sind für ihn verächtliches Gesindel, die Volkstribunen schmeichlerische Schwätzer. Da nichts davon bei Plutarch steht, ist anzunehmen, daß es sich hier um Shakespeares persönliche Gesinnung handelt. Das Stück wird seines antidemokratischen Charakters wegen selten aufgeführt.

Hans Matter

JULIUS CÄSAR

Wahrscheinlich 1599 entstanden
Übersetzt von August Wilhelm von Schlegel

PERSONEN

JULIUS CÄSAR
OCTAVIUS CÄSAR ⎫
MARCUS ANTONIUS ⎬ *Triumvirn nach dem Tode des Julius Cäsar*
M. ÄMILIUS LEPIDUS ⎭

CICERO ⎫
PUBLIUS ⎬ *Senatoren*
POPILIUS LENA ⎭

MARCUS BRUTUS ⎫
CASSIUS
CASCA
TREBONIUS ⎬ *Verschworene gegen Julius Cäsar*
LIGARIUS
DECIUS BRUTUS
METELLUS CIMBER
CINNA ⎭

FLAVIUS ⎫
MARULLUS ⎬ *Tribunen*

ARTEMIDORUS, *ein Sophist von Knidos*
Ein Wahrsager
CINNA, *ein Poet*
Ein anderer Poet

LUCILIUS ⎫
TITINIUS
MESSALA ⎬ *Freunde des Brutus und Cassius*
DER JUNGE CATO
VOLUMNIUS ⎭

[*Fortsetzung folgende Seite*]

VARRO
CLITUS
CLAUDIUS   *Diener des Brutus*
STRATO
LUCIUS
DARDANIUS
PINDARUS, *Diener des Cassius*
CALPURNIA, *Gemahlin des Cäsar*
PORTIA, *Gemahlin des Brutus*

Senatoren, Bürger, Wache, Gefolge usw.

Die Szene ist einen großen Teil des Stücks hindurch
zu *Rom*, nachher zu *Sardes* und bei *Philippi*

ERSTER AUFZUG

Erste Szene

Rom. Eine Straße
Flavius, Marullus und ein Haufe von Bürgern

Flavius. Packt euch nach Haus, ihr Tagediebe! fort!
Ist dies ein Feiertag! Was? wißt ihr nicht,
Daß ihr als Handwerksleut an Werkeltagen
Nicht ohn ein Zeichen der Hantierung dürft
Umhergehn? – Welch' Gewerbe treibst du? sprich!
Erster Bürger. Nun, Herr, ich bin ein Zimmermann.
Marullus. Wo ist dein ledern Schurzfell und dein Maß?
Was machst du hier in deinen Sonntagskleidern? –
Ihr, Freund, was treibt Ihr?
Zweiter Bürger. Die Wahrheit zu gestehn, Herr, gegen einen feinen Arbeiter gehalten, mache ich nur, sozusagen, Flickwerk.
Marullus. Doch welch Gewerb? Antworte gradezu.
Zweiter Bürger. Ein Gewerbe, Herr, das ich mit gutem Gewissen treiben kann, wie ich hoffe. Es besteht darin, einen schlechten Wandel zu verbessern.
Marullus. Welch ein Gewerb, du Schuft? welch ein Gewerb?
Zweiter Bürger. Nein, ich bitte Euch, Herr, laßt Euch die Geduld nicht reißen. Wenn aber ja was reißt, so gebt Euch nur in meine Hand.
Marullus. Was meinst du damit? Mich in deine Hand geben, du naseweiser Bursch?
Zweiter Bürger. Nun ja, Herr, damit ich Euch flicken kann.
Flavius. Du bist ein Schuhflicker, nicht wahr?
Zweiter Bürger. Im Ernst, Herr, ich bin ein Wundarzt für alte Schuhe: wenn's gefährlich mit ihnen steht, so mache ich sie wieder heil. So hübsche Leute, als jemals auf Rindsleder getreten, sind auf meiner Hände Werk einhergegangen.
Flavius. Doch warum bist du in der Werkstatt nicht?
Was führst du diese Leute durch die Gassen?
Zweiter Bürger. Meiner Treu, Herr, um ihre Schuhe abzunutzen,

damit ich wieder Arbeit kriege. Doch im Ernst, Herr, wir machen Feiertag, um den Cäsar zu sehen und uns über seinen Triumph zu freuen.

Marullus. Warum euch freun? Was hat er wohl erobert?
Was für Besiegte führt er heim nach Rom
Und fesselt sie zur Zier an seinen Wagen?
Ihr Blöck'! ihr Steine! schlimmer als gefühllos!
O harte Herzen! arge Männer Roms!
Habt ihr Pompejus nicht gekannt? Wie oft
Stiegt ihr hinan auf Mauern und auf Zinnen,
Auf Türme, Fenster, ja auf Feueressen,
Die Kinder auf dem Arm, und saßet da
Den lieben langen Tag, geduldig wartend,
Bis durch die Straßen Roms Pompejus zöge?
Und saht ihr seinen Wagen nur von fern,
Erhobt ihr nicht ein allgemeines Jauchzen,
So daß die Tiber bebt' in ihrem Bett,
Wenn sie des Lärmes Widerhall vernahm
An ihren hohlen Ufern?
Und legt ihr nun die Feierkleider an?
Und spart ihr nun euch einen Festtag aus?
Und streut ihr nun ihm Blumen auf den Weg,
Der siegprangt über des Pompejus Blut?
Hinweg!
In eure Häuser lauft, fallt auf die Knie
Und fleht die Götter an, die Not zu wenden,
Die über diesen Undank kommen muß!

Flavius. Geht, geht, ihr guten Bürger! und versammelt
Für dies Vergehen eure armen Brüder;
Führt sie zur Tiber, weinet eure Tränen
Ins Flußbett, bis ihr Strom, wo er am flachsten,
Die höchsten ihrer Uferhöhen küßt.

(*Die Bürger ab.*)

Sieh, wie die Schlacken ihres Innern schmelzen!
Sie schwinden weg, verstummt in ihrer Schuld.
Geht Ihr *den* Weg, hinab zum Kapitol;
Hierhin will ich. Entkleidet dort die Bilder,

Seht Ihr mit Ehrenzeichen sie geschmückt.
Marullus. Ist das erlaubt?
 Ihr wißt, es ist das Luperkalienfest.
Flavius. Es tut nichts: laßt mit den Trophäen Cäsars
 Kein Bild behängt sein. Ich will nun umher
 Und will den Pöbel von den Gassen treiben.
 Das tut auch Ihr, wo Ihr gedrängt sie seht.
 Dies wachsende Gefieder, ausgerupft
 Der Schwinge Cäsars, wird den Flug ihm hemmen,
 Der, über Menschenblicke hoch hinaus,
 Uns alle sonst in knechtscher Furcht erhielte. (*Beide ab.*)

ZWEITE SZENE

Ein öffentlicher Platz

In einem feierlichen Aufzuge mit Musik kommen Cäsar, Antonius, zum Wettlauf gerüstet, Calpurnia, Portia, Decius, Cicero, Brutus, Cassius und Casca; hinter ihnen ein großes Gedränge, darunter ein Wahrsager

Cäsar. Calpurnia!
Casca. Still da! Cäsar spricht.
         (*Die Musik hält inne.*)
Cäsar. Calpurnia!
Calpurnia. Hier, mein Gemahl!
Cäsar. Stellt dem Antonius grad Euch in den Weg
 Wenn er zur Wette läuft. – Antonius!
Antonius. Erlauchter Cäsar?
Cäsar. Vergeßt, Antonius, nicht, in Eurer Eil.
 Calpurnia zu berühren; denn es ist
 Ein alter Glaube, unfruchtbare Weiber,
 Berührt bei diesem heilgen Wettelauf,
 Entladen sich des Fluchs.
Antonius. Ich werd es merken.
 Wenn Cäsar sagt: «Tu das», so ist's vollbracht.
Cäsar. Beginnt; laßt nichts von den Gebräuchen aus.
             (*Musik.*)
Wahrsager. Cäsar!
Cäsar. He, wer ruft?

Casca. Es schweige jeder Lärm: noch einmal, still!
  (*Die Musik hält inne.*)
Cäsar. Wer ist es im Gedräng, der mich begehrt?
  Durch die Musik dringt gellend eine Stimme,
  Die «Cäsar!» ruft. Sprich! Cäsar neigt sein Ohr.
Wahrsager. Nimm vor des Märzen Idus dich in acht.
Cäsar. Wer ist der Mann?
Brutus. Ein Wahrsager; er warnt Euch vor des Märzen Idus.
Cäsar. Führt ihn mir vor, laßt sein Gesicht mich sehn.
Casca. Komm aus dem Haufen, Mensch; tritt vor den Cäsar.
Cäsar. Was sagst du nun zu mir? Sprich noch einmal.
Wahrsager. Nimm vor des Märzen Idus dich in acht.
Cäsar. Er ist ein Träumer; laßt ihn gehn, und kommt.
  (*Ein Marsch. Alle bis auf Brutus und Cassius gehn ab.*)
Cassius. Wollt Ihr den Hergang bei dem Wettlauf sehn?
Brutus. Ich nicht.
Cassius. Ich bitt Euch, tut's.
Brutus. Ich hab am Spiel nicht Lust, mir fehlt ein Teil
  Vom muntern Geiste des Antonius;
  Doch muß ich Euch in Eurem Wunsch nicht hindern.
  Ich laß Euch, Cassius.
Cassius. Brutus, seit kurzem geb ich acht auf Euch;
  Ich find in Eurem Blick die Freundlichkeit,
  Die Liebe nicht, an die Ihr mich gewöhnt.
  Zu unwirsch und zu fremd begegnet Ihr
  Dem Freunde, der Euch liebt.
Brutus. Mein Cassius,
  Betrügt Euch nicht. Hab ich den Blick verschleiert,
  So kehrt die Unruh meiner Mienen sich
  Nur gegen mich allein. Seit kurzem quälen
  Mich Regungen von streitender Natur,
  Gedanken, einzig für mich selbst geschickt,
  Die Schatten wohl auf mein Betragen werfen.
  Doch laßt dies meine Freunde nicht betrüben
  (Wovon Ihr einer sein müßt, Cassius),
  Noch mein achtloses Wesen anders deuten,
  Als daß, mit sich im Krieg, der arme Brutus

Den andern Liebe kund zu tun vergißt.
Cassius. Dann, Brutus, mißverstand ich Euren Unmut.
Dehalb begrub hier diese Brust Entwürfe
Von großem Werte, würdige Gedanken.
Sagt, Brutus, könnt Ihr Euer Antlitz sehn?
Brutus. Nein, Cassius, denn das Auge sieht sich nicht,
Als nur im Widerschein, durch andre Dinge.
Cassius. So ist's;
Und man beklagt sich sehr darüber, Brutus,
Daß Ihr nicht solche Spiegel habt, die Euren
Verborgnen Wert Euch in die Augen rückten,
Auf daß Ihr Euren Schatten säht. Ich hörte,
Wie viele von den ersten Männern Roms
(Nur Cäsarn nehm ich aus[1]), von Brutus redend,
Und seufzend unter dieser Zeiten Joch,
Dem edlen Brutus offne Augen wünschten.
Brutus. Auf welche Wege, Cassius, lockt Ihr mich,
Daß Ihr mich heißt in meinem Innern suchen,
Was doch nicht in mir ist?
Cassius. Drum, lieber Brutus, schickt Euch an zu hören.
Und weil Ihr wißt, Ihr könnt Euch selbst so gut
Nicht sehn als durch den Widerschein, so will
Ich, Euer Spiegel, Euch bescheidentlich
Von Euch entdecken, was Ihr noch nicht wißt.
Und denkt von mir kein Arges, werter Brutus.
Wär ich ein Lacher aus der Menge; pflegt ich
Mein Herz durch Alltagsschwüre jedem neuen
Beteurer auszubieten; wenn Ihr wißt,
Daß ich die Menschen streichle, fest sie herze
Und dann sie lästre; oder wenn Ihr wißt,
Daß ich beim Schmaus mich mit der ganzen Schar
Verbrüdern mag, dann hütet Euch vor mir.
  (*Trompeten und Freudengeschrei.*)
Brutus. Was heißt dies Jauchzen? Wie ich fürchte, wählt

---

[1]. Wörtlich lautet die ironisch aufzufassende Stelle: den unsterblichen Cäsar ausgenommen.

Das Volk zum König Cäsarn.
Cassius. Fürchtet Ihr's?
Das hieße ja, Ihr möchtet es nicht gern.
Brutus. Nein, Cassius, nicht gern; doch lieb ich ihn.
Doch warum haltet Ihr mich hier so lange?
Was ist es, das Ihr mir vertrauen möchtet?
Ist's etwas, dienlich zum gemeinen Wohl,
Stellt Ehre vor ein Auge, Tod vors andre,
Und beide seh ich gleiches Mutes an.
Die Götter sein mir günstig, wie ich mehr
Die Ehre lieb, als vor dem Tod mich scheue.
Cassius. Ich weiß, daß diese Tugend in Euch wohnt,
Sogut ich Euer äußres Ansehn kenne.
Wohl! Ehre ist der Inhalt meiner Rede.
Ich weiß es nicht, wie Ihr und andre Menschen
Von diesem Leben denkt; mir, für mich selbst,
Wär es so lieb, nicht da sein, als zu leben
In Furcht vor einem Wesen wie ich selbst.
Ich kam wie Cäsar frei zur Welt, so Ihr;
Wir nährten uns sogut, wir können beide
Sogut wie er des Winters Frost ertragen.
Denn einst, an einem rauhen stürmschen Tage,
Als wild die Tiber an ihr Ufer tobte,
Sprach Cäsar zu mir: «Wagst du, Cassius, nun
Mit mir zu springen in die zornge Flut
Und bis dorthin zu schwimmen?» — Auf dies Wort,
Bekleidet, wie ich war, stürzt ich hinein
Und hieß ihn folgen; wirklich tat er's auch.
Der Strom brüllt' auf uns ein; wir schlugen ihn
Mit wackern Sehnen, warfen ihn beiseit
Und hemmten ihn mit einer Brust des Trotzes.
Doch eh wir das gewählte Ziel erreicht,
Rief Cäsar: «Hilf mir, Cassius! ich sinke.»
Ich, wie Äneas, unser großer Ahn,
Aus Trojas Flammen einst auf seinen Schultern
Den alten Vater trug, so aus den Wellen
Zog ich den müden Cäsar. — Und *der* Mann

Ist nun zum Gott erhöht, und Cassius ist
Ein arm Geschöpf und muß den Rücken beugen,
Nickt Cäsar nur nachlässig gegen ihn.
Als er in Spanien war, hatt er ein Fieber,
Und wenn der Schaur ihn ankam, merkt ich wohl
Sein Beben: ja, er bebte, dieser Gott!
Das feige Blut der Lippen nahm die Flucht,
Sein Auge, dessen Blick die Welt bedräut,
Verlor den Glanz, und ächzen hört ich ihn.
Ja, dieser Mund, der horchen hieß die Römer
Und in ihr Buch einzeichnen seine Reden,
Ach, rief: «Titinius! gib mir zu trinken!»
Wie'n krankes Mädchen. Götter! ich erstaune,
Wie nur ein Mann so schwächlicher Natur
Der stolzen Welt den Vorsprung abgewann,
Und nahm die Palm allein.
              (Jubelgeschrei. Trompeten.)
Brutus. Ein neues Jauchzen!
Ich glaube, dieser Beifall gilt die Ehren,
Die man auf Cäsars Haupt von neuem häuft.
Cassius. Ja, er beschreitet, Freund, die enge Welt
Wie ein Colossus, und wir kleinen Leute,
Wir wandeln unter seinen Riesenbeinen,
Und schaun umher nach einem schnöden Grab.
Der Mensch ist manchmal seines Schicksals Meister:
Nicht durch die Schuld der Sterne, lieber Brutus,
Durch eigne Schuld nur sind wir Schwächlinge.
Brutus und Cäsar – was steckt doch in dem Cäsar,
Daß man den Namen mehr als Euren spräche?
Schreibt sie zusammen: ganz so schön ist Eurer;
Sprecht sie: er steht den Lippen ganz so wohl;
Wägt sie: er ist so schwer; beschwört mit ihnen:
Brutus ruft Geister auf so schnell wie Cäsar.
              (Jubelgeschrei.)
Nun denn, im Namen der gesamten Götter,
Mit was für Speise nährt der Cäsar sich,
Daß er so groß ward? Zeit, du bist entehrt.

Rom, du verlorst die Kraft des Heldenstamms.
Welch Alter schwand wohl seit der großen Flut,
Das nicht geglänzt durch mehr als *einen* Mann?
Wer sagte jemals, wenn er sprach von Rom,
Es faß ihr weiter Kreis nur *einen* Mann?
Nun ist in Rom fürwahr des Raums genug:
Find't man darin nur einen einzgen Mann.
O, beide hörten wir von unsern Vätern:
«Einst gab es einen Brutus, der so gern
Des alten Teufels Hof als einen König
Geduldet hätt in Rom.»

Brutus. Daß Ihr mich liebt, bezweifl' ich keineswegs;
Worauf Ihr bei mir dringt, das ahn ich wohl;
Was ich davon gedacht und von den Zeiten,
Erklär ich Euch in Zukunft. Doch für jetzt
Möcht ich, wenn ich Euch freundlich bitten darf,
Nicht mehr getrieben sein. Was ihr gesagt,
Will ich erwägen; was Ihr habt zu sagen,
Mit Ruhe hören und gelegne Zeit,
So hohe Dinge zu besprechen, finden.
Bis dahin, edler Freund, beherzigt dies:
Brutus wär lieber eines Dorfs Bewohner,
Als sich zu zählen zu den Söhnen Roms
In solchem harten Stand, wie diese Zeit
Uns aufzulegen droht.

Cassius. Ich bin erfreut, daß meine schwachen Worte
Dem Brutus so viel Funken nur entlockt.

Cäsar und sein Zug kommen zurück.

Brutus. Das Spiel ist aus, und Cäsar kehrt zurück.

Cassius. Wenn sie uns nahn, zupft Casca nur am Ärmel,
Er wird nach seiner mürr'schen Art Euch sagen,
Was von Belang sich heut ereignet hat.

Brutus. Ich will es tun. Doch seht nur, Cassius,
Auf Cäsars Stirne glüht der zornge Fleck,
Die andern sehn gescholtnen Dienern gleich.
Calpurnias Wang ist blaß, und Cicero
Blickt mit so feurigen und roten Augen,

Wie wir ihn wohl im Kapitol gesehn,
Wenn Senatoren ihn im Rat bestritten.
Cassius. Casca wird uns berichten, was es gibt.
Cäsar. Antonius!
Antonius. Cäsar?
Cäsar. Laßt wohlbeleibte Männer um mich sein,
Mit glatten Köpfen, und die nachts gut schlafen.
Der Cassius dort hat einen hohlen Blick;
Er denkt zuviel: die Leute sind gefährlich.
Antonius. O fürchtet *den* nicht; er ist nicht gefährlich,
Er ist ein edler Mann und wohlgesinnt.
Cäsar. Wär er nur fetter! — Zwar ich fürcht ihn nicht;
Doch wäre Furcht nicht meinem Namen fremd,
Ich kenne niemand, den ich eher miede
Als diesen hagern Cassius. Er liest viel;
Er ist ein großer Prüfer und durchschaut
Das Tun der Menschen ganz; er liebt kein Spiel,
Wie du, Antonius, hört nicht Musik;
Er lächelt selten, und auf solche Weise,
Als spott er sein, verachte seinen Geist,
Den irgend was zum Lächeln bringen konnte.
Und solche Männer haben nimmer Ruh,
Solang die jemand größer sehn als sich;
Das ist es, was sie so gefährlich macht.
Ich sag dir eher, was zu fürchten stände,
Als was ich fürchte; ich bin stets doch Cäsar.
Komm mir zur Rechten, denn dies Ohr ist taub,
Und sag mir wahrhaft, was du von ihm denkst.
(*Cäsar und sein Gefolge ab; Casca bleibt zurück.*)
Casca. Ihr zogt am Mantel mich; wollt Ihr mich sprechen?
Brutus. Ja, Casca, sag uns, was sich heut begeben,
Daß Cäsar finster sieht.
Casca. Ihr wart ja bei ihm; wart Ihr nicht?
Brutus. Dann fragt ich Casca nicht, was sich begeben.
Casca. Nun, man bot ihm eine Krone an, und als man sie ihm
anbot, schob er sie mit dem Rücken der Hand zurück: so —;
und da erhob das Volk ein Jauchzen.

Brutus. Worüber jauchzten sie zum andern Mal?
Casca. Nun, auch darüber.
Cassius. Sie jauchzten dreimal ja; warum zuletzt?
Casca. Nun, auch darüber.
Brutus. Wurd ihm die Krone dreimal angeboten?
Casca. Ei, meiner Treu, wurde sie's, und er schob sie dreimal zurück; jedesmal sachter als das vorige Mal; und bei jedem Zurückschieben jauchzten meine ehrlichen alten Freunde.
Cassius. Wer bot ihm die Krone an?
Casca. Je nun, Antonius.
Brutus. Sagt uns die Art und Weise, lieber Casca.
Casca. Ich kann mich ebensogut hängen lassen, als euch die Art und Weise erzählen: es waren nichts als Possen, ich gab nicht acht darauf. Ich sah den Mark Anton ihm eine Krone anbieten – doch eigentlich war's keine rechte Krone, es war so 'ne Art von Stirnband – und wie ich euch sagte, er schob sie einmal beiseite; aber bei alledem hätte er sie nach meinem Bedünken gern gehabt. Dann bot er sie ihm nochmals an, und dann schob er sie nochmals zurück; aber nach meinem Bedünken kam es ihm hart an, die Finger wieder davonzutun. Und dann bot er sie ihm zum dritten Male an; er schob sie zum dritten Male zurück; und jedesmal, daß er sie ausschlug, kreischte das Gesindel und klatschten in die rauhen Fäuste und warfen die schweißigen Nachtmützen in die Höhe und gaben eine solche Last stinkenden Atems von sich, weil Cäsar die Krone ausschlug, daß Cäsar fast daran erstickt wäre; denn er ward ohnmächtig und fiel nieder, und ich für mein Teil wagte nicht zu lachen, aus Furcht, ich möchte den Mund auftun und die böse Luft einatmen.
Cassius. Still doch! ich bitt Euch. Wie? er fiel in Ohnmacht?
Casca. Er fiel auf dem Marktplatze nieder, hatte Schaum vor dem Munde und war sprachlos.
Brutus. Das mag wohl sein; er hat die fallende Sucht.
Cassius. Nein, Cäsar hat sie nicht. Doch Ihr und ich
Und unsrer wackrer Casca, wir haben sie.
Casca. Ich weiß nicht, was Ihr damit meint; aber ich bin gewiß, Cäsar fiel nieder. Wenn das Lumpenvolk ihn nicht beklatschte

und auszischte, je nachdem er ihnen gefiel oder mißfiel, wie sie es mit den Komödianten auf dem Theater machen, so bin ich kein ehrlicher Kerl.

Brutus. Was sagt' er, als er zu sich selber kam?

Casca. Ei nun, eh er hinfiel, als er merkte, daß der gemeine Haufe sich freute, daß er die Krone ausschlug, so riß er euch sein Wams auf und bot ihnen seinen Hals zum Abschneiden – triebe ich irgend 'ne Hantierung, so will ich mit den Schuften zur Hölle fahren, wo ich ihn nicht beim Wort genommen hätte – und damit fiel er hin. Als er wieder zu sich selbst kam, sagte er, wenn er irgendwas Unrechtes getan oder gesagt hätte, so bäte er Ihre Edeln, es seinem Übel beizumessen. Drei oder vier Weibsbilder, die bei mir standen, riefen: «Ach, die gute Seele!» und vergaben ihm von ganzem Herzen. Doch das gilt freilich nicht viel; wenn er ihre Mütter totgeschlagen[1] hätte, sie hätten's ebensogut getan.

Brutus. Und darauf ging er so verdrießlich weg?

Casca. Ja.

Cassius. Hat Cicero etwas gesagt?

Casca. Ja, er sprach griechisch.

Cassius. Was wollt er denn?

Casca. Ja, wenn ich Euch das sage, so will ich Euch niemals wieder vor die Augen kommen. Aber die ihn verstanden, lächelten einander zu und schüttelten die Köpfe. Doch was mich anlangt, mir war es griechisch. Ich kann Euch noch mehr Neues erzählen: dem Marullus und Flavius ist das Maul gestopft, weil sie Binden von Cäsars Bildsäulen gerissen haben. Lebt wohl. Es gab noch mehr Possen, wenn ich mich nur darauf besinnen könnte.

Cassius. Wollt Ihr heute abend bei mir speisen, Casca?

Casca. Nein, ich bin schon versagt.

Cassius. Wollt Ihr morgen bei mir zu Mittag speisen?

Casca. Ja, wenn ich lebe und Ihr bei Eurem Sinne bleibt und Eure Mahlzeit das Essen verlohnt.

Cassius. Gut, ich erwart Euch.

---

1. Im Original: abgestochen, durchbohrt

Casca. Tut das; lebt beide wohl! (*Ab.*)
Brutus. Was für ein plumper Bursch ist dies geworden?
Er war voll Feuer als mein Schulgenoß.
Cassius. Das ist er jetzt noch bei der Ausführung
Von jedem kühnen, edlen Unternehmen,
Stellt er sich schon so unbeholfen an.
Dies rauhe Wesen dient gesundem Witz
Bei ihm zur Brüh; es stärkt der Leute Magen,
Eßlustig seine Reden zu verdaun.
Brutus. So ist es auch. Für jetzt verlaß ich Euch,
Und morgen, wenn Ihr wünscht mit mir zu sprechen,
Komm ich zu Euch ins Haus; doch wenn Ihr wollt,
So kommt zu mir, und ich will Euch erwarten.
Cassius. Das will ich; bis dahin gedenkt der Welt.
(*Brutus ab.*)
Gut, Brutus, du bist edel; doch ich sehe,
Dein löbliches Gemüt kann seiner Art
Entwendet werden. Darum ziemt es sich,
Daß Edle sich zu Edlen immer halten.
Wer ist so fest, den nichts verführen kann?
Cäsar ist feind mir, und er liebt den Brutus,
Doch wär ich Brutus nun, er Cassius,
Er sollte mich nicht lenken. Diese Nacht
Werf ich ihm Zettel von verschiednen Händen,
Als ob sie von verschiednen Bürgern kämen,
Durchs Fenster, alle voll der großen Meinung,
Die Rom von seinem Namen hegt, wo dunkel
Auf Cäsars Ehrsucht soll gedeutet sein.
Dann denke Cäsar seines nahen Falles;
Wir stürzen bald ihn, oder dulden alles. (*Ab.*)

DRITTE SZENE

Eine Straße. Ungewitter
Casca, mit gezognem Schwert, und Cicero kommen von verschiednen Seiten

Cicero. Guten Abend, Casca! Kommt Ihr her von Cäsar?
Warum so atemlos und so verstört?
Casca. Bewegt's Euch nicht, wenn dieses Erdballs Feste
Wankt wie ein schwaches Rohr? O Cicero!
Ich sah wohl Stürme, wo der Winde Schelten
Den knotgen Stamm gespaltet, und ich sah
Das stolze Meer anschwellen, wüten, schäumen,
Als wollt es an die drohnden Wolken reichen;
Doch nie bis heute nacht, noch nie bis jetzt
Ging ich durch einen Feuerregen hin.
Entweder ist im Himmel innrer Krieg,
Wo nicht, so reizt die Welt durch Übermut
Die Götter, uns Zerstörung herzusenden.
Cicero. Ja, saht Ihr jemals wundervollre Dinge[1]?
Casca. Ein Sklave, den Ihr wohl von Ansehn kennt,
Hob seine linke Hand empor; sie flammte
Wie zwanzig Fackeln auf einmal, und doch,
Die Glut nicht fühlend, blieb sie unversengt.
Auch kam (seitdem steckt ich mein Schwert nicht ein)
Beim Kapitol ein Löwe mir entgegen;
Er gaffte starr mich an, ging mürrisch weiter
Und tat mir nichts. Auf einen Haufen hatten
Wohl hundert bleiche Weiber sich gedrängt,
Entstellt von Furcht; die schwuren, daß sie Männer
Mit feurgen Leibern wandern auf und ab
Die Straßen sahn. Und gestern saß der Vogel
Der Nacht sogar am Mittag auf dem Markte
Und kreischt' und schrie. Wenn dieser Wunderzeichen
So viel zusammentreffen, sage niemand:
«Dies ist der Grund davon, sie sind natürlich»;

---

[1] Wahrscheinlich richtiger: Wie, sahet Ihr des Wunderbaren mehr?

Denn Dinge schlimmer Deutung, glaub ich, sind's
Dem Himmelstrich, auf welchen sie sich richten.
Cicero. Gewiß, die Zeit ist wunderbar gelaunt;
Doch Menschen deuten oft nach ihrer Weise
Die Dinge, weit entfernt vom wahren Sinn.
Kommt Cäsar morgen auf das Kapitol?
Casca. Ja, denn er trug es dem Antonius auf,
Euch kund zu tun, er werde morgen kommen.
Cicero. Schlaft wohl denn, Casca! Dieser Aufruhr läßt
Nicht draußen weilen.
Casca. Cicero, lebt wohl! (*Cicero ab.*)

Cassius tritt auf.

Cassius. Wer da?
Casca. Ein Römer.
Cassius. Casca, nach der Stimme.
Casca. Eur Ohr ist gut. Cassius, welch eine Nacht?
Cassius. Die angenehmste Nacht für wackre Männer.
Casca. Wer sah den Himmel je so zornig drohn?
Cassius. Die, welche so voll Schuld die Erde sahn.
Ich, für mein Teil, bin durch die Stadt gewandert,
Mich unterwerfend dieser grausen Nacht,
Und so entgürtet, Casca, wie Ihr seht,
Hab ich die Brust dem Donnerkeil entblößt.
Und wenn des Blitzes schlängelnd Blau zu öffnen
Des Himmels Busen schien, bot ich mich selbst
Dem Strahl des Wetters recht zum Ziele dar.
Casca. Warum versucht Ihr den Himmel so?
Es steht dem Menschen Furcht und Zittern an,
Wenn die gewaltgen Götter solche Boten
Furchtbarer Warnung, uns zu schrecken, senden.
Cassius. O Casca! Ihr seid stumpf; der Lebensfunke,
Der glühen sollt in Römern, fehlt Euch, oder
Ihr braucht ihn nicht. Ihr sehet bleich und starrt,
Von Furcht ergriffen und versenkt in Staunen,
Des Himmels ungewohnten Grimm zu schauen.
Doch wolltet Ihr den wahren Grund erwägen,
Warum die Feur, die irren Geister alle,

Was Tier' und Vögel macht vom Stamm entarten
Und Greise faseln, Kinder prophezein;
Warum all diese Dinge ihr Gesetz,
Natur und angeschaffne Gaben wandeln
In Mißbeschaffenheit: nun so erkennt Ihr,
Der Himmel hauchte diesen Geist in sie,
Daß sie der Furcht und Warnung Werkzeug würden
Für irgendeinen mißbeschaffnen Zustand.
Nun könnt ich, Casca, einen Mann dir nennen,
Ganz ähnlich dieser schreckenvollen Nacht,
Der donnert, blitzt, die Gräber öffnet, brüllt,
So wie der Löwe dort im Kapitol;
Ein Mann, nicht mächtiger als ich und du
An Leibeskraft, doch drohend angewachsen,
Und furchtbar, wie der Ausbruch dieser Gärung.
Casca. 's ist Cäsar, den Ihr meint. Nicht, Cassius?
Cassius. Es sei auch, wer es sei: die Römer haben
  Jetzt Mark und Bein, wie ihre Ahnen hatten.
  Doch weh uns! unsrer Väter Geist ist tot,
  Und das Gemüt der Mütter lenket uns,
  Denn unser Joch und Dulden zeigt uns weibisch.
Casca. Ja freilich heißt's, gewillt sei der Senat,
  Zum König morgen Cäsarn einzusetzen;
  Er soll zur See, zu Land die Krone tragen
  An jedem Ort, nur in Italien nicht.
Cassius. Ich weiß, wohin ich diesen Dolch dann kehre;
  Den Cassius soll von Knechtschaft Cassius lösen.
  Darin, ihr Götter, macht ihr Schwache stark,
  Darin, ihr Götter, bändigt ihr Tyrannen;
  Noch felsenfeste Burg, noch ehrne Mauern,
  Noch dumpfe Keller, noch der Ketten Last
  Sind Hindernisse für des Geistes Stärke.
  Das Leben, dieser Erdenschranken satt,
  Hat stets die Macht, sich selber zu entlassen.
  Und weiß ich dies, so wiß auch alle Welt:
  Den Teil der Tyrannei, der auf mir liegt,
  Werf ich nach Willkür ab.

Casca. Das kann auch ich.
So trägt ein jeder Sklav in eigner Hand
Gewalt, zu brechen die Gefangenschaft.
Cassius. Warum denn wäre Cäsar ein Tyrann?
Der arme Mann! Ich weiß, er wär kein Wolf,
Wenn er nicht säh, die Römer sind nur Schafe;
Er wär kein Leu, wenn sie nicht Rehe wären.
Wer eilig will ein mächtig Feuer machen,
Nimmt schwaches Stroh zuerst; was für Gestrüpp
Ist Rom, und was für Plunder, wenn es dient
Zum schlechten Stoff, der einem schnöden Dinge
Wie Cäsar Licht verleiht? Doch, o mein Gram!
Wo führtest du mich hin? Ich spreche dies
Vielleicht vor einem willgen Knecht; dann weiß ich,
Daß ich muß Rede stehn; doch führ ich Waffen,
Und mich bekümmern die Gefahren nicht.
Casca. Ihr sprecht mit Casca, einem Mann, der nie
Ein Ohrenbläser war. Hier, meine Hand!
Werbt nur Partei zur Abstellung der Übel,
Und dieser Fuß soll Schritt mit jedem halten,
Der noch soweit geht.
Cassius. Ein geschloßner Handel!
Nun, Casca, wißt: ich habe manche schon
Der Edelmütigsten von Rom beredet,
Mit mir ein Unternehmen zu bestehn
Von ehrenvoll-gefährlichem Erfolg.
Ich weiß, sie warten in Pompejus' Halle
Jetzt eben mein; denn in *der* furchtbarn Nacht
Kann niemand unter freiem Himmel dauern[1].
Des Elementes Antlitz und Gestalt
Ist wie das Werk beschaffen, das wir treiben:
Höchst blutig, feurig und höchst fürchterlich.
Cinna tritt auf.
Casca. Seid still ein Weilchen, jemand kommt in Eil.
Cassius. Ich hör am Gange, daß es Cinna ist;

---

1. Genauer: sind alle Straßen still und ausgestorben

Er ist ein Freund. – Cinna, wohin so eilig?
Cinna. Euch sucht ich. Wer ist das? Metellus Cimber?
Cassius. Nein, es ist Casca, ein Verbündeter
  Zu unsrer Tat. Werd ich erwartet, Cinna?
Cinna. Das ist mir lieb. Welch eine grause Nacht!
  Ein paar von uns sahn seltsame Gesichte.
Cassius. Werd ich erwartet, sagt mir?
Cinna. Ja,
  Ihr werdet es. O Cassius! könntet Ihr
  In unsern Bund den edlen Brutus ziehn –
Cassius. Seid ruhig! Guter Cinna, diesen Zettel,
  Seht, wie Ihr in des Prätors Stuhl ihn legt,
  Daß Brutus nur ihn finde; diesen werft
  Ihm in das Fenster; diesen klebt mit Wachs
  Ans Bild des alten Brutus. Dies getan,
  Kommt zu Pompejus' Hall und trefft uns dort.
  Ist Decius Brutus und Trebonius da?
Cinna. Ja, alle, bis auf Cimber, und der sucht
  In Eurem Haus Euch auf. Gut, ich will eilen
  Die Zettel anzubringen, wie Ihr wünscht.
Cassius. Dann stellt Euch ein bei des Pompejus' Bühne.
    (*Cinna ab.*)
  Kommt, Casca, laßt uns beide noch vor Tag
  In seinem Hause Brutus sehn. Drei Viertel
  Von ihm sind unser schon; der ganze Mann
  Ergibt sich bei dem nächsten Angriff uns.
Casca. O, er sitzt hoch in alles Volkes Herzen,
  Und was in uns als Frevel nur erschiene,
  Sein Ansehn wird es, wie der Stein der Weisen,
  In Tugend wandeln und in Würdigkeit.
Cassius. Ihn, seinen Wert, wie sehr wir ihn bedürfen,
  Gabt Ihr recht wohl getroffen. Laßt uns gehn,
  Es ist nach Mitternacht; wir wollen ihn
  Vor Tage wecken und uns sein versichern. (*Ab.*)

ZWEITER AUFZUG

Erste Szene

Rom. Der Garten des Brutus
Brutus tritt auf

Brutus. He, Lucius! auf! –
Ich kann nicht aus der Höh der Sterne raten,
Wie nah der Tag ist. – Lucius, hörst du nicht? –
Ich wollt, es wär mein Fehler, so zu schlafen. –
Nun, Lucius, nun! Ich sag: erwach! Auf, Lucius!
Lucius kommt.
Lucius. Herr, riefet Ihr?
Brutus. Bring eine Kerze mir ins Lesezimmer,
Und wenn sie brennt, so komm und ruf mich hier.
Lucius. Ich will es tun, Herr. (*Ab.*)
Brutus. Es muß durch seinen Tod geschehn. Ich habe
Für *mein* Teil keinen Grund, ihn wegzustoßen,
Als fürs gemeine Wohl. Er wünscht, gekrönt zu sein;
Wie seinen Sinn das ändern möchte, fragt sich.
Der warme Tag ist's, der die Natter zeugt;
Das heischt mit Vorsicht gehn. Ihn krönen? – Ja –
Und dann ist's wahr, wir leihn ihm einen Stachel,
Womit er kann nach Willkür Schaden tun.
Der Größe Mißbrauch ist, wenn von der Macht
Sie das Gewissen trennt; und, um von Cäsarn
Die Wahrheit zu gestehn, ich sah noch nie,
Daß ihn die Leidenschaften mehr beherrscht
Als die Vernunft. Doch oft bestätigt sich's,
Die Demut ist der jungen Ehrfurcht Leiter;
Wer sie hinanklimmt, kehrt den Blick ihr zu;
Doch hat er erst die höchste Spross' erreicht,
Dann kehret er der Leiter seinen Rücken,
Schaut himmelan, verschmäht die niedern Tritte,
Die ihn hinaufgebracht. Das kann auch Cäsar:
Drum, eh er kann, beugt vor. Und weil der Streit

Nicht Schein gewinnt durch das, was Cäsar ist,
Legt so ihn aus: das, was er ist, vergrößert,
Kann dies und jenes Übermaß erreichen.
Drum achtet ihn gleich einem Schlangenei,
Das, ausgebrütet, giftig würde werden
Wie sein Geschlecht, und würgt ihn in der Schale.

Lucius kommt zurück.

Lucius. Die Kerze brennt in Eurem Zimmer, Herr.
Als ich nach Feuerstein im Fenster suchte,
Fand ich dies Blatt, versiegelt; und ich weiß,
Es war nicht da, als ich zu Bette ging.
Brutus. Geh wieder in dein Bett; es ist noch Nacht.
Ist morgen nicht des Märzen Idus, Knabe?
Lucius. Ich weiß nicht, Herr.
Brutus. Such im Kalender denn, und sag es mir.
Lucius. Das will ich, Herr. (*Ab.*)
Brutus. Die Ausdünstungen, schwirrend in der Luft,
Gewähren Licht genug, dabei zu lesen.

(*Er öffnet den Brief und liest.*)

«Brutus, du schläfst. Erwach und sieh dich selbst!
Soll Rom? – Sprich, schlage, stelle her!
Brutus, du schläfst. Erwache! –»
Oft hat man schon dergleichen Aufgebote
Mir in den Weg gestreut.
«Soll Rom?» – So muß ich es ergänzen:
«Soll Rom vor *einem* Manne beben?» Wie?
Mein Ahnherr trieb einst von den Straßen Roms
Tarquin hinweg, als er ein König hieß.
«Sprich, schlage, stelle her!» Werd ich zu sprechen,
Zu schlagen angemahnt? O Rom, ich schwöre,
Wenn nur die Herstellung[1] erfolgt, empfängst du
Dein ganz Begehren von der Hand des Brutus!

Lucius kommt zurück.

Lucius. Herr, vierzehn Tage sind vom März verstrichen.

(*Man klopft draußen.*)

---

1. Im Sinne von Heilung, Abhilfe

Brutus. 's ist gut. Geh an die Pforte; jemand klopft. (*Lucius ab.*)
Seit Cassius mich spornte gegen Cäsar,
Schlief ich nicht mehr.
Bis zur Vollführung einer furchtbarn Tat,
Vom ersten Antrieb, ist die Zwischenzeit
Wie ein Phantom, ein grauenvoller Traum.
Der Genius und die sterblichen Organe
Sind dann im Rat vereint; und die Verfassung
Des Menschen, wie ein kleines Königreich,
Erleidet dann den Zustand der Empörung.

Lucius kommt zurück.

Lucius. Herr, Euer Bruder Cassius wartet draußen;
Er wünschet Euch zu sehn.
Brutus. Ist er allein?
Lucius. Nein, es sind mehr noch bei ihm.
Brutus. Kennst du sie?
Lucius. Nein, Herr, sie tragen eingedrückt die Hüte
Und das Gesicht im Mantel halb begraben,
Daß ich durchaus sie nicht erkennen kann
An irgendeinem Zuge.
Brutus. Laß sie sein. (*Lucius ab.*)
Es sind die Bundesbrüder. O Verschwörung!
Du schämst dich, die verdächtge Stirn bei Nacht
Zu zeigen, wann das Bös' am freisten ist?
O denn, bei Tag, wo willst du eine Höhle
Entdecken, dunkel gnug es zu verlarven,
Dein schnödes Antlitz? – Verschwörung, suche keine!
In Lächeln hüll es und in Freundlichkeit!
Denn trätst du auf in angeborner Bildung,
So wär der Erebus nicht finster gnug,
Vor Argwohn dich zu schützen.

Cassius, Casca, Decius, Metellus Cimber und Trebonius treten auf.

Cassius. Sind wir gelegen? Guten Morgen, Brutus!
Ich fürchte, daß wie Eure Ruhe stören.
Brutus. Längst war ich auf und wach die ganze Nacht.
Kenn ich die Männer, welche mit Euch kommen?
Cassius. Ja, jeden aus der Zahl; und keiner hier,

Der Euch nicht hoch hält, und ein jeder wünscht,
Ihr hättet nur die Meinung von Euch selbst,
Die jeder edle Römer von Euch hegt.
Dies ist Trebonius.
Brutus. Er ist willkommen.
Cassius. Dies Decius Brutus.
Brutus. Er ist auch willkommen.
Cassius. Dies Casca, dies Cinna, und dies Metellus Cimber.
Brutus. Willkommen alle!
 Was stellen sich für wache Sorgen zwischen
 Die Nacht und eure Augen?
Cassius. Auf ein Wort,
 Wenn's Euch beliebt. (*Sie reden leise miteinander.*)
Decius. Hier liegt der Ost: bricht da der Tag nicht an?
Casca. Nein.
Cinna. Doch, um Verzeihung! und die grauen Streifen,
 Die das Gewölk durchziehn, sind Tagesboten.
Casca. Ihr sollt gestehn, daß ihr euch beide trügt.
 Die Sonn erscheint hier, wo mein Degen hinweist;
 Das ist ein gut Teil weiter hin nach Süden,
 Wenn ihr die junge Jahreszeit erwägt.
 Zwei Monde noch, und höher gegen Norden
 Steigt ihre Flamm empor, und grade hier
 Steht hinterm Kapitol der hohe Ost.
Brutus. Gebt eure Hand mir, einer nach dem andern.
Cassius. Und lasset uns beschwören den Entschluß.
Brutus. Nein, keinen Eid! Wenn nicht der Menschen Antlitz,
 Das innre Seelenleid, der Zeit Verfall —
 Sind diese Gründe schwach, so brecht nur auf,
 Und jeder fort zu seinem trägen Bett!
 Laßt frechgesinnte Tyrannei dann schalten,
 Bis jeder nach dem Lose fällt. Doch tragen
 Sie Feuer gnug in sich, wie offenbar,
 Um Feige zu entflammen und mit Mut
 Des Weibes schmelzendes Gemüt zu stählen:
 O dann, Mitbürger! welchen andern Sporn
 Als unsre Sache braucht es, uns zu stacheln

Zur Herstellung? Was für Gewähr, als diese:
Verschwiegne Römer, die das Wort gesprochen,
Und nicht zurückziehn? Welchen andern Eid,
Als Redlichkeit mit Redlichkeit im Bund,
Daß dies gescheh, wo nicht, dafür zu sterben?
Laßt Priester, Memmen, listge Männer schwören,
Verdorrte Greis und solche Jammerseelen,
Die für das Unrecht danken; schwören laßt
Bei bösen Händeln Volk, dem man nicht traut.
Entehrt nicht so den Gleichmut unsrer Handlung
Und unsern unbezwinglich festen Sinn,
Zu denken, unsre Sache, unsre Tat
Brauch einen Eid; da jeder Tropfe Bluts,
Der edel fließt in jedes Römers Adern,
Sich seines echten Stamms verlustig macht,
Wenn er das kleinste Teilchen nur verletzt
Von irgendeinem Worte, das er gab.

Cassius. Doch wie mit Cicero? Forscht man ihn aus?
Ich denk, er wird sehr eifrig für uns sein.

Casca. Laßt uns ihn nicht vorübergehn.

Cinna. Nein, ja nicht.

Metellus. Gewinnt ihn ja für uns. Sein Silberhaar
Wird eine gute Meinung uns erkaufen
Und Stimmen werben, unser Werk zu preisen.
Sein Urteil habe unsre Hand gelenkt:
So wird es heißen; unsre Hastigkeit
Und Jugend wird im mindsten nicht erscheinen,
Von seinem würdgen Ansehn ganz bedeckt.

Brutus. O nennt ihn nicht! Laßt uns ihm nichts eröffnen,
Denn niemals tritt er einer Sache bei,
Wenn andre sie erdacht.

Cassius. So laßt ihn weg.

Casca. 's ist wahr; er paßt auch nicht.

Decius. Wird niemand sonst, als Cäsar, angetastet?

Cassius. Ja, gut bedacht! Mich dünkt, daß Mark Anton,
Der so beliebt beim Cäsar ist, den Cäsar
Nicht überleben darf. Er wird sich uns

Gewandt in Ränken zeigen, und ihr wißt,
Daß seine Macht, wenn er sie nutzt, wohl hinreicht,
Uns allen Not zu schaffen. Dem zu wehren,
Fall Cäsar und Antonius zugleich.
Brutus. Zu blutge Weise, Cajus Cassius, wär's,
Das Haupt abschlagen und zerhaun die Glieder,
Wie Grimm beim Tod und Tücke hinterher.
Antonius ist ja nur ein Glied des Cäsar.
Laßt Opferer uns sein, nicht Schlächter, Cajus.
Wir alle stehen gegen Cäsars Geist,
Und in dem Geist des Menschen ist kein Blut.
O könnten wir doch Cäsars Geist erreichen
Und Cäsarn nicht zerstücken! Aber ach!
Cäsar muß für ihn bluten. Edle Freunde,
Laßt kühnlich uns ihn töten, doch nicht zornig;
Zerlegen laßt uns ihn, ein Mahl für Götter,
Nicht ihn zerhauen wie ein Aas für Hunde.
Laßt unsre Herzen, schlauen Herren gleich,
Zu rascher Tat aufwiegeln ihre Diener.
Und dann zum Scheine schmälen. Dadurch wird
Notwendig unser Werk und nicht gehässig;
Und wenn es so dem Aug des Volks erscheint,
Wird man uns Reiniger, nicht Mörder nennen.
Was Mark Anton betrifft, denkt nicht an ihn,
Denn er vermag nicht mehr als Cäsars Arm,
Wenn Cäsars Haupt erst fiel.
Cassius. Doch fürcht ich ihn,
Denn seine Liebe hängt so fest am Cäsar. –
Brutus. Ach, guter Cassius, denket nicht an ihn!
Liebt er den Cäsar, so vermag er nichts
Als gegen sich; sich härmen, für ihn sterben.
Und das wär viel von ihm, weil er der Lust,
Der Wüstheit, den Gelagen sich ergibt.
Trebonius. Es ist kein Arg in ihm; er sterbe nicht.
Denn er wird leben und dies einst belachen.
      (*Die Glocke schlägt.*)
Brutus. Still! zählt die Glocke.

Cassius. Sie hat drei geschlagen.
Trebonius. Es ist zum Scheiden Zeit.
Cassius. Doch zweifl' ich noch,
 Ob Cäsar heute wird erscheinen wollen;
 Denn kürzlich ist er abergläubisch worden,
 Ganz dem entgegen, wie er sonst gedacht
 Von Träumen, Einbildung und heilgen Bräuchen.
 Vielleicht, daß diese großen Wunderdinge,
 Das ungewohnte Schrecken dieser Nacht
 Und seiner Augurn Überredung ihn
 Entfernt vom Kapitol für heute hält.
Decius. Das fürchtet nimmer; wenn er das beschloß,
 So übermeistr' ich ihn. Er hört es gern,
 Das Einhorn lasse sich mit Bäumen fangen,
 Der Löw im Netz, der Elefant in Gruben,
 Der Bär mit Spiegeln und der Mensch durch Schmeichler;
 Doch sag ich ihm, daß er die Schmeichler haßt,
 Bejaht er es, am meisten dann geschmeichelt.
 Laßt mich gewähren;
 Denn ich verstehe sein Gemüt zu lenken,
 Und will ihn bringen auf das Kapitol.
Cassius. Ja, laßt uns alle gehn, um ihn zu holen.
Brutus. Zur achten Stund aufs späteste, nicht wahr?
Cinna. Das sei das Späteste, und dann bleibt nicht aus.
Metellus. Cajus Ligarius ist dem Cäsar feind,
 Der's ihm verwies, daß er Pompejus lobte;
 Es wundert mich, daß niemand sein gedacht.
Brutus. Wohl, guter Cimber, geht nur vor bei ihm;
 Er liebt mich herzlich, und ich gab ihm Grund;
 Schickt ihn hieher, so will ich schon ihn stimmen.
Cassius. Der Morgen übereilt uns: laßt uns gehn.
 Zerstreut euch, Freunde; doch bedenket alle,
 Was ihr gesagt, und zeigt euch echte Römer.
Brutus. Seht, werte Männer, frisch und fröhlich aus;
 Tragt euren Vorsatz nicht auf eurer Stirn.
 Nein, führt's hindurch, wie Helden unsrer Bühne,
 Mit munterm Geist und würdger Festigkeit.

Und somit insgesamt euch guten Morgen!
(*Alle ab, außer Brutus.*)
He, Lucius! – Fest im Schlaf? Es schadet nichts.
Genieß den honigschweren Tau des Schlummers.
Du siehst Gestalten nicht, noch Phantasien,
Womit geschäftge Sorg ein Hirn erfüllt;
Drum schläfst du so gesund.

Portia tritt auf.

Portia. Mein Gatte! Brutus!
Brutus. Was wollt Ihr, Portia? warum steht Ihr auf?
Es dient Euch nicht, die zärtliche Natur
Dem rauhen kalten Morgen zu vertraun.
Portia. Euch gleichfalls nicht. Unfreundlich stahlt Ihr, Brutus,
Von meinem Bett Euch; und beim Nachtmahl gestern
Erhobt Ihr plötzlich Euch und gingt umher,
Sinnend und seufzend mit verschränkten Armen.
Und wenn ich Euch befragte, was es sei,
So starrtet Ihr mich an mit finstern Blicken.
Ich drang in Euch, da riebt Ihr Euch die Stirn
Und stampftet ungeduldig mit dem Fuß;
Doch hielt ich an, doch gabt Ihr keine Rede
Und winktet mit der Hand unwillig weg,
Damit ich Euch verließ. Ich tat es auch,
Besorgt, die Ungeduld noch zu verstärken,
Die schon zu sehr entflammt schien, und zugleich
Mir schmeichelnd, nur von Laune rühr es her,
Die ihre Stunden hat bei jedem Mann.
Nicht essen, reden, schlafen läßt es Euch;
Und könnt es Eure Bildung so entstellen,
Als es sich Eurer Fassung hat bemeistert,
So kennt ich Euch nicht mehr. Mein teurer Gatte,
Teilt mir die Ursach Eures Kummers mit.
Brutus. Ich bin nicht recht gesund, und das ist alles.
Portia. Brutus ist weise; wär er nicht gesund,
Er nähm die Mittel wahr, um es zu werden.
Brutus. Das tu ich, gute Portia; geh zu Bett.
Portia. Ist Brutus krank? und ist es heilsam, so

Entblößt umherzugehn und einzusaugen
Den Dunst des Morgens? Wie, ist Brutus krank,
Und schleicht er vom gesunden Bett sich weg,
Der schnöden Ansteckung der Nacht zu trotzen?
Und reizet er die böse Fieberluft,
Sein Übel noch zu mehren? – Nein, mein Brutus,
Ihr tragt ein krankes Übel im Gemüt,
Wovon, nach meiner Stelle Recht und Würde,
Ich wissen sollte; und auf meinen Knien
Fleh ich bei meiner einst gepriesnen Schönheit,
Bei allen Euren Liebesschwüren, ja,
Bei jenem großen Schwur, durch welchen wir
Einander einverleibt und eins nur sind:
Enthüllt mir, Eurer Hälfte, Eurem Selbst,
Was Euch bekümmert, was zu Nacht für Männer
Euch zugesprochen; denn es waren hier
Sechs oder sieben, die ihr Antlitz selbst
Der Finsternis verbargen.

Brutus. O kniet nicht, liebe Portia.

Portia. Ich braucht es nicht, wärt Ihr mein lieber Brutus.
Ist's im Vertrag der Ehe, sagt mir, Brutus,
Bedungen, kein Geheimnis sollt ich wissen,
Das Euch gehört? Und bin ich Euer Selbst
Nur gleichsam, mit gewissen Einschränkungen?
Beim Mahl um Euch zu sein, Eur Bett zu teilen,
Auch wohl mit Euch zu sprechen? Wohn ich denn
Nur in der Vorstadt Eurer Zuneigung?
Ist es nur das, so ist ja Portia
Des Brutus Buhle nur und nicht sein Weib.

Brutus. Ihr seid mein echtes, ehrenwertes Weib,
So teuer mir als wie die Purpurtropfen,
Die um mein trauernd Herz sich drängen.

Portia. Wenn dem so wär, so wüßt ich dies Geheimnis.
Ich bin ein Weib, gesteh ich, aber doch
Ein Weib, das Brutus zur Gemahlin nahm.
Ich bin ein Weib, gesteh ich, aber doch
Ein Weib von gutem Rufe, Catos Tochter.

Denkt Ihr, ich sei so schwach wie mein Geschlecht,
Aus solchem Stamm erzeugt und so vermählt?
Sagt das Geheimnis mir: ich will's bewahren,
Ich habe meine Stärke hart erprüft,
Freiwillig eine Wunde mir versetzend
Am Schenkel hier; ertrüg ich das geduldig
Und ein Geheimnis meines Gatten nicht?
Brutus. Ihr Götter, macht mich wert des edlen Weibes!
(Man klopft draußen.)
Horch! horch! man klopft; geh eine Weil hinein,
Und unverzüglich soll dein Busen teilen,
Was noch mein Herz verschließt.
Mein ganzes Bündnis will ich dir enthüllen[1]
Und meiner finstern Stirne Zeichenschrift.
Verlaß mich schnell. *(Portia ab.)*
Lucius und Ligarius kommen.
Brutus. Wer klopft denn, Lucius?
Lucius. Hier ist ein Kranker, der Euch sprechen will.
Brutus. Ligarius ist's, von dem Metellus sprach.
Du, tritt beiseit. – Cajus Ligarius, wie?
Ligarius. Nehmt einen Morgengruß von matter Zunge.
Brutus. O welche Zeit erwählt Ihr, wackrer Cajus,
Ein Tuch zu tragen! Wärt Ihr doch nicht krank!
Ligarius. Ich bin nicht krank, hat irgendeine Tat,
Des Namens Ehre würdig, Brutus vor.
Brutus. Solch eine Tat, Ligarius, hab ich vor,
Wär Euer Ohr gesund, davon zu hören.
Ligarius. Bei jedem Gott, vor dem sich Römer beugen,
Hier sag ich ab der Krankheit. Seele Roms!
Du wackrer Sohn, aus edlem Blut entsprossen!
Wie ein Beschwörer riefst du auf in mir
Den abgestorbnen Geist. Nun heiß mich laufen,
So will ich an Unmögliches mich wagen,
Ja Herr darüber werden. Was zu tun?

---

1. Genauer: Ich will dir alle Dinge, auf die ich mich eingelassen habe, und auf die ich verpflichtet bin, erklären.

Brutus. Ein Wagestück, das Kranke heilen wird.
Ligarius. Doch gibt's nicht auch Gesunde krank zu machen?
Brutus. Die gibt es freilich. Was es ist, mein Cajus,
  Eröffn ich dir auf unserm Weg zu ihm,
  An dem es muß geschehn.
Ligarius. Macht Euch nur auf;
  Mit neu entflammtem Herzen folg ich Euch,
  Zu tun, was ich nicht weiß. Doch es genügt,
  Daß Brutus mir vorangeht.
Brutus. Folgt mir denn. (*Beide ab.*)

ZWEITE SZENE

Ein Zimmer in Cäsars Palaste
Donner und Blitz. Cäsar im Nachtkleide

Cäsar. Zu Nacht hat Erd und Himmel Krieg geführt.
  Calpurnia rief im Schlafe dreimal laut:
  «O helft! Sie morden Cäsarn!» Niemand da?
        Ein Diener kommt.
Diener. Herr?
Cäsar. Geh, heiß die Priester gleich zum Opfer schreiten,
  Und bring mir ihre Meinung vom Erfolg.
Diener. Es soll geschehn. (*Ab.*)
Calpurnia (tritt auf). Was meint Ihr, Cäsar? Denkt Ihr auszugehn?
  Ihr müßt heut keinen Schritt vom Hause weichen.
Cäsar. Cäsar geht aus. Mir haben stets Gefahren
  Im Rücken nur gedroht; wenn sie die Stirn
  Des Cäsar werden sehn, sind sie verschwunden.
Calpurnia. Cäsar, ich hielt auf Wunderzeichen nie,
  Doch schrecken sie mich nun. Im Haus ist jemand,
  Der außer dem, was wir gesehn, gehört,
  Von Greueln meldet, so die Wach erblickt'.
  Es warf auf offner Gasse eine Löwin,
  Und Grüft erlösten gähnend ihre Toten.
  Wildglühnde Krieger[1] fochten auf den Wolken,

---

1. Genauer: grimmige Krieger in Feuergestalt

In Reihn, Geschwadern und nach Kriegsgebrauch,
Wovon es Blut gesprüht aufs Kapitol.
Das Schlachtgetöse klirrte in der Luft;
Da wiehern Rosse, Männer röcheln sterbend,
Und Geister wimmerten die Straßen durch.
O Cäsar! unerhört sind diese Dinge;
Ich fürchte sie.

Cäsar. Was kann vermieden werden,
Das sich zum Ziel die mächtgen Götter setzten?
Ich gehe dennoch aus, denn diese Zeichen,
So gut wie Cäsarn, gelten sie der Welt.

Calpurnia. Kometen sieht man nicht, wenn Bettler sterben;
Der Himmel selbst flammt Fürstentod herab.

Cäsar. Der Feige stirbt schon vielmal, eh er stirbt,
Die Tapfern kosten *einmal* nur den Tod.
Von allen Wundern, die ich je gehört,
Scheint mir das größte, daß sich Menschen fürchten,
Da sie doch sehn, der Tod, das Schicksal aller,
Kommt, wann er kommen soll.

Der Diener kommt zurück.

Was dünkt den Augurn?

Diener. Sie raten Euch, für heut nicht auszugehn.
Da sie dem Opfertier das Eingeweide
Ausnahmen, fanden sie kein Herz darin.

Cäsar. Die Götter tun der Feigheit die's zur Schmach.
Ein Tier ja wäre Cäsar ohne Herz,
Wenn er aus Furcht sich heut zu Hause hielte.
Das wird er nicht; gar wohl weiß die Gefahr,
Cäsar sei noch gefährlicher als sie.
Wir sind zwei Leun, an *einem* Tag geworfen,
Und ich der ältre und der schrecklichste;
Und Cäsar wird doch ausgehn.

Calpurnia. Ach, mein Gatte!
In Zuversicht geht Eure Weisheit unter.
Geht heute doch nicht aus; nennt's meine Furcht,
Die Euch zu Hause hält, nicht Eure eigne.
Wir senden Mark Anton in den Senat,

Zu sagen, daß Ihr unpaß heute seid.
Laßt mich auf meinen Knien dies erbitten.
Cäsar. Ja, Mark Anton soll sagen, ich sei unpaß,
Und dir zulieb will ich zu Hause bleiben.
Decius tritt auf.
Sieh, Decius Brutus kommt; der soll's bestellen.
Decius. Heil, Cäsar! Guten Morgen, würdger Cäsar!
Ich komm Euch abzuholen zum Senat.
Cäsar. Und seid gekommen zur gelegnen Zeit,
Den Senatoren meinen Gruß zu bringen.
Sagt ihnen, daß ich heut nicht kommen will;
Nicht kann, ist falsch; daß ich's nicht wage, falscher;
Ich will nicht kommen heut, sagt ihnen das.
Calpurnia. Sagt, er sei krank.
Cäsar. Hilft Cäsar sich mit Lügen?
Streckt ich so weit erobernd meinen Arm,
Graubärten scheu die Wahrheit zu verkleiden?
Geht, Decius! sagt nur: Cäsar will nicht kommen.
Decius. Laßt einen Grund mich wissen, großer Cäsar,
Daß man mich nicht verlacht, wenn ich es sage.
Cäsar. Der Grund ist nur mein Will'; ich will nicht kommen,
Das gnügt zu des Senats Befriedigung.
Doch um Euch insbesondre gnug zu tun,
Weil ich Euch liebe, will ich's Euch eröffnen:
Calpurnia hier, mein Weib, hält mich zu Haus.
Sie träumte diese Nacht, sie säh mein Bildnis,
Das wie ein Springbrunn klares Blut vergoß
Aus hundert Röhren; rüstge Römer kamen
Und tauchten lächelnd ihre Hände drein.
Dies legt sie aus als Warnungen und Zeichen
Und Unglück, das uns droht, und hat mich kniend
Gebeten, heute doch nicht auszugehn.
Decius. Ihr habt den Traum ganz irrig ausgelegt;
Es war ein schönes, glückliches Gesicht.
Eur Bildnis, Blut aus vielen Röhren spritzend,
Worein so viele Römer lächelnd tauchten,
Bedeutet, saugen werd aus Euch das große Rom

Zweiter Aufzug · Zweite Szene

Belebend Blut; und große Männer werden
Nach Heiligtümern und nach Ehrenpfändern
Sich drängen. Das bedeutet dieser Traum.
Cäsar. Auf diese Art habt Ihr ihn wohl erklärt.
Decius. Ja, wenn Ihr erst gehört, was ich Euch melde.
Wißt denn: an diesem Tag will der Senat
Dem großen Cäsar eine Krone geben.
Wenn Ihr nun sagen laßt, Ihr wollt nicht kommen,
So kann es sie gereun. Auch ließ' es leicht
Zum Spott sich wenden; jemand spräche wohl:
«Verschiebt die Sitzung bis auf andre Zeit,
Wenn Cäsars Gattin beßre Träume hat.»
Wenn Cäsar sich versteckt, wird man nicht flüstern:
«Seht! Cäsar fürchtet sich?»
Verzeiht mir, Cäsar; meine Herzensliebe
Heißt dieses mich zu Eurem Vorteil sagen,
Und Schicklichkeit steht meiner Liebe nach.
Cäsar. Wie töricht scheint nun Eure Angst, Calpurnia!
Ich schäme mich, daß ich ihr nachgegeben.
Reicht mein Gewand mir her, denn ich will gehn.

Publius, Brutus, Ligarius, Metellus, Casca, Trebonius und Cinna treten auf.

Da kommt auch Publius, um mich zu holen.
Publius. Guten Morgen, Cäsar!
Cäsar. Publius, willkommen! –
Wie, Brutus? seid Ihr auch so früh schon auf? –
Guten Morgen, Casca! – Cajus Ligarius,
So sehr war Cäsar niemals Euer Feind
Als dieses Fieber, das Euch abgezehrt. –
Was ist die Uhr?
Brutus. Es hat schon acht geschlagen.
Cäsar. Habt Dank für Eure Müh und Höflichkeit.

Antonius tritt auf.

Seht! Mark Anton, der lange schwärmt des Nachts,
Ist doch schon auf. – Antonius, seid gegrüßt!
Antonius. Auch Ihr, erlauchter Cäsar!

Cäsar. Befehlt, daß man im Hause fertig sei;
Es ist nicht recht, so auf sich warten lassen.
Ei, Cinna! – Ei, Metellus! – Wie, Trebonius?
Ich hab mit Euch ein Stündchen zu verplaudern;
Gedenkt daran, daß Ihr mich heut besucht,
Und bleibt mir nah, damit ich Euer denke.

Trebonius. Das will ich, Cäsar – (*beiseite*) will so nah Euch sein,
Daß Eure besten Freunde wünschen sollen,
Ich wär entfernt gewesen.

Cäsar. Lieben Freunde,
Kommt mit herein und trinkt ein wenig Weins,
Dann gehen wir gleich Freunden miteinander.

Brutus (*beiseite*). Daß gleich nicht stets dasselbe ist, o Cäsar!
Das Herz des Brutus blutet, es zu denken.

(*Alle ab.*)

DRITTE SZENE

Eine Straße nahe beim Kapitol
Artemidorus tritt auf und liest einen Zettel

Artemidorus. «Cäsar, hüte dich vor Brutus; sei wachsam gegen
Cassius; halte dich weit vom Casca; habe ein Auge auf Cinna;
mißtraue dem Trebonius; beobachte den Metellus Cimber;
Decius Brutus liebt dich nicht; beleidigt hast du den Cajus
Ligarius. Nur *ein* Sinn lebt in allen diesen Männern, und er
ist gegen Cäsar gerichtet. Wo du nicht unsterblich bist, schau
um dich. Sorglosigkeit gibt der Verschwörung Raum. Mögen
dich die großen Götter schützen!
Der Deinige
Artemidorus.»

Hier will ich stehn, bis er vorübergeht,
Und will ihm dies als Bittschrift überreichen.
Mein Herz bejammert, daß die Tugend nicht
Frei von dem Zahn des Neides leben kann.
O Cäsar, lies! so bist du nicht verloren;
Sonst ist das Schicksal mit Verrat verschworen. (*Ab.*)

Vierte Szene

Ein andrer Teil derselben Straße vor dem Hause des Brutus
Portia und Lucius kommen

Portia. Ich bitt dich, Knabe, lauf in den Senat.
 Halt dich mit keiner Antwort auf und geh!
 Was wartest du?
Lucius. Zu hören, was ich soll.
Portia. Ich möchte dort und wieder hier dich haben,
 Eh ich dir sagen kann, was du da sollst.
 O Festigkeit, steh unverrückt mir bei,
 Stell einen Fels mir zwischen Herz und Zunge!
 Ich habe Mannessinn, doch Weibeskraft.
 Wie fällt doch ein Geheimnis Weibern schwer! –
 Bist du noch hier?
Lucius. Was sollt ich, gnädge Frau?
 Nur hin zum Kapitol und weiter nichts,
 Und so zurück zu Euch, und weiter nichts?
Portia. Nein, ob dein Herr wohl aussieht, melde mir,
 Denn er ging unpaß fort, und merk dir recht,
 Was Cäsar macht, wer mit Gesuch ihm naht.
 Still, Knabe! Welch Geräusch?
Lucius. Ich höre keins.
Portia. Ich bitt dich, horch genau.
 Ich hörte wilden Lärm, als föchte man,
 Und der Wind bringt vom Kapitol ihn her.
Lucius. Gewißlich, gnädge Frau, ich höre nichts.
 Ein Wahrsager kommt.
Portia. Komm näher, Mann! Wo führt dein Weg dich her?
Wahrsager. Von meinem Hause, liebe gnädge Frau.
Portia. Was ist die Uhr?
Wahrsager. Die neunte Stund etwa.
Portia. Ist Cäsar schon aufs Kapitol gegangen?
Wahrsager.
 Nein, gnädge Frau; ich geh, mir Platz zu nehmen,
 Wo er vorbeizieht auf das Kapitol.

Portia. Du hast an Cäsar ein Gesuch, nicht wahr?
Wahrsager. Das hab ich, gnädge Frau. Beliebt es Cäsarn,
Aus Güte gegen Cäsar mich zu hören,
So bitt ich ihn, es gut mit sich zu meinen.
Portia. Wie? weißt du, daß man ihm ein Leid will antun?
Wahrsager.
Keins seh ich klar vorher, viel, fürcht ich, kann geschehn.
Doch guten Tag! Hier ist die Straße eng;
Die Schar, die Cäsarn auf der Ferse folgt,
Von Senatoren, Prätorn, Supplikanten,
Würd einen schwachen Mann beinah erdrücken.
Ich will an einen freiern Platz und da
Den großen Cäsar sprechen, wenn er kommt. (*Ab.*)
Portia. Ich muß ins Haus. Ach, welch ein schwaches Ding
Das Herz des Weibes ist! O Brutus!
Der Himmel helfe deinem Unternehmen. –
Gewiß, der Knabe hört' es. – Brutus wirbt um etwas,
Das Cäsar weigert. – O, es wird mir schlimm!
Lauf, Lucius, empfiehl mich meinem Gatten,
Sag, ich sei fröhlich, komm zu mir zurück
Und melde mir, was er dir aufgetragen.
(*Beide ab.*)

DRITTER AUFZUG

Erste Szene

Das Kapitol. Sitzung des Senats
Ein Haufe Volks in der Straße, die zum Kapitol führt, darunter Artemidorus und der Wahrsager. Trompetenstoß. Cäsar, Brutus, Cassius, Casca, Decius, Metellus, Trebonius, Cinna, Antonius, Lepidus, Popilius, Publius und andre kommen

Cäsar. Des Märzen Idus ist nun da.
Wahrsager. Ja, Cäsar,
Doch nicht vorbei.
Artemidorus. Heil, Cäsar! Lies den Zettel hier.

Decius. Trebonius bittet Euch, bei guter Weile
Dies untertänige Gesuch zu lesen.
Artemidorus. Lies meines erst, o Cäsar! Mein Gesuch
Betrifft den Cäsar näher; lies, großer Cäsar!
(Tritt dem Cäsar näher.)
Cäsar. Was uns betrifft, werd auf die Letzt verspart.
Artemidorus. Verschieb nicht, Cäsar, lies im Augenblick.
Cäsar. Wie? ist der Mensch verrückt?
Publius. Mach Platz, Gesell!
Cassius. Was? Drängt ihr auf der Straße mit Gesuchen?
Kommt in das Kapitol.
*(Cäsar geht in das Kapitol, die übrigen folgen ihm.
Alle Senatoren stehen auf.)*
Popilius. Mög euer Unternehmen heut gelingen!
Cassius. Welch Unternehmen, Lena?
Popilius. Geh's euch wohl.
(Er nähert sich dem Cäsar.)
Brutus. Was sprach Popilius Lena da?
Cassius. Er wünschte,
Daß unser Unternehmen heut gelänge;
Ich fürchte, unser Anschlag ist entdeckt.
Brutus. Seht, wie er Cäsarn naht! Gebt acht auf ihn.
Cassius. Sei schleunig, Casca, daß man nicht zuvorkommt.
Was ist zu tun hier, Brutus? Wenn es auskommt,
Kehrt Cassius oder Cäsar nimmer heim;
Denn ich entleibe mich.
Brutus. Sei standhaft, Cassius.
Popilius spricht von unserm Anschlag nicht.
Er lächelt, sieh, und Cäsar bleibt in Ruh.
Cassius. Trebonius nimmt die Zeit wahr, Brutus; sieh,
Er zieht geschickt den Mark Anton beiseite.
*(Antonius und Trebonius ab.
Cäsar und die Senatoren nehmen ihre Sitze ein.)*
Decius. Wo ist Metellus Cimber? Laßt ihn gehn
Und sein Gesuch sogleich dem Cäsar reichen.
Brutus. Er ist bereit; drängt an und steht ihm bei.
Cinna. Casca, Ihr müßt zuerst den Arm erheben.

Cäsar. Sind alle da? Was für Beschwerden gibt's,
Die Cäsar heben muß und sein Senat?
Metellus (niederkniend).
Glorreicher, mächtigster, erhabner Cäsar!
Metellus Cimber wirft vor deinen Sitz
Ein Herz voll Demut nieder.
Cäsar. Cimber, hör,
Ich muß zuvor dir kommen. Dieses Kriechen,
Dies knechtische Verbeugen könnte wohl
Gemeiner Menschen Blut in Feuer setzen
Und vorbestimmte Wahl, gefaßten Schluß
Zum Kinderwillen machen. Sei nicht töricht
Und denk, so leicht empört sei Cäsars Blut,
Um aufzutaun von seiner echten Kraft
Durch das, was Narrn erweicht: durch süße Worte,
Gekrümmtes Bücken, hündisches Geschmeichel.
Dein Bruder ist verbannt durch einen Spruch;
Wenn du für ihn dich bückst und flehst und schmeichelst,
So stoß ich dich wie einen Hund hinweg.
Wiß, Cäsar tut kein Unrecht; ohne Gründe
Befriedigt man ihn nicht.
Metellus. Gibt's keine Stimme, würdiger als meine,
Die süßer tön im Ohr des großen Cäsar,
Für des verbannten Bruders Wiederkehr?
Brutus. Ich küsse deine Hand, doch nicht als Schmeichler,
Und bitte, Cäsar, daß dem Publius Cimber
Die Rückberufung gleich bewilligt werde.
Cäsar. Wie? Brutus!
Cassius. Gnade, Cäsar! Cäsar, Gnade!
Auch Cassius fällt tief zu Füßen dir,
Begnadigung für Cimber zu erbitten.
Cäsar. Ich ließe wohl mich rühren, glich' ich euch;
Mich rührten Bitten, bät ich, um zu rühren.
Doch ich bin standhaft wie des Nordens Stern,
Des unverrückte, ewig stete Art
Nicht ihresgleichen hat am Firmament.
Der Himmel prangt mit Funken ohne Zahl,

Und Feuer sind sie all' und jeder leuchtet;
Doch *einer* nur behauptet seinen Stand.
So in der Welt auch; sie ist voll von Menschen,
Und Menschen sind empfindlich, Fleisch und Blut;
Doch in der Menge weiß ich *einen* nur,
Der unbesiegbar seinen Platz bewahrt,
Vom Andrang unbewegt; daß ich der bin,
Auch hierin laßt es mich ein wenig zeigen,
Daß ich auf Cimbers Banne fest bestand
Und drauf besteh, daß er im Banne bleibe.
Cinna. O Cäsar!
Cäsar. Fort, sag ich! Willst du den Olymp versetzen?
Decius. Erhabner Cäsar! –
Cäsar. Kniet nicht Brutus auch umsonst?
Casca. Dann, Hände, sprecht für mich!
(*Casca sticht Cäsarn mit dem Dolch in den Nacken. Cäsar fällt ihm in den Arm. Er wird alsdann von verschiednen andern Verschwornen und zuletzt von Marcus Brutus mit Dolchen durchstochen.*)
Cäsar. Brutus, auch du? – So falle, Cäsar!
(*Er stirbt. Die Senatoren und das Volk fliehen bestürzt.*)
Cinna. Befreiung! Freiheit! Die Tyrannei ist tot!
Lauft fort! verkündigt! ruft es durch die Gassen!
Cassius. Hin zu der Rednerbühne! Rufet aus:
«Befreiung! Freiheit! Wiederherstellung!»
Brutus. Seid nicht erschrocken, Volk und Senatoren!
Flieht nicht! Steht still! Die Ehrsucht hat gebüßt.
Casca. Geht auf die Rednerbühne, Brutus.
Decius. Ihr, Cassius, auch.
Brutus. Wo ist Publius?
Cinna. Hier, ganz betroffen über diesen Aufruhr.
Metellus.
Steht dicht beisammen, wenn ein Freund des Cäsar
Etwa –
Brutus. Sprecht nicht von Stehen! – Publius, getrost!
Wir haben nicht im Sinn, Euch Leid zu tun,
Auch keinem Römer sonst: sagt ihnen das.
Cassius. Und geht nur, Publius, damit das Volk,

Das uns bestürmt, nicht Euer Alter kränke.
Brutus. Tut das; und niemand steh für diese Tat
Als wir, die Täter.

Trebonius kommt zurück.

Cassius. Wo ist Mark Anton?
Trebonius. Er floh bestürzt nach Haus, und Männer, Weiber
Und Kinder blicken starr und schrein und laufen,
Als wär der Jüngste Tag.
Brutus. Schicksal! wir wollen sehn, was dir geliebt.
Wir wissen, daß wir sterben werden; Frist
Und Zeitgewinn nur ist der Menschen Trachten.
Cassius. Ja, wer dem Leben zwanzig Jahre raubt,
Der raubt der Todesfurcht so viele Jahre.
Brutus. Gesteht das ein, und Wohltat ist der Tod.
So sind wir Cäsars Freunde, die wir ihm
Die Todesfurcht verkürzten. Bückt euch, Römer,
Laßt unsre Händ in Cäsars Blut uns baden
Bis an die Ellenbogen! Färbt die Schwerter!
So treten wir hinaus bis auf den Markt,
Und, überm Haupt die roten Waffen schwingend,
Ruft alle dann: «Erlösung! Friede! Freiheit!»
Cassius. Bückt euch und taucht! In wie entfernter Zeit
Wird man dies hohe Schauspiel wiederholen,
In neuen Zungen und mit fremdem Pomp!
Brutus. Wie oft wird Cäsar noch zum Spiele bluten,
Der jetzt am Fußgestell Pompejus' liegt,
Dem Staube gleich geachtet!
Cassius. Sooft als das geschieht,
Wird man auch unsern Bund, die Männer nennen,
Die Freiheit wiedergaben ihrem Land.
Decius. Nun, sollen wir hinaus?
Cassius. Ja, alle fort!
Brutus voran, und seine Tritte zieren
Wir mit den kühnsten, besten Herzen Roms.

Ein Diener kommt.

Brutus. Doch still! Wer kommt? Ein Freund des Mark Anton.
Diener. So, Brutus, hieß mich mein Gebieter knien,

So hieß Antonius mich niederfallen,
Und tief im Staube hieß er so mich reden:
«Brutus ist edel, tapfer, weis und redlich,
Cäsar war groß, kühn, königlich und gütig.
Sprich: Brutus lieb ich, und ich ehr ihn auch.
Sprich: Cäsarn fürchtet ich, ehrt ihn und liebt ihn.
Will Brutus nur gewähren, daß Anton
Ihm sicher nahen und erforschen dürfe,
Wie Cäsar solche Todesart verdient,
So soll dem Mark Anton der tote Cäsar
So teuer nicht als Brutus lebend sein;
Er will vielmehr dem Los und der Partei
Des edlen Brutus unter den Gefahren
Der wankenden Verfassung treulich folgen.»
Dies sagte mein Gebieter, Mark Anton.

Brutus. Und dein Gebieter ist ein wackrer Römer,
So achtet ich ihn stets.
Sag, wenn es ihm geliebt, hieher zu kommen,
So steh ich Red ihm und, bei meiner Ehre,
Entlaß ihn ungekränkt.

Diener. Ich hol ihn gleich. (*Ab.*)

Brutus. Ich weiß, wir werden ihn zum Freunde haben.

Cassius. Ich wünsch es; doch es wohnt ein Sinn in mir,
Der sehr ihn fürchtet; und mein Unglücksahnen
Trifft immer ein aufs Haar.

Antonius kommt zurück.

Brutus.
  Hier kommt Antonius ja. – Willkommen, Mark Anton!

Antonius. O großer Cäsar! liegst du so im Staube?
Sind alle deine Siege, Herrlichkeiten,
Triumphe, Beuten eingesunken nun
In diesen kleinen Raum? – Gehab dich wohl! –
Ich weiß nicht, edle Herrn, was ihr gedenkt,
Wer sonst noch bluten muß, wer reif zum Fall.
Wofern ich selbst, kann keine Stunde besser
Als Cäsars Todesstunde, halb so kostbar
Kein Werkzeug sein, als diese eure Schwerter,

Geschmückt mit Blut, dem edelsten der Welt.
Ich bitt euch, wenn ihr's feindlich mit mir meint,
Jetzt, da noch eure Purpurhände dampfen,
Büßt eure Lust. Und lebt ich tausend Jahre,
Nie werd ich so bereit zum Tod mich fühlen;
Kein Ort gefällt mir so, kein Weg zum Tode,
Als hier beim Cäsar fallen, und durch euch,
Die ersten Heldengeister unsrer Zeit.
Brutus. O Mark Anton! begehrt nicht Euren Tod.
Wir müssen blutig zwar und grausam scheinen,
Wie unsre Händ und die geschehne Tat
Uns zeigen; doch Ihr seht die Hände nur,
Und dieses blutge Werk, so sie vollbracht;
Nicht unsre Herzen: sie sind mitleidsvoll,
Und Mitleid gegen Roms gesamte Not
(Wie Feuer Feuer löscht, so Mitleid Mitleid)
Verübt' an Cäsarn dies. Was Euch betrifft,
Für Euch sind unsre Schwerter stumpf, Anton.
Seht, unsre Arme, trotz verübter Tücke,
Und unsre Herzen, brüderlich gesinnt,
Empfangen Euch mit aller Innigkeit,
Mit redlichen Gedanken und mit Achtung.
Cassius. Und Eure Stimme soll soviel als jede
Bei der Verteilung neuer Würden gelten.
Brutus. Seid nur geduldig, bis wir erst das Volk
Beruhigt, das vor Furcht sich selbst nicht kennt;
Dann legen wir den Grund Euch dar, weswegen
Ich, der den Cäsar liebt', als ich ihn schlug,
Also verfahren.
Antonius. Ich bau auf eure Weisheit.
Mir reiche jeder seine blutge Hand;
Erst, Marcus Brutus, schütteln wir sie uns;
Dann, Cajus Cassius, faß ich Eure Hand;
Nun Eure, Decius Brutus; Eure, Cinna;
Metellus, Eure nun; mein tapfrer Casca,
Die Eure; reicht, Trebonius, Eure mir
Zuletzt, doch nicht der letzte meinem Herzen.

Ach, all ihr edlen Herrn, was soll ich sagen?
Mein Ansehn steht jetzt auf so glattem Boden,
Daß ich euch eines von zwei schlimmen Dingen,
Ein Feiger oder Schmeichler, scheinen muß.
Daß ich dich liebte, Cäsar, o 's ist wahr!
Wofern dein Geist jetzt niederblickt auf uns,
Wird's dich nicht kränken, bittrer als dein Tod,
Zu sehn, wie dein Antonius Frieden macht
Und deiner Feinde blutge Hände drückt,
Du Edelster, in deines Leichnams Nähe?
Hätt ich so manches Aug als Wunden du,
Und jedes strömte Tränen, wie sie Blut,
Das ziemte besser mir, als einen Bund
Der Freundschaft einzugehn mit deinen Feinden.
Verzeih mir, Julius! – Du edler Hirsch,
Hier wurdest du erjagt, hier fielest du;
Hier stehen deine Jäger, mit den Zeichen
Des Mordes und von deinem Blut bepurpurt.
O Welt, du warst der Wald für diesen Hirsch,
Und er, o Welt! war seines Waldes Stolz. –
Wie ähnlich einem Wild, von vielen Fürsten
Geschossen, liegst du hier!

Cassius. Antonius –

Antonius. Verzeiht mir, Cajus Cassius;
  Dies werden selbst die Feinde Cäsars sagen,
  An einem Freund ist's kalte Mäßigung.

Cassius. Ich tadl Euch nicht, daß Ihr den Cäsar preist;
  Allein, wie denkt Ihr Euch mit uns zu stehen?
  Seid Ihr von unsern Freunden? oder sollen
  Wir vorwärtsdringen, ohn auf Euch zu baun?

Antonius. Deswegen faßt ich eure Hände; nur
  Vergaß ich mich, als ich auf Cäsarn blickte.
  Ich bin euch allen Freund und lieb euch alle,
  In Hoffnung, eure Gründe zu vernehmen,
  Wie und warum gefährlich Cäsar war.

Brutus. Jawohl, sonst wär dies ein unmenschlich Schauspiel.
  Und unsre Gründe sind so wohl bedacht,

Wärt Ihr der Sohn des Cäsar, Mark Anton,
Sie gnügten Euch.
Antonius. Das such ich einzig ja.
Auch halt ich an um die Vergünstigung,
Den Leichnam auszustellen auf dem Markt
Und auf der Bühne, wie's dem Freunde ziemt,
Zu reden bei der Feier der Bestattung.
Brutus. Das mögt Ihr, Mark Anton.
Cassius. Brutus, ein Wort mit Euch.
(*Beiseite.*) Ihr wißt nicht, was Ihr tut; gestattet nicht,
Daß ihm Antonius die Rede halte.
Wißt Ihr, wie sehr das Volk durch seinen Vortrag
Sich kann erschüttern lassen?
Brutus. Nein, verzeiht.
Ich selbst betrete erst die Bühn und lege
Von unsers Cäsars Tod die Gründe dar.
Was dann Antonius sagen wird, erklär ich,
Gescheh erlaubt und mit Bewilligung;
Es sei uns recht, daß Cäsar jeder Ehre
Teilhaftig werde, so die Sitte heiligt.
Dies wird uns mehr Gewinn als Schaden bringen.
Cassius. Wer weiß, was vorfällt? Ich bin nicht dafür.
Brutus. Hier, Mark Anton, nehmt Ihr die Leiche Cäsars.
Ihr sollt uns nicht in Eurer Rede tadeln,
Doch sprecht von Cäsarn Gutes nach Vermögen
Und sagt, daß Ihr's mit unserm Willen tut.
Sonst sollt Ihr gar mit dem Begräbnis nichts
Zu schaffen haben. Auf derselben Bühne,
Zu der ich jetzo gehe, sollt Ihr reden,
Wenn ich zu reden aufgehört.
Antonius. So sei's!
Ich wünsche weiter nichts.
Brutus. Bereitet denn die Leich und folgt uns.
(*Alle bis auf Antonius ab.*)
Antonius. O du, verzeih mir, blutend Stückchen Erde!
Daß ich mit diesen Schlächtern freundlich tat.
Du bist der Rest des edelsten der Männer,

Der jemals lebt' im Wechsellauf der Zeit.
Weh! weh der Hand, die dieses Blut vergoß!
Jetzt prophezei ich über deinen Wunden,
Die ihre Purpurlippen öffnen, stumm
Von meiner Zunge Stimm und Wort erflehend:
Ein Fluch wird fallen auf der Menschen Glieder,
Und innre Wut und wilder Bürgerzwist
Wird ängsten alle Teil' Italiens;
Verheerung, Mord wird so zur Sitte werden
Und so gemein das Furchtbarste, daß Mütter
Nur lächeln, wenn sie ihre zarten Kinder
Geviertelt von des Krieges Händen sehn.
Die Fertigkeit in Greueln würgt das Mitleid;
Und Cäsars Geist, nach Rache jagend, wird,
Zur Seit ihm Ate, heiß der Höll entstiegen,
In diesen Grenzen mit des Herrschers Ton
Mord rufen und des Krieges Hund' entfesseln,
Daß diese Schandtat auf zum Himmel stinke
Von Menschenaas, das um Bestattung ächzt.

Ein Diener kommt.

Ihr dienet dem Octavius Cäsar? nicht?

Diener. Ja, Mark Anton.

Antonius. Cäsar beschied ihn schriftlich her nach Rom.

Diener. Den Brief' empfing er und ist unterwegs;
Und mündlich hieß er mich an Euch bestellen –

(*Er erblickt den Leichnam Cäsars.*)

O Cäsar!

Antonius. Dein Herz ist voll, geh auf die Seit und weine.
Ich sehe, Leid steckt an; denn meine Augen,
Da sie des Grames Perlen sahn in deinen,
Begannen sie zu fließen – Kommt dein Herr?

Diener. Er bleibt zur Nacht von Rom nur sieben Meilen.

Antonius. Reit schnell zurück und meld' ihm, was geschehn.
Hier ist ein Rom voll Trauer und Gefahr,
Kein sichres Rom noch für Octavius.
Eil hin und sag ihm das! – Nein, warte noch!
Du sollst nicht fort, bevor ich diese Leiche

Getragen auf den Markt und meine Rede
Das Volk geprüft, wie dieser blutgen Männer
Unmenschliches Beginnen ihm erscheint.
Und demgemäß sollst du dem jungen Cäsar
Berichten, wie allhier die Dinge stehn.
Leih deinen Arm mir.
(Beide ab mit Cäsars Leiche.)

Zweite Szene

Das Forum
Brutus und Cassius kommen mit einem Haufen Volks

Bürger. Wir wollen Rechenschaft! Legt Rechenschaft uns ab!
Brutus. So folget mir und gebt Gehör mir, Freunde. –
Ihr, Cassius, geht in eine andre Straße
Und teilt die Haufen –
Wer mich will reden hören, bleibe hier;
Wer Cassius folgen will, der geh mit ihm.
Wir wollen öffentlich die Gründ'[1] erklären
Von Cäsars Tod.
Erster Bürger. Ich will den Brutus hören.
Zweiter Bürger. Den Cassius ich: so können wir die Gründe
Vergleichen, wenn wir beide angehört.
(Cassius mit einigen Bürgern ab. Brutus besteigt die Rostra.)
Dritter Bürger. Der edle Brutus steht schon oben – still!
Brutus. Seid ruhig zum Schluß.

Römer! Mitbürger! Freunde! Hört mich meine Sache führen und seid still, damit ihr hören möget. Glaubt mir um meiner Ehre willen und hegt Achtung vor meiner Ehre, damit ihr glauben mögt. Richtet mich nach eurer Weisheit und weckt eure Sinne, um desto besser urteilen zu können. Ist jemand in dieser Versammlung, irgendein herzlicher Freund Cäsars, dem sage ich: des Brutus Liebe zum Cäsar war nicht geringer als seine. Wenn dieser Freund dann fragt, warum Brutus gegen Cäsar aufstand, ist dies meine Antwort: nicht, weil ich

---

[1] Genauer: die das Gemeinwesen betreffenden Gründe

Cäsarn weniger liebte, sondern weil ich Rom mehr liebte. Wolltet ihr lieber, Cäsar lebte und ihr stürbet alle als Sklaven, als daß Cäsar tot ist, damit ihr alle lebet wie freie Männer? Weil Cäsar mich liebte, wein ich um ihn; weil er glücklich war, freue ich mich; weil er tapfer war, ehr ich ihn; aber weil er herrschsüchtig war, erschlug ich ihn. Also Tränen für seine Liebe, Freude für sein Glück, Ehre für seine Tapferkeit und Tod für seine Herrschsucht. Wer ist hier so niedrig gesinnt, daß er ein Knecht sein möchte? Ist es jemand, er rede, denn ihn habe ich beleidigt. Wer ist hier so roh, daß er nicht wünschte, ein Römer zu sein? Ist es jemand, er rede, denn ihn habe ich beleidigt. Wer ist hier so schlecht, daß er sein Vaterland nicht liebte? Ist es jemand, er rede, denn ihn habe ich beleidigt. Ich halte inne, um Antwort zu hören.

Bürger (verschiedene Stimmen auf einmal).
Niemand, Brutus! niemand!

Brutus. Dann habe ich niemand beleidigt. Ich tat Cäsarn nichts, als was ihr dem Brutus tun würdet. Die Untersuchung über seinen Tod ist im Kapitol aufgezeichnet; sein Ruhm nicht geschmälert, wo er Verdienste hatte, seine Vergehen nicht übertrieben, für die er den Tod gelitten.

Antonius und andre treten auf mit Cäsars Leiche.

Hier kommt seine Leiche, von Mark Anton betrauert, der, ob er schon keinen Teil an seinem Tode hatte, die Wohltat seines Sterbens, einen Platz im gemeinen Wesen, genießen wird. Wer von euch wird es nicht? Hiermit trete ich ab. Wie ich meinen besten Freund für das Wohl Roms erschlug, so habe ich denselben Dolch für mich selbst, wenn es dem Vaterland gefällt, meinen Tod zu bedürfen.

Bürger. Lebe, Brutus! lebe! lebe!

Erster Bürger. Begleitet mit Triumph ihn in sein Haus.

Zweiter Bürger. Stellt ihm ein Bildnis auf bei seinen Ahnen.

Dritter Bürger. Er werde Cäsar!

Vierter Bürger. Im Brutus krönt ihr Cäsars beßre Gaben.

Erster Bürger. Wir bringen ihn zu Haus mit lautem Jubel.

Brutus. Mitbürger –

Zweiter Bürger. Schweigt doch! Stille! Brutus spricht.

Erster Bürger. Still da!
Brutus. Ihr guten Bürger, laßt allein mich gehn;
Bleibt mir zuliebe hier beim Mark Anton.
Ehrt Cäsars Leiche, ehret seine Rede,
Die Cäsars Ruhm verherrlicht. Dem Antonius
Gab unser Will' Erlaubnis, sie zu halten.
Ich bitt euch, keiner gehe fort von hier
Als ich allein, bis Mark Anton gesprochen. (*Ab.*)
Erster Bürger. He, bleibt doch! Hören wir den Mark Anton.
Dritter Bürger. Laßt ihn hinaufgehn auf die Rednerbühne.
Ja, hört ihn! Edler Mark Anton, hinauf!
Antonius. Um Brutus' willen bin ich euch verpflichtet.
Vierter Bürger. Was sagt er da vom Brutus?
Dritter Bürger. Er sagt, um Brutus' willen find er sich
Uns insgesamt verpflichtet.
Vierter Bürger. Er täte wohl,
Dem Brutus hier nichts Übles nachzureden.
Erster Bürger. Der Cäsar war ein Tyrann.
Dritter Bürger. Ja, das ist sicher;
Es ist ein Glück für uns, daß Rom ihn los ward.
Vierter Bürger. Still! Hört doch, was Antonius sagen kann!
Antonius. Ihr edlen Römer –
Bürger. Still da! hört ihn doch!
Antonius. Mitbürger! Freunde! Römer! hört mich an:
Begraben will ich Cäsarn, nicht ihn preisen.
Was Menschen Übles tun, das überlebt sie,
Das Gute wird mit ihnen oft begraben.
So sei es auch mit Cäsarn! Der edle Brutus
Hat euch gesagt, daß er voll Herrschsucht war;
Und war er das, so war's ein schwer Vergehen,
Und schwer hat Cäsar auch dafür gebüßt.
Hier, mit des Brutus Willen und der andern
(Denn Brutus ist ein ehrenwerter Mann,
Das sind sie alle, alle ehrenwert),
Komm ich, bei Cäsars Leichenzug zu reden.
Er war mein Freund, war mir gerecht und treu;
Doch Brutus sagt, daß er voll Herrschsucht war,

Und Brutus ist ein ehrenwerter Mann.
Er brachte viel Gefangne heim nach Rom,
Wofür das Lösegeld den Schatz gefüllt.
Sah das der Herrschsucht wohl am Cäsar gleich?
Wenn Arme zu ihm schrien, so weinte Cäsar;
Die Herrschsucht sollt aus härterm Stoff bestehn.
Doch Brutus sagt, daß er voll Herrschsucht war,
Und Brutus ist ein ehrenwerter Mann.
Ihr alle saht, wie am Lupercusfest
Ich dreimal ihm die Königskrone bot,
Die dreimal er geweigert. War das Herrschsucht?
Doch Brutus sagt, daß er voll Herrschsucht war,
Und ist gewiß ein ehrenwerter Mann.
Ich will, was Brutus sprach, nicht widerlegen;
Ich spreche hier von dem nur, was ich weiß.
Ihr liebtet all ihn einst nicht ohne Grund;
Was für ein Grund wehrt euch, um ihn zu trauern?
O Urteil, du entflohst zum blöden Vieh,
Der Mensch ward unvernünftig! – Habt Geduld!
Mein Herz ist in dem Sarge hier beim Cäsar,
Und ich muß schweigen, bis es mir zurückkommt.

Erster Bürger. Mich dünkt, in seinen Reden ist viel Grund.
Zweiter Bürger. Wenn man die Sache recht erwägt, ist Cäsarn
Groß Unrecht widerfahren.
Dritter Bürger. Meint Ihr, Bürger?
Ich fürcht, ein Schlimmrer kommt an seine Stelle.
Vierter Bürger. Habt ihr gehört? Er nahm die Krone nicht;
Da sieht man, daß er nicht herrschsüchtig war.
Erster Bürger. Wenn dem so ist, so wird es manchem teuer
Zu stehen kommen.
Zweiter Bürger. Ach, der arme Mann!
Die Augen sind ihm feuerrot vom Weinen.
Dritter Bürger. Antonius ist der bravste Mann in Rom.
Vierter Bürger.
Gebt acht! Er fängt von neuem an zu reden.
Antonius. Noch gestern hätt umsonst dem Worte Cäsars
Die Welt sich widersetzt; nun liegt er da,

Und der Geringste neigt sich nicht vor ihm.
O Bürger! strebt ich, Herz und Mut in euch
Zur Wut und zur Empörung zu entflammen,
So tät ich Cassius und Brutus Unrecht,
Die ihr als ehrenwerte Männer kennt.
Ich will nicht ihnen Unrecht tun, will lieber
Dem Toten Unrecht tun, mir selbst und euch,
Als ehrenwerten Männern, wie sie sind.
Doch seht dies Pergament mit Cäsars Siegel;
Ich fand's bei ihm, es ist sein letzter Wille.
Vernähme nur das Volk dies Testament
(Das ich, verzeiht mir, nicht zu lesen denke),
Sie gingen hin und küßten Cäsars Wunden
Und tauchten Tücher in sein heilges Blut,
Ja, bäten um ein Haar zum Angedenken,
Und sterbend nennten sie's im Testament
Und hinterließen's ihres Leibes Erben
Zum köstlichen Vermächtnis.

Vierter Bürger. Wir wollen's hören: lest das Testament!
Lest, Mark Anton!

Bürger. Ja, ja, das Testament!
Laßt Cäsars Testament uns hören.

Antonius.

Seid ruhig, lieben Freund'! Ich darf's nicht lesen,
Ihr müßt nicht wissen, wie euch Cäsar liebte.
Ihr seid nicht Holz, nicht Stein, ihr seid ja Menschen;
Drum, wenn ihr Cäsars Testament erführt,
Es setzt' in Flammen euch, es macht' euch rasend.
Ihr dürft nicht wissen, daß ihr ihn beerbt,
Denn wüßtet ihr's, was würde draus entstehn?

Bürger. Lest das Testament! Wir wollen's hören, Mark Anton!
Ihr müßt es lesen! Cäsars Testament!

Antonius. Wollt ihr euch wohl gedulden? wollt ihr warten?
Ich übereilte mich, da ich's euch sagte.
Ich fürcht, ich tu den ehrenwerten Männern
Zu nah, durch deren Dolche Cäsar fiel;
Ich fürchte es.

Vierter Bürger. Sie sind Verräter: ehrenwerte Männer!
Bürger. Das Testament! Das Testament!
Zweiter Bürger.
   Sie waren Bösewichter, Mörder! Das Testament!
   Lest das Testament!
Antonius. So zwingt ihr mich, das Testament zu lesen?
   Schließt einen Kreis um Cäsars Leiche denn,
   Ich zeig euch den, der euch zu Erben machte.
   Erlaubt ihr mir's? Soll ich hinuntersteigen?
Bürger. Ja, kommt nur!
Zweiter Bürger. Steigt herab!
        (*Er verläßt die Rednerbühne.*)
Dritter Bürger. Es ist Euch gern erlaubt.
Vierter Bürger. Schließt einen Kreis herum.
Erster Bürger. Zurück vom Sarge! von der Leiche weg!
Zweiter Bürger. Platz für Antonius! für den edlen Antonius!
Antonius. Nein, drängt nicht so heran! Steht weiter weg!
Bürger. Zurück! Platz da! zurück!
Antonius. Wofern ihr Tränen habt, bereitet euch,
   Sie jetzo zu vergießen. Diesen Mantel,
   Ihr kennt ihn alle; doch erinnr' ich mich
   Des ersten Males, daß ihn Cäsar trug
   In seinem Zelt, an einem Sommerabend –
   Er überwand den Tag die Nervier –
   Hier, schauet! fuhr des Cassius Dolch herein;
   Seht, welchen Riß der tückische Casca machte!
   Hier stieß der vielgeliebte Brutus durch;
   Und als er den verfluchten Stahl hinwegriß,
   Schaut her, wie ihm das Blut des Cäsar folgte,
   Als stürzt' es vor die Tür, um zu erfahren,
   Ob wirklich Brutus so unfreundlich klopfte.
   Denn Brutus, wie ihr wißt, war Cäsars Engel. –
   Ihr Götter, urteilt, wie ihn Cäsar liebte!
   Kein Stich von allen schmerzte so wie der.
   Denn als der edle Cäsar Brutus sah,
   Warf Undank, stärker als Verräterwaffen,
   Ganz nieder ihn; da brach sein großes Herz,

Und in dem Mantel sein Gesicht verhüllend,
Grad am Gestell der Säule des Pompejus,
Von der das Blut rann, fiel der große Cäsar.
O meine Bürger, welch ein Fall war das!
Da fielet ihr und ich, wir alle fielen,
Und über uns frohlockte blutge Tücke.
O ja! nun weint ihr, und ich merk, ihr fühlt
Den Drang des Mitleids; dies sind milde Tropfen.
Wie? weint ihr, gute Herzen, seht ihr gleich
Nur unsers Cäsars Kleid verletzt? Schaut her!
Hier ist er selbst, geschändet von Verrätern.

Erster Bürger. O kläglich Schauspiel!
Zweiter Bürger. O edler Cäsar!
Dritter Bürger. O jammervoller Tag!
Vierter Bürger. O Buben und Verräter!
Erster Bürger. O blutger Anblick!
Zweiter Bürger. Wir wollen Rache! Rache! Auf und sucht!
Sengt! brennt! schlagt! mordet! laßt nicht *einen* leben!
Antonius. Seid ruhig, meine Bürger!
Erster Bürger. Still da! Hört den edlen Antonius!
Zweiter Bürger. Wir wollen ihn hören, wir wollen ihm folgen,
wir wollen für ihn sterben!
Antonius. Ihr guten, lieben Freund', ich muß euch nicht
Hinreißen zu des Aufruhrs wildem Sturm.
Die diese Tat getan, sind ehrenwert.
Was für Beschwerden sie persönlich führen,
Warum sie's taten, ach! das weiß ich nicht;
Doch sind sie weis und ehrenwert, und werden
Euch sicherlich mit Gründen Rede stehn.
Nicht euer Herz zu stehlen, komm ich, Freunde;
Ich bin kein Redner, wie es Brutus ist,
Nur, wie ihr alle wißt, ein schlichter Mann,
Dem Freund ergeben, und das wußten die
Gar wohl, die mir gestattet, hier zu reden.
Ich habe weder Witz noch Wort' und Würde,
Noch Kunst des Vortrags noch die Macht der Rede,
Der Menschen Blut zu reizen; nein, ich spreche

Nur gradezu und sag euch, was ihr wißt.
Ich zeig euch des geliebten Cäsars Wunden,
Die armen stummen Munde, heiße die
Statt meiner reden. Aber wär ich Brutus
Und Brutus Mark Anton, dann gäb es einen,
Der eure Geister schürt' und jeder Wunde
Des Cäsars eine Zunge lieh', die selbst
Die Steine Roms zum Aufstand würd empören.
Dritter Bürger. Empörung!
Erster Bürger. Steckt des Brutus Haus in Brand!
Dritter Bürger.
Hinweg denn! kommt, sucht die Verschwornen auf!
Antonius. Noch hört mich, meine Bürger, hört mich an!
Bürger. Still da! Hört Mark Anton! den edlen Mark Anton!
Antonius. Nun, Freunde, wißt ihr selbst auch, was ihr tut?
Wodurch verdiente Cäsar eure Liebe?
Ach nein! ihr wißt nicht. – Hört es denn! Vergessen
Habt ihr das Testament, wovon ich sprach.
Bürger. Wohl wahr! Das Testament! Bleibt, hört das Testa-
Antonius. Hier ist das Testament mit Cäsars Siegel;   [ment!
Darin vermacht er jedem Bürger Roms,
Auf jeden Kopf euch, fünfundsiebzig Drachmen.
Zweiter Bürger. O edler Cäsar! – Kommt, rächt seinen Tod!
Dritter Bürger. O königlicher Cäsar.
Antonius. Hört mich mit Geduld!
Bürger. Still da!
Antonius. Auch läßt er alle seine Lustgehege,
Verschloßne Lauben, neugepflanzte Gärten
Diesseit der Tiber euch und euren Erben
Auf ewge Zeit, damit ihr euch ergehn
Und euch gemeinsam dort ergötzen könnt.
Das war ein Cäsar: wann kommt seinesgleichen?
Erster Bürger.
Nimmer! nimmer! – Kommt! hinweg! hinweg! hinweg!
Verbrennt den Leichnam auf dem heilgen Platze,
Und mit den Bränden zündet den Verrätern
Die Häuser an. Nehmt denn die Leiche auf!

Zweiter Bürger. Geht! holt Feuer!
Dritter Bürger. Reißt Bänke ein!
Vierter Bürger. Reißt Sitze, Läden, alles ein!

(*Die Bürger mit Cäsars Leiche ab.*)

Antonius. Nun wirk es fort. Unheil, du bist im Zuge:
Nimm, welchen Lauf du willst! –

Ein Diener kommt.

Was bringst du, Bursch?
Diener. Herr! Octavius ist schon nach Rom gekommen.
Antonius. Wo ist er?
Diener. Er und Lepidus sind in Cäsars Hause.
Antonius. Ich will sofort dahin, ihn zu besuchen,
Er kommt erwünscht. Das Glück ist aufgeräumt
Und wird in dieser Laun uns nichts versagen.
Diener. Ich hört ihn sagen, Cassius und Brutus
Sei'n durch die Tore Roms wie toll geritten.
Antonius. Vielleicht vernahmen sie vom Volke Kundschaft,
Wie ich es aufgewiegelt. Führ indes
Mich zum Octavius. (*Beide ab.*)

DRITTE SZENE

Eine Straße
Cinna, der Poet, tritt auf

Cinna. Mir träumte heut, daß ich mit Cäsarn schmauste,
Und Mißgeschick füllt meine Phantasie.
Ich bin unlustig, aus dem Haus zu gehn,
Doch treibt es mich heraus.

Bürger kommen.

Erster Bürger. Wie ist Euer Name?
Zweiter Bürger. Wo geht Ihr hin?
Dritter Bürger. Wo wohnt Ihr?
Vierter Bürger. Seid Ihr verheiratet oder ein Junggesell?
Zweiter Bürger. Antwortet jedem unverzüglich.
Erster Bürger. Ja, und kürzlich.
Vierter Bürger. Ja, und weislich.

Dritter Bürger. Ja, und ehrlich, das raten wir Euch.
Cinna. Wie ist mein Name? Wohin gehe ich? Wo wohne ich? Bin ich verheiratet oder ein Junggesell? Also um jedem Manne unverzüglich und kürzlich, weislich und ehrlich zu antworten, sage ich weislich: ich bin ein Junggesell.
Zweiter Bürger. Das heißt soviel: wer heiratet, ist ein Narr. Dafür Denke ich Euch eins zu versetzen. Weiter, unverzüglich!
Cinna. Unverzüglich gehe ich zu Cäsars Bestattung.
Erster Bürger. Als Freund oder Feind?
Cinna. Als Freund.
Zweiter Bürger. Das war unverzüglich beantwortet.
Vierter Bürger. Eure Wohnung, kürzlich!
Cinna. Kürzlich, ich wohne beim Kapitol.
Dritter Bürger. Euer Name, Herr! ehrlich!
Cinna. Ehrlich, mein Name ist Cinna.
Erster Bürger. Reißt ihn in Stücke! Er ist ein Verschworner.
Cinna. Ich bin Cinna, der Poet! Ich bin Cinna, der Poet!
Vierter Bürger. Zerreißt ihn für seine schlechten Verse! Zerreißt ihn für seine schlechten Verse!
Cinna. Ich bin nicht Cinna, der Verschworne.
Vierter Bürger. Es tut nichts! sein Name ist Cinna; reißt ihm den Namen aus dem Herzen und laßt ihn laufen.
Dritter Bürger. Zerreißt ihn! Zerreißt ihn! Kommt, Brände! Heda, Feuerbrände! Zum Brutus! Zum Cassius! Steckt alles in Brand! Ihr zu des Decius Hause! Ihr zu des Casca! Ihr zu des Ligarius! Fort! Kommt!

(*Alle ab.*)

VIERTER AUFZUG

Erste Szene

Rom. Ein Zimmer des Antonius
Antonius, Octavius und Lepidus, an einem Tische sitzend

Antonius. Die müssen also sterben, deren Namen
  Hier angezeichnet stehn.
Octavius. Auch Euer Bruder
  Muß sterben, Lepidus. Ihr willigt drein?
Lepidus. Ich willge drein.
Octavius. Zeichn ihn, Antonius.
Lepidus. Mit dem Beding, daß Publius nicht lebe,
  Der Eurer Schwester Sohn ist, Mark Anton.
Antonius. Er lebe nicht; sieh her, ein Strich verdammt ihn.
  Doch Lepidus, geht Ihr zu Cäsars Haus,
  Bringt uns sein Testament; wir wollen sehn,
  Was an Vermächtnissen sich kürzen läßt.
Lepidus. Wie? Soll ich *hier* euch finden?
Octavius. Hier oder auf dem Kapitol. (*Lepidus ab.*)
Antonius. Dies ist ein schwacher, unbrauchbarer Mensch,
  Zum Botenlaufen nur geschickt. Verdient er,
  Wenn man die dreibenannte Welt verteilt,
  Daß er als dritter Mann sein Teil empfange?
Octavius. Ihr glaubtet es und hörtet auf sein Wort,
  Wen man im schwarzen Rate unsrer Acht
  Zum Tode zeichnen sollte.
Antonius. Octavius, ich sah mehr Tag' als Ihr.
  Ob wir auf diesen Mann schon Ehren häufen,
  Um manche Last des Leumunds abzuwälzen,
  Er trägt sie doch nur wie der Esel Gold,
  Der unter dem Geschäfte stöhnt und schwitzt,
  Geführt, getrieben, wie den Weg wir weisen;
  Und hat er unsern Schatz, wohin wir wollen,
  Gebracht, dann nehmen wir die Last ihm ab

Und lassen ihn als ledgen Esel laufen,
Daß er die Ohren schütteln mög und grasen
Auf offner Weide.
Octavius. Tut, was Euch beliebt;
Doch ist er ein geprüfter, wackrer Krieger.
Antonius. Das ist mein Pferd ja auch, Octavius,
Dafür bestimm ich ihm sein Maß von Futter.
Ist's ein Geschöpf nicht, das ich lehre fechten,
Umwenden, halten, grade vorwärts rennen,
Des körperliches Tun mein Geist regiert?
In manchem Sinn ist Lepidus nichts weiter:
Man muß ihn erst abrichten, lenken, mahnen;
Ein Mensch von dürftgem Geiste, der sich nährt
Von Gegenständen, Künsten, Nachahmungen,
Die, alt und schon von andern abgenutzt,
Erst seine Mode werden. Sprecht nicht anders
Von ihm als einem Werkzeug nur. – Und nun,
Octavius, vernehmet große Dinge:
Brutus und Cassius werben Völker an,
Wir müssen ihnen stracks die Spitze bieten;
Drum laßt die Bundsgenossen uns versammeln,
Die Freunde sichern, alle Macht aufbieten;
Und laßt zu Rat uns sitzen alsobald,
Wie man am besten Heimliches entdeckt
Und offnen Fährlichkeiten sicher trotzt.
Octavius. Das laßt uns tun; denn uns wird aufgelauert,
Und viele Feinde bellen um uns her;
Und manche, so da lächeln, fürcht ich, tragen
Im Herzen tausend Unheil. (*Beide ab.*)

ZWEITE SZENE

Vor Brutus' Zelte im Lager nahe bei Sardes
*Trommeln werden gerührt. Brutus, Lucilius, Lucius und Soldaten
treten auf. Pindarus und Titinius kommen ihnen entgegen*

Brutus. Halt!
Lucilius. He! Gebt das Wort und haltet.

Brutus. Was gibt's, Lucilius? Ist Cassius nahe?
Lucilius. Er ist nicht weit, und hier kommt Pindarus,
Im Namen seines Herrn Euch zu begrüßen.
              (*Pindarus überreicht dem Brutus einen Brief.*)
Brutus. Sein Gruß ist freundlich. Wißt, daß Euer Herr,
Von selbst verändert oder schlecht beraten,
Mir gültgen Grund gegeben, ungeschehn
Geschehenes zu wünschen. Aber ist er
Hier in der Näh, so wird er mir genugtun.
Pindarus. Ich zweifle nicht, voll Ehr und Würdigkeit
Wird, wie er ist, mein edler Herr erscheinen.
Brutus. Wir zweifeln nicht an ihm. – Ein Wort, Lucilius:
Laßt mich erfahren, wie er Euch empfing.
Lucilius. Mit Höflichkeit und Ehrbezeugung gnug,
Doch nicht mit so vertrauter Herzlichkeit,
Nicht mit so freiem, freundlichem Gespräch,
Als er vordem wohl pflegte.
Brutus.   Du beschreibst,
Wie warme Freund' erkalten. Merke stets
Lucilius, wenn Lieb erkrankt und schwindet,
Nimmt sie gezwungne Höflichkeiten an.
Einfältge, schlichte Treu weiß nichts von Künsten;
Doch Gleisner sind wie Pferde, heiß im Anlauf:
Sie prangen schön mit einem Schein von Kraft;
Doch sollen sie den blutgen Sporn erdulden,
So sinkt ihr Stolz, und falschen Mähren gleich
Erliegen sie der Prüfung. – Naht sein Heer?
Lucilius. Sie wollten Nachtquartier in Sardes halten.
Der größte Teil, die ganze Reiterei
Kommt mit dem Cassius.
              (*Ein Marsch hinter der Szene.*)
Brutus. Horch! Er ist schon da.
Rückt langsam ihm entgegen.
              Cassius tritt auf mit Soldaten.
Cassius. Halt!
Brutus. Halt! Gebt das Befehlswort weiter.
              (*Hinter der Szene: Halt! – Halt! – Halt!*)

Cassius. Ihr tatet mir zu nah, mein edler Brutus.
Brutus. Ihr Götter, richtet! Tu ich meinen Feinden
Zu nah? und sollt ich's meinem Bruder tun?
Cassius. Brutus, dies Euer würdiges Benehmen
Deckt Unrecht zu, und wenn Ihr es begeht –
Brutus. Seid ruhig, Cassius! bringet leise vor,
Was für Beschwerd Ihr habt. – Ich kenn Euch wohl. –
Im Angesicht der beiden Heere hier,
Die nichts von uns als Liebe sehen sollten,
Laßt uns nicht hadern. Heißt hinweg sie ziehn;
Führt Eure Klagen dann in meinem Zelt;
Ich will Gehör Euch geben.
Cassius. Pindarus,
Heißt unsre Obersten ein wenig weiter
Von diesem Platz hinweg die Scharen führen.
Brutus. Tut Ihr das auch, Lucilius. Laßt niemand,
Solang die Unterredung dauert, ein.
Laßt Lucius und Titinius Wache stehn. (*Alle ab.*)

DRITTE SZENE

Im Zelte des Brutus
Lucius und Titinius in einiger Entfernung davon. Brutus und Cassius treten auf

Cassius. Eur Unrecht gegen mich erhellet hieraus:
Ihr habt den Lucius Pella hart verdammt,
Weil er bestochen worden von den Sardern;
Mein Brief, worin ich mich für ihn verwandt,
Weil ich ihn kenne, ward für nichts geachtet.
Brutus. Ihr tatet Euch zu nah, in solchem Fall zu schreiben.
Cassius. In solcher Zeit, wie diese, ziemt es nicht,
Daß jeder kleine Fehl bekrittelt werde.
Brutus. Laßt mich Euch sagen, Cassius, daß Ihr selbst
Verschrien seid, weil Ihr hohle Hände macht,
Weil Ihr an Unverdiente Eure Ämter
Verkauft und feilschet.

Cassius. Mach ich hohle Hände?
  Ihr wißt wohl, Ihr seid Brutus, der dies sagt,
  Sonst, bei den Göttern! wär dies Wort Eur letztes.
Brutus. Des Cassius Name adelt die Bestechung,
  Darum verbirgt die Züchtigung ihr Haupt.
Cassius. Die Züchtigung!
Brutus. Denkt an den März, denkt an des Märzen Idus!
  Hat um das Recht der große Julius nicht
  Geblutet? Welcher Bube legt' an ihn
  Die Hand wohl, schwang den Stahl, und nicht ums Recht?
  Wie? Soll nun einer derer, die den ersten
  Von allen Männern dieser Welt erschlugen,
  Bloß, weil er Räuber schützte: sollen wir
  Mit schnöden Gaben unsre Hand besudeln?
  Und unser Würden weiten Kreis verkaufen
  Für soviel Plunders, als man etwa greift?
  Ein Hund sein lieber und den Mond anbellen,
  Als solch ein Römer!
Cassius. Brutus, reizt mich nicht!
  Ich will's nicht dulden. Ihr vergeßt Euch selbst,
  Wenn Ihr mich so umzäunt; ich bin ein Krieger,
Erfahrner, älter, fähiger als Ihr,
  Bedingungen zu machen.
Brutus. Redet nur,
  Ihr seid es doch nicht, Cassius.
Cassius. Ich bin's.
Brutus. Ich sag, Ihr seid es nicht.
Cassius. Drängt mich nicht mehr, ich werde mich vergessen;
  Gedenkt an Euer Heil, reizt mich nicht länger.
Brutus. Geht, leichtgesinnter[1] Mann!
Cassius. Ist's *möglich*?
Brutus. Hört mich an, denn ich will reden.
  Muß ich mich Eurer jähen Hitze fügen?
  Muß ich erschrecken, wenn ein Toller starrt?
Cassius. Ihr Götter! Götter! muß ich all dies dulden?

---

1. Genauer: nichtiger, unbedeutender

Brutus. All dies? Noch mehr! Ergrimmt, bis es Euch birst,
Das stolze Herz. Geht, zeiget Euren Sklaven,
Wie rasch zum Zorn Ihr seid, und macht sie zittern.
Muß ich beiseit mich drücken? muß den Hof
Euch machen? Muß ich dastehn und mich krümmen
Vor Eurer krausen Laune? Bei den Göttern!
Ihr sollt hinunterwürgen Euren Gift,
Und wenn Ihr börstet; denn von heute an
Dient Ihr zum Scherz, ja zum Gelächter mir,
Wenn Ihr Euch so gebärdet.
Cassius. Dahin kam's?
Brutus. Ihr sagt, daß Ihr ein beßrer Krieger seid:
Beweist es denn, macht Euer Prahlen wahr.
Es soll mir lieb sein; denn, was mich betrifft,
Ich werde gern von edlen Männern lernen.
Cassius. Ihr tut zu nah, durchaus zu nah mir, Brutus.
Ich sagt, ein älter Krieger, nicht ein beßrer.
Sagt ich, ein beßrer?
Brutus. Und hättet Ihr's gesagt, mir gilt es gleich.
Cassius. Mir hätte Cäsar das nicht bieten dürfen.
Brutus. O schweigt! Ihr durftet ihn auch nicht so reizen.
Cassius. Ich durfte nicht?
Brutus. Nein.
Cassius. Wie? Durft ihn nicht reizen?
Brutus. Ihr durftet es für Euer Leben nicht.
Cassius. Wagt nicht zuviel auf meine Liebe hin,
Ich möchte tun, was mich nachher gereute.
Brutus. Ihr habt getan, was Euch gereuen sollte.
Eur Drohn hat keine Schrecken, Cassius;
Denn ich bin so bewehrt durch Redlichkeit,
Daß es vorbeizieht wie der leere Wind,
Der nichts mir gilt. Ich sandte hin zu Euch
Um eine Summe Golds, die Ihr mir abschlugt.
Ich kann kein Geld durch schnöde Mittel heben.
Beim Himmel! lieber prägt ich ja mein Herz
Und tröpfelte mein Blut für Drachmen aus,
Als daß ich aus der Bauern harten Händen

Die jämmerliche Habe winden sollte
Durch irgendeinen Schlich. – Ich sandt um Gold zu Euch,
Um meine Legionen zu bezahlen;
Ihr schlugt mir's ab: war das, wie Cassius sollte?
Hätt ich dem Cajus Cassius so erwidert?
Wenn Marcus Brutus je so geizig wird,
Daß er so lumpge Pfennige den Freunden
Verschließt, dann rüstet eure Donnerkeile,
Zerschmettert ihn, ihr Götter!
Cassius. Ich schlug es Euch nicht ab.
Brutus. Ihr tatet es.
Cassius. Ich tat's nicht; der Euch meine Antwort brachte,
War nur ein Tor. – Brutus zerreißt mein Herz –
Es sollt ein Freund des Freundes Schwächen tragen,
Brutus macht meine größer, als sie sind.
Brutus. Das tu ich nicht, bis Ihr damit mich quält.
Cassius. Ihr liebt mich nicht.
Brutus. Nicht Eure Fehler lieb ich.
Cassius. Nie konnt ein Freundesaug dergleichen sehn.
Brutus. Des Schmeichlers Auge säh sie nicht, erschienen
Sie auch so riesenhaft wie der Olymp.
Cassius. Komm, Mark Anton, und komm, Octavius, nur!
Nehmt eure Rach allein am Cassius;
Denn Cassius ist des Lebens überdrüssig,
Gehaßt von einem, den er liebt; getrotzt
Von seinem Bruder; wie ein Knecht gescholten.
Man späht nach allen meinen Fehlern, zeichnet
Sie in ein Denkbuch, lernt sie aus dem Kopf,
Wirft sie mir in die Zähne. – Oh, ich könnte
Aus meinen Augen meine Seele weinen!
Da ist mein Dolch, hier meine nackte Brust;
Ein Herz drin, reicher als des Plutus Schacht,
Mehr wert als Gold; wo du ein Römer bist,
So nimm's heraus. Ich, der dir Gold versagt,
Ich biete dir mein Herz. Stoß zu, wie einst
Auf Cäsar! Denn ich weiß, als du am ärgsten
Ihn haßtest, liebtest du ihn mehr, als je

VIERTER AUFZUG · DRITTE SZENE

Du Cassius geliebt.
Brutus. Steckt Euren Dolch ein!
  Seid zornig, wenn Ihr wollt: es steh Euch frei!
  Tut, was Ihr wollt, Schmach soll für Laune gelten.
  O Cassius! einem Lamm seid Ihr gesellt,
  Das so nur Zorn hegt wie der Kiesel Feuer,
  Der, viel geschlagen, flüchtge Funken zeigt
  Und gleich drauf wieder kalt ist.
Cassius. Lebt ich dazu,
  Ein Scherz nur und Gelächter meinem Brutus
  Zu sein, wenn Gram und böses Blut mich plagt?
Brutus. Als ich das sprach, hatt ich auch böses Blut.
Cassius. Gesteht Ihr soviel ein? Gebt mir die Hand.
Brutus. Und auch mein Herz.
Cassius. O Brutus!
Brutus. Was verlangt Ihr?
Cassius. Liebt Ihr mich nicht genug, Geduld zu haben,
  Wenn jene rasche Laune, von der Mutter
  Mir angeerbt, macht, daß ich mich vergesse?
Brutus. Ja, Cassius; künftig, wenn Ihr allzu streng
  Mit Eurem Brutus seid, so denket er,
  Die Mutter schmäl aus Euch, und läßt Euch gehn.
        (Lärm hinter der Szene.)
Ein Poet (hinter der Szene).
  Laßt mich hinein, ich muß die Feldherrn sehn.
  Ein Zank ist zwischen ihnen; 's ist nicht gut,
  Daß sie allein sind.
Lucilius (hinter der Szene). Ihr sollt nicht hinein.
Poet (hinter der Szene). Der Tod nur hält mich ab.
        Der Poet tritt ein.
Cassius. Ei nun, was gibt's?
Poet. Schämt ihr euch nicht, ihr Feldherrn? Was beginnt ihr?
  Liebt euch, wie sich's für solche Männer schickt;
  Fürwahr, ich hab mehr Jahr' als ihr erblickt.
Cassius. Ha, ha! wie toll der Zyniker nicht reimt!
Brutus. Ihr Schlingel, packt Euch! Fort, verwegner Bursch!
Cassius. Ertragt ihn, Brutus! seine Weis ist so.

Brutus. Kennt er die Zeit, so kenn ich seine Laune.
Was soll der Krieg mit solchen Schellennarren?
Geh fort, Gesell!
Cassius. Fort! fort! geh deines Wegs!
(*Der Poet ab.*)
Lucilius und Titinius kommen.
Brutus. Lucilius und Titinius, heißt die Obersten
Auf Nachtquartier für ihre Scharen denken.
Cassius. Kommt selber dann und bringt mit euch Messala
Sogleich zu uns herein.
(*Lucilius und Titinius ab.*)
Brutus. Lucius, eine Schale Weins.
Cassius. Ich dachte nicht, daß Ihr so zürnen könntet.
Brutus. O Cassius, ich bin krank an manchem Gram.
Cassius. Ihr wendet die Philosophie nicht an,
Die ihr bekennt, gebt Ihr zufällgen Übeln Raum.
Brutus. Kein Mensch trägt Leiden besser. – Portia starb.
Cassius. Ha! Portia!
Brutus. Sie ist tot.
Cassius. Lag das im Sinn Euch, wie entkam ich lebend?
O bittrer, unerträglicher Verlust!
An welcher Krankheit?
Brutus. Die Trennung nicht erduldend;
Und Gram, daß mit Octavius Mark Anton
So mächtig worden – denn mit ihrem Tod
Kam der Bericht – das brachte sie von Sinnen,
Und wie sie sich allein sah, schlang sie Feuer.
Cassius. Und starb so?
Brutus. Starb so.
Cassius. O ihr ewgen Götter!
Lucius kommt mit Wein und Kerzen.
Brutus. Sprecht nicht mehr von ihr. – Gebt eine Schale Weins!
Hierin begrab ich allen Unglimpf, Cassius. (*Trinkt.*)
Cassius. Mein Herz ist durstig, Euch Bescheid zu tun.
Füllt, Lucius, bis der Wein den Becher kränzt;
Von Brutus' Liebe trink ich nie zuviel. (*Trinkt.*)

Titinius und Messala kommen.

Brutus. Herein, Titinius! Seid gegrüßt, Messala!
Nun laßt uns dicht um diese Kerze sitzen
Und, was uns frommt, in Überlegung ziehn.
Cassius. O Portia, bist du hin!
Brutus. Nicht mehr, ich bitt Euch!
Messala, seht, ich habe Brief' empfangen,
Daß Mark Anton, mit ihm Octavius,
Heranziehn gegen uns mit starker Macht
Und ihren Heerzug nach Philippi lenken.
Messala. Ich habe Briefe von demselben Inhalt.
Brutus. Mit welchem Zusatz?
Messala. Daß durch Proskription und Achtserklärung
Octavius, Mark Anton und Lepidus
Auf hundert Senatoren umgebracht.
Brutus. Darüber weichen unsre Briefe ab.
Der meine spricht von siebzig Senatoren,
Die durch die Ächtung fielen; Cicero
Sei einer aus der Zahl.
Cassius. Auch Cicero?
Messala. Ja, er ist tot, und durch den Achtsbefehl. –
Kam Euer Brief von Eurer Gattin, Herr?
Brutus. Nein, Messala.
Messala. Und meldet Euer Brief von ihr Euch nichts?
Brutus. Gar nichts, Messala.
Messala. Das bedünkt mich seltsam.
Brutus. Warum? Wißt Ihr aus Eurem Brief von ihr?
Messala. Nein, Herr.
Brutus. Wenn Ihr ein Römer seid, sagt mir die Wahrheit.
Messala. Tragt denn die Wahrheit, die ich sag, als Römer:
Sie starb, und zwar auf wunderbare Weise.
Brutus. Leb wohl denn, Portia! – Wir müssen sterben,
Messala; dadurch, daß ich oft bedacht,
Sie müß einst sterben, hab ich die Geduld,
Es jetzt zu tragen.
Messala. So trägt ein großer Mann ein großes Unglück.
Cassius. Durch Kunst hab ich soviel hievon als ihr,

Doch die Natur ertrüg's in mir nicht so.
Brutus. Wohlan, zu unserm lebenden Geschäft!
Was denkt Ihr? Ziehn wir nach Philippi gleich?
Cassius. Mir scheint's nicht ratsam.
Brutus. Euer Grund?
Cassius. Hier ist er:
Weit besser ist es, wenn der Feind uns sucht;
So wird er, sich zum Schaden, seine Mittel
Erschöpfen, seine Krieger müde machen.
Wir liegen still indes, bewahren uns
In Ruh wehrhaften Stand und Munterkeit.
Brutus. Den bessern Gründen müssen gute weichen.
Das Land von hier bis nach Philippi hin
Beweist uns nur aus Zwang Ergebenheit,
Denn murrend hat es Lasten uns gezahlt.
Der Feind, indem er durch dasselbe zieht,
Wird seine Zahl daraus ergänzen können
Und uns erfrischt, vermehrt, ermutigt nahn.
Von diesem Vorteil schneiden wir ihn ab,
Wenn zu Philippi wir die Stirn ihm bieten,
Dies Volk im Rücken.
Cassius. Hört mich, lieber Bruder!
Brutus. Erlaubt mir gütig! – Ferner müßt Ihr merken,
Daß wir von Freunden alles aufgeboten,
Daß unsre Legionen übervoll
Und unsre Sache reif. Der Feind nimmt täglich zu;
Wir, auf dem Gipfel, stehn schon an der Neige.
Der Strom der menschlichen Geschäfte wechselt;
Nimmt man die Flut wahr, führet sie zum Glück;
Versäumt man sie, so muß die ganze Reise
Des Lebens sich durch Not und Klippen winden.
Wir sind nun flott auf solcher hohen See
Und müssen, wenn der Strom uns hebt, ihn nutzen;
Wo nicht, geht unser schwimmend Gut verloren.
Cassius. So zieht denn, wie Ihr wollt; wir rücken selbst
Dem Feind entgegen nach Philippi vor.
Brutus. Die tiefe Nacht hat das Gespräch beschlichen,

Und die Natur muß frönen dem Bedürfnis,
Das mit ein wenig Ruh wir täuschen wollen.
Ist mehr zu sagen noch?
Cassius. Nein. Gute Nacht!
Früh stehn wir also morgen auf, und fort.
Brutus. Lucius, mein Schlafgewand! (*Lucius ab.*)
Lebt wohl, Messala!
Gute Nacht, Titinius! Edler, edler Cassius,
Gute Nacht und sanfte Ruh!
Cassius. O teurer Bruder,
Das war ein schlimmer Anfang dieser Nacht.
Nie trenne solcher Zwiespalt unsre Herzen,
Nie wieder, Brutus.
Brutus. Alles steht ja wohl.
Cassius. Nun, gute Nacht!
Brutus. Gute Nacht, mein guter Bruder!
Titinius und Messala. Mein Feldherr, gute Nacht!
Brutus. Lebt alle wohl.

(*Cassius, Titinius und Messala ab.*)
Lucius kommt zurück mit dem Nachtkleide.

Brutus. Gib das Gewand, wo hast du deine Laute?
Lucius. Im Zelte hier.
Brutus. Wie? Schläfrig? Armer Schelm,
Ich tadle drum dich nicht; du hast dich überwacht.
Ruf Claudius her und andre meiner Leute,
Sie sollen hier im Zelt auf Kissen schlafen.
Lucius. Varro und Claudius!

Varro und Claudius kommen.

Varro. Ruft mein Gebieter?
Brutus. Ich bitt euch, liegt in meinem Zelt und schlaft;
Bald weck ich euch vielleicht, um irgendwas
Bei meinem Bruder Cassius zu bestellen.
Varro. Wenn's Euch beliebt, wir wollen stehn und warten.
Brutus. Das nicht! Nein, legt euch nieder, meine Freunde. –

(*Die beiden Diener legen sich nieder.*)

Vielleicht verändert noch sich mein Entschluß. –

Sieh, Lucius, hier das Buch, das ich so suchte;
Ich steckt es in die Tasche des Gewandes.
Lucius. Ich wußte wohl, daß mein Gebieter mir
Es nicht gegeben.
Brutus. Hab Geduld mit mir,
Mein guter Junge, ich bin sehr vergeßlich.
Hältst du noch wohl die müden Augen auf
Und spielst mir ein paar Weisen auf der Laute?
Lucius. Ja, Herr, wenn's Euch beliebt.
Brutus. Das tut's, mein Junge.
Ich plage dich zuviel, doch du bist willig.
Lucius. Es ist ja meine Pflicht.
Brutus. Ich sollte dich
Zur Pflicht nicht über dein Vermögen treiben;
Ich weiß, daß junges Blut auf Schlafen hält.
Lucius. Ich habe schon geschlafen, mein Gebieter.
Brutus. Du tatest recht und sollst auch wieder schlafen.
Ich will nicht lang dich halten; wenn ich lebe,
Will ich dir Gutes tun.
(*Musik und ein Lied.*)
Die Weis ist schläfrig — Mörderischer Schlummer,
Legst du die blei'rne Keul auf meinen Knaben,
Der dir Musik macht? — Lieber Schelm, schlaf wohl,
Ich tu dir's nicht zuleid, daß ich dich wecke;
Nickst du, so brichst du deine Laut entzwei;
Ich nehm sie weg, und schlaf nun, guter Knabe. —
Laßt sehn! Ist, wo ich aufgehört zu lesen,
Das Blatt nicht eingelegt? Hier, denk ich, ist's. (*Er setzt sich.*)
Der Geist Cäsars erscheint.
Wie dunkel brennt die Kerze! — Ha, wer kommt?
Ich glaub, es ist die Schwäche meiner Augen,
Die diese schreckliche Erscheinung schafft.
Sie kommt mir näher — Bist du irgendwas?
Bist du ein Gott, ein Engel oder Teufel,
Der starren macht mein Blut, das Haar mir sträubt?
Gib Rede, was du bist.
Geist. Dein böser Engel, Brutus.

Brutus. Weswegen kommst du?
Geist. Um dir zu sagen, daß du zu Philippi
  Mich sehn sollst.
Brutus. Gut, ich soll dich wiedersehn?
Geist. Ja, zu Philippi. (*Verschwindet.*)
Brutus. Nun, zu Philippi will ich denn dich sehn.
  Nun ich ein Herz gefaßt, verschwindest du;
  Gern spräch ich mehr mit dir noch, böser Geist. –
  Bursch! Lucius! – Varro! Claudius! wacht auf!
  Claudius!
Lucius. Die Saiten sind verstimmt.
Brutus. Er glaubt, er sei bei seiner Laute noch.
  Erwache, Lucius!
Lucius. Herr?
Brutus. Hast du geträumt, daß du so schrieest, Lucius?
Lucius. Ich weiß nicht, mein Gebieter, daß ich schrie.
Brutus. Ja doch, was tatst du; sahst du irgendwas?
Lucius. Nichts auf der Welt.
Brutus. Schlaf wieder, Lucius. – Heda, Claudius!
  Du, Bursch, wach auf!
Varro. Herr?
Claudius. Herr?
Brutus. Weswegen schriet ihr so in eurem Schlaf?
Varro und Claudius. Wir schrieen, Herr?
Brutus. Ja, saht ihr irgendwas?
Varro. Ich habe nichts gesehn.
Claudius. Ich gleichfalls nicht.
Brutus. Geht und empfehlt mich meinem Bruder Cassius;
  Er lasse früh voraufziehn seine Macht,
  Wir wollen folgen.
Varro und Claudius. Herr, es soll geschehn.

(*Alle ab.*)

FÜNFTER AUFZUG

Erste Szene

Die Ebene von Philippi
Octavius, Antonius und ihr Heer

Octavius. Nun, Mark Anton, wird meine Hoffnung wahr.
  Ihr spracht, der Feind werd auf den Höhn sich halten
  Und nicht herab in unsre Ebene ziehn;
  Es zeigt sich anders: seine Scharen nahn!
  Sie wollen zu Philippi hier uns mahnen
  Und Antwort geben, eh wir sie befragt.
Antonius. Pah, steck ich doch in ihren Herzen, weiß,
  Warum sie's tun. Sie wären's wohl zufrieden,
  Nach andern Plätzen hinzuziehn, und kommen
  Mit bangem Trotz, im Wahn, durch diesen Aufzug
  Uns vorzuspiegeln, sie besitzen Mut.
  Allein dem ist nicht so.

Ein Bote tritt auf.

Bote. Bereitet euch, ihr Feldherrn.
  Der Feind rückt an in wohlgeschloßnen Reihn.
  Sein blutges Schlachtpanier ist ausgehängt,
  Und etwas muß im Augenblick geschehn.
Antonius. Octavius, führet langsam Euer Heer
  Zur linken Hand der Ebene weiter vor.
Octavius. Zur rechten ich; behaupte du die linke.
Antonius. Was kreuzt Ihr mich, da die Entscheidung drängt?
Octavius. Ich kreuz Euch nicht, doch ich verlang es so.

(*Marsch.*)

*Trommeln werden gerührt. Brutus und Cassius kommen mit ihrem
    Heere; Lucilius, Titinius, Messala und andre.*

Brutus. Sie halten still und wollen ein Gespräch.
Cassius. Titinius, steh! Wir treten vor und reden.
Octavius. Antonius, geben wir zur Schlacht das Zeichen?
Antonius. Nein, Cäsar, laßt uns ihres Angriffs warten.

Kommt, tretet vor! Die Feldherrn wünschen ja
Ein Wort mit uns.
Octavius. Bleibt stehn bis zum Signal.
Brutus. Erst Wort, dann Schlag: nicht wahr, ihr Landsgenossen?
Octavius. Nicht, daß wir mehr als ihr nach Worten fragen[1].
Brutus. Gut Wort, Octavius, gilt wohl bösen Streich.
Antonius. Ihr, Brutus, gebt bei bösem Streich gut Wort.
Des zeuget Cäsars Herz, durchbohrt von Euch,
Indes Ihr rieft: «Lang lebe Cäsar, Heil!»
Cassius. Die Führung Eurer Streiche, Mark Anton,
Ist uns noch unbekannt; doch Eure Worte
Begehn an Hyblas Bienen Raub und lassen
Sie ohne Honig.
Antonius. Nicht auch stachellos?
Brutus. O ja! auch tonlos, denn Ihr habt ihr Summen
Gestohlen, Mark Anton, und drohet weislich,
Bevor Ihr stecht.
Antonius. Ihr tatet's nicht, Verräter,
Als eure schnöden Dolch' einander stachen
In Cäsars Brust. Ihr zeigtet eure Zähne
Wie Affen, krocht wie Hunde, bücktet tief
Wie Sklaven euch und küßtet Cäsars Füße;
Derweil von hinten der verfluchte Casca
Mit tückschem Bisse Cäsars Nacken traf.
O Schmeichler!
Cassius. Schmeichler! – Dankt Euch selbst nun, Brutus,
Denn diese Zunge würde heut nicht freveln,
Wär Cassius' Rat befolgt.
Octavius. Zur Sache! kommt! Macht Widerspruch uns
So kostet rötre Tropfen der Erweis.   [schwitzen,
Seht! auf Verschworne zück ich dieses Schwert:
Wann, denkt ihr, geht es wieder in die Scheide?
Nie, bis des Cäsar dreiundzwanzig Wunden
Gerächt sind, oder bis ein andrer Cäsar
Mit Mord gesättigt der Verräter Schwert.

---

1. Genauer: Nicht daß wir Worte vorziehn, so wie Ihr.

Brutus. Cäsar, du kannst nicht durch Verräter sterben,
Du bringest denn sie mit.
Octavius. Das hoff ich auch;
Von Brutus' Schwert war Tod mir nicht bestimmt.
Brutus. O wärst du deines Stammes Edelster,
Du könntest, junger Mann, nicht schöner sterben.
Cassius. Ein launisch Bübchen, unwert solchen Ruhms,
Gesellt zu einem Wüstling und 'nem Trinker.
Antonius. Der alte Cassius!
Octavius. Kommt, Antonius! fort!
Trotz in die Zähne schleudr' ich euch, Verräter!
Wagt ihr zu fechten heut, so kommt ins Feld,
Wo nicht, wenn's euch gemutet.
  (*Octavius und Antonius mit ihrem Heere ab.*)
Cassius. Nun tobe, Wind! schwill, Woge! schwimme, Nachen!
Der Sturm ist wach und alles auf dem Spiel.
Brutus. Lucilius, hört! ich muß ein Wort Euch sagen.
Lucilius. Herr?
  (*Brutus und Lucilius reden beiseite miteinander.*)
Cassius. Messala!
Messala. Was befiehlt mein Feldherr?
Cassius. Messala, dies ist mein Geburtstag; grade
An diesem Tag kam Cassius auf die Welt.
Gib mir die Hand, Messala, sei mein Zeuge,
Daß ich gezwungen, wie Pompejus einst,
An *eine* Schlacht all unsre Freiheit wage.
Du weißt, ich hielt am Epicurus fest
Und seiner Lehr; nun ändr' ich meinen Sinn
Und glaub an Dinge, die das Künftge deuten.
Auf unserm Zug von Sardes stürzten sich
Zwei große Adler auf das vordre Banner;
Da saßen sie und fraßen gierig schlingend
Aus unsrer Krieger Hand; sie gaben uns
Hieher bis nach Philippi das Geleit;
Heut morgen sind sie auf und fortgeflohn.
Statt ihrer fliegen Raben, Geier, Krähn
Uns überm Haupt und schaun herab auf uns

Als einen siechen Raub; ihr Schatten scheint
Ein Trauerhimmel, unter dem das Heer,
Bereit, den Atem auszuhauchen, liegt.
Messala. Nein, glaubt das nicht.
Cassius. Ich glaub es auch nur halb,
Denn ich bin frischen Mutes und entschlossen,
Zu trotzen standhaft jeglicher Gefahr.
Brutus. Tu das, Lucilius.
Cassius. Nun, mein edler Brutus,
Sein uns die Götter heute hold, auf daß wir
Gesellt in Frieden unserm Alter nahn!
Doch weil das Los der Menschen niemals sicher,
Laßt uns bedacht sein auf den schlimmsten Fall.
Verlieren wir dies Treffen, so ist dies
Das allerletzte Mal, daß wir uns sprechen:
Was habt Ihr dann Euch vorgesetzt zu tun?
Brutus. Ganz nach der Vorschrift der Philosophie,
Wonach ich Cato um den Tod getadelt,
Den er sich gab (ich weiß nicht, wie es kommt,
Allein ich find es feig und niederträchtig,
Aus Furcht, was kommen mag, des Lebens Zeit
So zu verkürzen), will ich mit Geduld
Mich waffnen und den Willen hoher Mächte
Erwarten, die das Irdische regieren.
Cassius. Dann, geht die Schlacht verloren, laßt Ihr's Euch
Gefallen, daß man durch die Straßen Roms
Euch im Triumphe führt?
Brutus. Nein, Cassius, nein! Glaub mir, du edler Römer,
Brutus wird nie gebunden gehn nach Rom;
Er trägt zu hohen Sinn. Doch dieser Tag
Muß enden, was des Märzen Idus anfing;
Ob wir uns wieder treffen, weiß ich nicht:
Drum laßt ein ewig Lebewohl uns nehmen.
Gehab dich wohl, mein Cassius, für und für!
Sehn wir uns wieder, nun, so lächeln wir;
Wo nicht, so war dies Scheiden wohlgetan.
Cassius. Gehab dich wohl, mein Brutus, für und für!

Sehn wir uns wieder, lächeln wir gewiß;
Wo nicht, ist wahrlich wohlgetan dies Scheiden.
Brutus. Nun wohl, rückt vor! O wüßte jemand doch
Das Ende dieses Tagwerks, eh es kommt!
Allein es gnüget, enden wird der Tag,
Dann wissen wir sein Ende. – Kommt und fort!

(*Alle ab.*)

ZWEITE SZENE

Das Schlachtfeld
Getümmel. Brutus und Messala kommen

Brutus. Reit, reit, Messala, reit! Bring diese Zettel
Den Legionen auf der andern Seite. (*Lautes Getümmel.*)
Laß sie auf *einmal* stürmen, denn ich merke,
Octavius' Flügel hält nur schwachen Stand;
Ein schneller Anfall wirft ihn übern Haufen.
Reit! reit, Messala! Laß herab sie kommen!

(*Beide ab.*)

DRITTE SZENE

Ein andrer Teil des Schlachtfeldes
Getümmel. Cassius und Titinius kommen

Cassius. O sieh, Titinius! sieh! die Schurken fliehn.
Ich selbst ward meiner eignen Leute Feind:
Dies unser Banner wandte sich zur Flucht;
Ich schlug den Feigen und entriß es ihm.
Titinius. O Cassius! Brutus gab das Wort zu früh.
Im Vorteil gegen den Octavius, setzt' er
Zu hitzig nach; sein Heer fing an zu plündern,
Indes uns alle Mark Anton umzingelt.

Pindarus kommt.

Pindarus. Herr, flieht doch weiter! flieht doch weiter weg!
Antonius ist in Euren Zelten, Herr;
Drum, edler Cassius, flieht! Flieht weit hinweg!

Cassius. Der Hügel hier ist weit genug. Schau, schau,
  Titinius! Sind das meine Zelte nicht,
  Wo ich das Feuer sehe?
Titinius. Ja, mein Feldherr.
Cassius. Wenn du mich liebst, Titinius, so besteig
  Mein Pferd, setz ihm die Sporen in die Seite,
  Bis es zu jener Mannschaft dich gebracht
  Und wieder her, damit ich sicher wisse,
  Ob jene Mannschaft Freund ist oder Feind.
Titinius. Wie ein Gedanke bin ich wieder hier. (*Ab.*)
Cassius. Geh, Pindarus, steig höher auf den Hügel,
  Denn mein Gesicht ist kurz; acht auf Titinius
  Und sag mir, was du auf dem Feld entdeckst.
          (*Pindarus ab.*)
  An diesem Tage atmet ich zuerst;
  Die Zeit ist um, und enden soll ich da,
  Wo ich begann; mein Leben hat den Kreislauf
  Vollbracht. – Du dort, was gibt's?
Pindarus (*oben*). O Herr!
Cassius. Was gibt's?
Pindarus. Titinius ist von Reitern ganz umringt;
  Sie jagen auf ihn zu, doch spornt er weiter.
  Nun sind sie dicht schon bei ihm – nun Titinius!
  Sie steigen ab – er auch – er ist gefangen;
  Und horcht! sie jubeln laut. (*Freudengeschrei.*)
Cassius. Steig nur herunter, sieh nicht weiter zu. –
  O Memme, die ich bin, so lang zu leben,
  Bis ich den besten Freund vor meinen Augen
  Gefangen sehen muß!
          Pindarus kommt zurück.
  Komm, Bursch, hieher!
  Ich macht in Parthia dich zum Gefangnen
  Und ließ dich schwören, deines Lebens schonend,
  Was ich nur immer tun dich hieß', du wollest
  Es unternehmen. Komm nun, halt den Schwur!
  Sei frei nun, und mit diesem guten Schwert,
  Das Cäsars Leib durchbohrt, triff diesen Busen.

Erwidre nichts! Hier fasse du das Heft,
Und ist mein Angesicht verhüllt, wie jetzt,
So führ das Schwert. – Cäsar, du bist gerächt
Und mit demselben Schwert, das dich getötet. (*Er stirbt.*)
Pindarus. So bin ich frei, doch wär ich's lieber nicht,
Hätt es auf mir beruht. – O Cassius!
Weit weg flieht Pindarus von diesem Lande,
Dahin, wo nie ein Römer ihn bemerkt. (*Ab.*)

Titinius und Messala kommen.

Messala. Es ist nur Tausch, Titinius; denn Octav
Ward von des edlen Brutus Macht geschlagen,
Wie Cassius' Legionen von Antonius.
Titinius. Die Zeitung wird den Cassius sehr erquicken.
Messala. Wo ließt Ihr ihn?
Titinius. Ganz trostlos, neben ihm
Sein Sklave Pindarus, auf diesem Hügel.
Messala. Ist er das nicht, der auf dem Boden liegt?
Titinius. Er liegt nicht da wie lebend. – O mein Herz!
Messala. Nicht wahr, er ist es?
Titinius. Nein, er war's, Messala:
Doch Cassius ist nicht mehr. – O Abendsonne!
Wie du in deinen roten Strahlen sinkst,
So ging in Blut der Tag des Cassius unter.
Die Sonne Roms ging unter; unser Tag
Ist hingeflohn; nun kommen Wolken, Tau,
Gefahren; unsre Taten sind getan.
Mißtraun in mein Gelingen bracht ihn um.
Messala. Mißtraun in guten Ausgang bracht ihn um.
O hassenswerter Wahn! der Schwermut Kind!
Was zeigst du doch dem regen Witz der Menschen
Das, was nicht ist! O Wahn, so bald empfangen,
Zu glücklicher Geburt gelangst du nie
Und bringst die Mutter um, die dich erzeugt.
Titinius. Auf, Pindarus! Wo bist du, Pindarus?
Messala. Such ihn, Titinius; ich indessen will
Zum edlen Brutus und sein Ohr durchbohren
Mit dem Bericht. Wohl nenn ich es durchbohren;

Denn scharfer Stahl und giftge Pfeile würden
Dem Ohr des Brutus so willkommen sein,
Als Meldung dieses Anblicks.
Titinius. Eilt, Messala!
Ich suche Pindarus indessen auf. (*Messala ab.*)
Warum mich ausgesandt, mein wackrer Cassius?
Traf ich nicht deine Freunde? Setzten sie
Nicht diesen Siegeskranz auf meine Stirn,
Ihn dir zu bringen? Vernahmst du nicht ihr Jubeln?
Ach, jeden Umstand hast du mißgedeutet!
Doch halt, nimm diesen Kranz um deine Stirn;
Dein Brutus hieß mich dir ihn geben; ich
Vollführe sein Gebot. – Komm schleunig, Brutus,
Und sieh, wie ich den Cajus Cassius ehrte!
Verzeiht, ihr Götter! – Dies ist Römerbrauch:
Komm, Cassius' Schwert! triff den Titinius auch. (*Er stirbt.*)
   Getümmel. Messala kommt zurück mit Brutus,
   dem jungen Cato, Strato, Volumnius und Lucilius.
Brutus. Wo? Wo, Messala? sag, wo liegt die Leiche?
Messala. Seht, dort! Titinius trauert neben ihr.
Brutus. Titinius' Antlitz ist emporgewandt.
Cato. Er ist erschlagen.
Brutus. O Julius Cäsar! Du bist mächtig noch;
Dein Geist geht um, er ist's, der unsre Schwerter
In unser eignes Eingeweide kehrt.
    (*Lautes Getümmel.*)
Cato. Mein wackrer Freund Titinius! Seht doch her,
Wie er den toten Cassius gekränzt!
Brutus. Und leben noch zwei Römer, diesen gleich?
Du letzter aller Römer, lebe wohl!
Unmöglich ist's, daß Rom je deinesgleichen
Erzeugen sollte. – Diesem Toten, Freunde,
Bin ich mehr Tränen schuldig, als ihr hier
Mich werdet zahlen sehen; aber, Cassius,
Ich finde Zeit dazu, ich finde Zeit.
Drum kommt, und schickt nach Thassos seine Leiche,
Er soll im Lager nicht bestattet werden;

Es schlüg uns nieder. – Komm, Lucilius!
Komm, junger Cato! Zu der Walstatt hin!
Ihr, Flavius und Labeo, laßt unsre Scharen rücken!
Es ist drei Uhr, und, Römer, noch vor Nacht
Versuchen wir das Glück in einer zweiten Schlacht.
(*Alle ab.*)

VIERTE SZENE

Ein andrer Teil des Schlachtfeldes

*Getümmel. Soldaten von beiden Heeren, fechtend; darauf Brutus, Cato,
Lucilius und andre*

Brutus. Noch, Bürger, o noch haltet hoch die Häupter!
Cato. Ein Bastard, der's nicht tut! Wer will mir folgen?
  Ich rufe meinen Namen durch das Feld:
  Ich bin der Sohn des Marcus Cato, hört!
  Feind der Tyrannen, Freund des Vaterlands!
  Ich bin der Sohn des Marcus Cato, hört!
Brutus (*dringt auf den Feind ein*).
  Und ich bin Brutus, Marcus Brutus, ich;
  Des Vaterlandes Freund: kennt mich als Brutus!
  (*Ab, indem er auf den Feind eindringt. Cato wird überwältigt
  und fällt.*)
Lucilius. O junger, edler Cato! bist du hin?
  Ja! tapfer wie Titinius stirbst du nun,
  Man darf dich ehren als des Cato Sohn.
Erster Soldat. Ergib dich, oder stirb!
Lucilius. Nur um zu sterben
  Ergeb ich mich. Hier ist soviel für dich (*Bietet ihm Geld an*),
  Daß du sogleich mich töten wirst; nun töte
  Den Brutus, und es ehre dich sein Tod.
Erster Soldat. Wir dürfen's nicht. – Ein edler Gefangner.
Zweiter Soldat. Platz da!
  Sagt dem Antonius, daß wir Brutus haben.
Erster Soldat. Ich will es melden. – Sieh, da kommt der Feldherr.
        Antonius tritt auf.

Wir haben Brutus, Herr! wir haben Brutus!
Antonius. Wo ist er?
Lucilius. In Sicherheit; Brutus ist sicher gnug.
Verlaß dich drauf, daß nimmermehr ein Feind
Den edlen Brutus lebend fangen wird.
Die Götter schützen ihn vor solcher Schmach!
Wo ihr ihn findet, lebend oder tot,
Er wird wie Brutus, wie er selbst, sich zeigen.
Antonius. Dies ist nicht Brutus, Freund, doch auf mein Wort,
Ein nicht geringrer Fang. Verwahrt ihn wohl,
Erweist nur Gutes ihm; ich habe lieber
Zu Freunden solche Männer als zu Feinden.
Eilt! seht, ob Brutus tot ist oder lebt!
Und bringt Bericht zu des Octavius Zelt,
Wie alles sich begeben.
(Alle ab.)

FÜNFTE SZENE

Ein andrer Teil des Schlachtfeldes
Brutus, Dardanius, Clitus, Strato und Volumnius treten auf

Brutus. Kommt, armer Überrest von Freunden! ruht
An diesem Felsen.
Clitus. Herr, Statilius zeigte
Das Fackellicht, doch kommt er nicht zurück;
Er ist gefangen oder gar erschlagen.
Brutus. Setz dich zu mir. Erschlagen ist die Losung,
Es ist des Tages Sitte. – Höre, Clitus! *(Spricht leise mit ihm.)*
Clitus. Wie, gnädger Herr? Ich? Nicht um alle Welt.
Brutus. Still denn! kein Wort!
Clitus. Eh tötet ich mich selbst.
Brutus. Dardanius, hör! *(Spricht leise mit ihm.)*
Dardanius. Ich eine solche Tat?
Clitus. O Dardanius!
Dardanius. O Clitus!
Clitus. Welch einen schlimmen Antrag tat dir Brutus?

Dardanius. Ich sollt ihn töten, Clitus; sieh, er sinnt.
Clitus. Nun ist das herrliche Gefäß voll Gram,
  So daß es durch die Augen überfließt.
Brutus. Komm zu mir, Freund Volumnius: ein Wort!
Volumnius. Was sagt mein Feldherr?
Brutus. Dies, Volumnius:
  Der Geist des Cäsar ist zu zweien Malen
  Mir in der Nacht erschienen; erst zu Sardes,
  Und vorge Nacht hier in Philippis Ebne.
  Ich weiß, daß meine Stunde kommen ist.
Volumnius. Nicht doch, mein Feldherr.
Brutus. O ja, es ist gewiß, Volumnius.
  Du siehst, Volumnius, wie es um uns steht;
  Der Feind hat uns zum Abgrund hingetrieben. (*Getümmel.*)
  Es ziemt sich mehr, von selbst hineinzuspringen,
  Als zu erwarten seinen letzten Stoß.
  Volumnius, wir gingen in die Schule
  Zusammen, wie du weißt. Ich bitte dich
  Um jener unsrer alten Liebe willen:
  Halt du mein Schwert, indes ich drein mich stürze.
Volumnius. Das, Brutus, ist kein Dienst für einen Freund.
    (*Fortdauerndes Getümmel.*)
Clitus. Flieht, Herr, o flieht! Hier gilt kein Säumen mehr.
Brutus. Lebt wohl denn, Ihr – und Ihr – und Ihr, Volumnius.
  Du, Strato, lagst die ganze Zeit im Schlaf:
  Leb wohl auch du! – Mitbürger, meinem Herzen
  Ist's Wonne, daß ich noch im ganzen Leben
  Nicht *einen* fand, der nicht getreu mir war.
  Ich habe Ruhm von diesem Unglückstage,
  Mehr, als Octavius und Mark Anton
  Durch diesen schnöden Sieg erlangen werden.
  So lebt zusammen wohl! Denn Brutus' Zunge
  Schließt die Geschichte seines Lebens bald.
  Nacht deckt mein Auge, mein Gebein will Ruh,
  Es strebte längst nur dieser Stunde nach.
  (*Getümmel. Geschrei hinter der Szene:* «*Flieht! flieht! flieht!*»)
Clitus. Flieht, Herr! o flieht!

Brutus. Nur fort! Ich will euch folgen.
        (*Clitus, Dardanius und Volumnius ab.*)
Ich bitt dich, Strato, bleib bei deinem Herrn.
Du bist ein Mensch von redlichem Gemüt,
In deinem Leben war ein Funken Ehre.
Halt denn mein Schwert, und wende dich hinweg,
Indes ich drein mich stürze. Willst du, Strato?
Strato. Gebt erst die Hand mir. Herr, gehabt Euch wohl!
Brutus. Leb wohl, mein Freund! – Besänftge, Cäsar, dich!
Nicht halb so gern bracht ich dich um als mich.
        (*Er stürzt sich auf sein Schwert und stirbt.*)

*Getümmel. Rückzug. Octavius und Antonius mit ihrem Heere,
Messala und Lucilius kommen.*

Octavius. Wer ist der Mann?
Messala. Der Diener meines Herrn.
Strato, wo ist dein Herr?
Strato. Frei von den Banden, die Ihr tragt, Messala.
Die Sieger können nur zu Asch ihn brennen;
Denn Brutus unterlag allein sich selbst,
Und niemand sonst hat Ruhm von seinem Tode.
Lucilius. So mußten wir ihn finden. – Dank dir, Brutus,
Daß du Lucilius' Rede wahr gemacht.
Octavius. Des Brutus Leute nehm ich all in Dienst.
Willst du in Zukunft bei mir leben, Bursch?
Strato. Ja, wenn Messala mich Euch überläßt.
Octavius. Tut mir's zulieb, Messala.
Messala. Strato, wie starb mein Herr?
Strato. Ich hielt das Schwert, so stürzt' er sich hinein.
Messala. Octavius, nimm ihn denn, daß er dir folge,
Der meinem Herrn den letzten Dienst erwies.
Antonius. Dies war der beste Römer unter allen:
Denn jeder der Verschwornen, bis auf ihn,
Tat, was er tat, aus Mißgunst gegen Cäsar.
Nur er verband aus reinem Biedersinn
Und zum gemeinen Wohl sich mit den andern.
Sanft war sein Leben, und so mischten sich

Die Element' in ihm, daß die Natur
Aufstehen durfte und der Welt verkünden:
Dies war ein Mann!
Octavius. Nach seiner Tugend laßt uns ihm begegnen
Mit aller Achtung und Bestattungsfeier.
Er lieg in meinem Zelte diese Nacht,
Mit Ehren wie ein Krieger angetan.
Nun ruft das Heer zur Ruh; laßt fort uns eilen
Und dieses frohen Tags Trophäen teilen. (*Ab.*)

ANTONIUS UND CLEOPATRA

1606 oder 1607 entstanden
Übersetzt von Wolf Graf von Baudissin
unter der Redaktion von Ludwig Tieck

PERSONEN

MARCUS ANTONIUS \
OCTAVIUS CÄSAR   } *Triumvirn* \
M. ÄMILIUS LEPIDUS \
SEXTUS POMPEJUS

DOMITIUS ENOBARBUS \
VENTIDIUS \
EROS \
SCARUS   } *Freunde des Antonius* \
DERCETAS \
DEMETRIUS \
PHILO

MÄCENAS \
AGRIPPA \
DOLABELLA \
PROCULEJUS   } *Freunde des Cäsar* \
THYREUS \
GALLUS

MENAS \
MENECRATES } *Freunde des Pompejus* \
VARRIUS

TAURUS, *Oberbefehlshaber unter Cäsar* \
CANIDIUS, *Oberbefehlshaber unter Antonius* \
SILIUS, *ein Offizier in der Armee des Ventidius* \
EUPHRONIUS, *ein Gesandter des Antonius an Cäsar*

ALEXAS \
MARDIAN \
SELEUCUS   } *im Dienste der Cleopatra* \
DIOMEDES

Ein Wahrsager

[*Fortsetzung folgende Seite*]

Ein Bauer
CLEOPATRA, *Königin von Ägypten*
OCTAVIA, *Cäsars Schwester, Gemahlin des Antonius*
CHARMION ⎱ *im Dienste der Cleopatra*
IRAS   ⎰

Hauptleute, Soldaten, Boten und Gefolge

ERSTER AUFZUG

Erste Szene

Alexandria. Ein Zimmer in Cleopatras Palast
Demetrius und Philo treten auf

Philo. Nein, dieser Liebeswahnsinn unsres Feldherrn
Steigt übers Maß. Die tapfern, edlen Augen,
Die über Kriegsreihn und Legionen glühten,
Wie die des erznen Mars, sie heften sich
Und wenden ihrer Blicke Dienst und Andacht
Auf eine braune Stirn; sein Heldenherz,
Das im Gewühl der Schlachten sonst gesprengt
Die Spangen seiner Brust, verleugnet sich
Und ist zum Fächer worden und zum Blasbalg,
Einer Zigeunrin Wollust abzukühlen.
Seht, da, sie kommen!
    *Trompetenstoß. Antonius und Cleopatra mit ihrem Gefolge und
        Verschnittnen, die ihr Luft zufächeln, treten auf.*
Bemerkt ihn recht; so seht ihr dann in ihm
Des Weltalls dritte Säule[1] umgewandelt
Zum Narren einer Buhlerin; schaut hin und seht! –
Cleopatra. Ist's wirklich Liebe, sag mir denn, wieviel?
Antonius. Armselge Liebe, die sich zählen ließe! –
Cleopatra. Ich will den Grenzstein setzen deiner Liebe!
Antonius. So mußt du neue Erd und Himmel schaffen.
        Ein Bote tritt auf.
Bote. Zeitung aus Rom, Herr!
Antonius. O Verdruß! Mach's kurz.
Cleopatra. Nein, höre sie, Antonius.
Fulvia vielleicht ist zornig? Oder hat –
– Wer weiß es? – der dünnbärtge Cäsar
Sein Machtgebot gesandt: «*Tu dies und das!
Dies Reich erobre! Jenes mache frei!
Tu's gleich, sonst zürnen wir!*»

---

1. Antonius ist Triumvir.

Antonius. Wie nun, Geliebte!

Cleopatra. Vielleicht – nein doch, gewiß
Darfst du nicht länger bleiben: Cäsar weigert
Dir fernern Urlaub! Drum, Antonius, hör ihn. –
Wo ist Fulvias Aufruf? Cäsars meint ich – beider?
– Die Boten ruft. – So wahr ich Königin,
Antonius, du errötst: dies Blut erkennt[1]
Cäsarn als Herrn; wo nicht, zahlt Scham die Wange,
Wenn Fulvia gellend zankt. – Die Abgesandten! –

Antonius. Schmilz in die Tiber, Rom! Der weite Bogen
Des festen Reichs zerbrech! Hier ist die Welt,
Throne sind Staub: – die kotge Erde nährt
Wie Mensch so Tier: der Adel nur des Lebens
Ist, so zu tun, wenn solch ein liebend Paar (*umarmt sie*)
Und solche zwei es können: und worin
(Bei schwerer Ahndung wisse das die Welt)
Wir unerreichbar sind.

Cleopatra. Erhabne Lüge!
Wie ward Fulvia sein Weib, liebt' er sie nicht? –
So will ich Törin scheinen und nicht sein;
Anton bleibt stets er selbst.

Antonius. Nur nicht, reizt ihn Cleopatra. Wohlan,
Zu Liebe unsrer Lieb und süßen Stunden,
Nicht sei durch herb Gespräch die Zeit verschwendet.
Kein Punkt in unserm Leben, den nicht dehne
Noch neue Lust[2]. Welch Zeitvertreib zu Nacht? –

Cleopatra. Hör die Gesandten.

Antonius. Pfui, zanksüchtge Königin!
Der alles zierlich steht, Schelten und Lachen
Und Weinen; jede Regung strebt, daß sie
An dir zur Schönheit und Bewundrung werde. –
Kein Bote! Einzig dein und ganz allein! –
Zu Nacht durchwandern wir die Stadt und merken

---

1. Genau: huldigt als Untertan
2. Sinn: Keine Minute in unser beider Leben sollte sich jetzt ohne irgendeine Freude dehnen.

Des Volkes Launen. Komm, o Königin,
Noch gestern wünschtest du's. – Sprecht nicht zu uns.
(*Antonius mit Cleopatra und Gefolge ab.*)

Demetrius. Wie! Schätzt Antonius Cäsarn so gering?
Philo. Zuzeiten, wenn er nicht Antonius ist,
Entzieht sich ihm die große, würdge Haltung,
Die stets ihn sollte schmücken.
Demetrius. Mich bekümmert's,
Daß er bekräftigt den gemeinen Lügner,
Der so von ihm in Rom erzählt. Doch hoff ich
Morgen auf ein verständger Tun. – Schlaft wohl! –
(*Beide ab.*)

ZWEITE SZENE

Daselbst. Ein andres Zimmer
Es treten auf Charmion, Iras, Alexas und ein Wahrsager

Charmion. Herzens-Alexas, süßer Alexas, ausbündigster Alexas, du allersublimiertester Alexas, wo ist der Wahrsager, den du der Königin so gerühmt? O kennte ich doch diesen Ehemann, der, wie du sagst, seine Hörner für Kränze ansieht! –
Alexas. Wahrsager! –
Wahrsager. Was wollt ihr? –
Charmion. Ist dies der Mann? Seid Ihr's, der alles weiß?
Wahrsager. In der Natur unendlichem Geheimnis[1]
Les ich ein wenig.
Alexas. Zeig ihm deine Hand.

Enobarbus tritt auf.

Enobarbus. Bringt das Bankett sogleich und Wein genug,
Aufs Wohl Cleopatras zu trinken.
Charmion. Freund, schenk mir gutes Glück.
Wahrsager. Ich mach es nicht, ich seh es nur voraus.
Charmion. Ersieh mir eins.
Wahrsager. Ihr werdet noch an Schönheit zunehmen.

---

1. Wörtlich: Geheimbuch

Charmion. Er meint an Umfang.

Iras. Nein, wenn du alt geworden bist, wirst du dich schminken.

Charmion. Nur keine Runzeln!

Alexas. Stört den Propheten nicht! gebt Achtung!

Charmion. Mum! –

Wahrsager. Ihr werdet mehr verliebt sein als geliebt.

Charmion. Nein, lieber mag mir Wein die Leber wärmen.

Alexas. So hört ihn doch!

Charmion. Nun ein recht schönes Glück: laß mich an einem Vormittage drei Könige heiraten und sie alle begraben; laß mich im fünfzigsten Jahr ein Kind bekommen, dem Herodes, der Judenkönig, huldigt; sieh zu, daß du mich mit dem Octavius Cäsar verheiratest und meiner Gebieterin gleichstellst.

Wahrsager. Ihr überlebt die Fürstin, der Ihr dient. –

Charmion. O trefflich! Langes Leben ist mir lieber als Feigen.

Wahrsager. Ihr habt bisher ein beßres Glück erfahren,
Als Euch bevorsteht.

Charmion. So werden meine Kinder wohl ohne Namen bleiben: – sage doch, wieviel Buben und Mädchen bekomme ich noch? –

Wahrsager. Wenn jeder deiner Wünsche wär ein Schoß,
Und fruchtbar jeder Wunsch –'ne Million.

Charmion. Geh, Narr, ich vergebe dir, weil du ein Hexenmeister bist.

Alexas. Ihr meint, nur Eure Bettücher wüßten um Eure Wünsche?

Charmion. Nun sag auch Iras' Zukunft!

Alexas. Wir wollen alle unser Schicksal wissen.

Enobarbus. Mein und der meisten Schicksal für heut abend wird sein – betrunken zu Bett.

Iras. Hier ist eine flache Hand, die weissagt Keuschheit, wenn nichts anders.

Charmion. Grade wie die Überschwemmung des Nils Hunger weissagt.

Iras. Geh, du wilde Gesellin, du verstehst nichts vom Wahrsagen.

Charmion. Nein, wenn eine feuchte Hand nicht ein Wahrzeichen von Fruchtbarkeit ist, so kann ich mir nicht das Ohr kratzen. — Bitte dich, sag ihr nur ein Alltagsschicksal.
Wahrsager. Euer Schicksal ist sich gleich.
Iras. Doch wie? Doch wie? Sag mir's umständlicher.
Wahrsager. Ich bin zu Ende.
Iras. Soll ich nicht um einen Zoll breit beßres Schicksal haben als sie? —
Charmion. Nun, wenn dir das Schicksal just einen Zoll mehr gönnt als mir, wo sollt er hinkommen?
Iras. Nicht an meines Mannes Nase.
Charmion. O Himmel, beßre unsre bösen Gedanken! Alexas, komm; dein Schicksal, dein Schicksal. O laß ihn ein Weib heiraten, das nicht gehn kann, liebste Isis, ich flehe dich! Und laß sie ihm sterben, und gib ihm eine Schlimmere, und auf die Schlimmere eine noch Schlimmre, bis die Schlimmste von allen ihm lachend zu Grabe folgt, dem fünfzigfältigen Hahnrei! Gute Isis, erhöre dies Gebet, wenn du mir auch etwas Wichtigers abschlägst; gute Isis, ich bitte dich! —
Iras. Amen. Liebe Göttin, höre dieses Gebet deines Volkes! Denn wie es herzbrechend ist, einen hübschen Mann mit einer lockern Frau zu sehn, so ist's eine tödliche Betrübnis, wenn ein häßlicher Schelm unbehornt einhergeht; darum, liebe Isis, sieh auf den Anstand und send ihm sein verdientes Schicksal!
Charmion. Amen!
Alexas. Nun seht mir! Wenn's in ihrer Hand stünde, mich zum Hahnrei zu machen, sie würden zu Huren, um es zu tun.
Enobarbus. Still da, Antonius kommt.
Charmion. Nicht er, die Fürstin.

Cleopatra kommt.

Cleopatra. Saht Ihr Anton?
Enobarbus. Nein Herrin.
Cleopatra. War er nicht hier?
Charmion. Nein, gnädge Frau.
Cleopatra. Er war gestimmt zum Frohsinn, da, auf einmal, Ergriff ihn ein Gedank an Rom ... Enobarbus! —

Enobarbus. Fürstin?
Cleopatra. Such ihn und bring ihn her. Wo ist Alexas?
Alexas. Hier, Fürstin, Euch zum Dienst. – Der Feldherr naht.

Antonius kommt mit einem Boten und Gefolge.

Cleopatra. Wir wollen ihn nicht ansehn. Geht mit uns.

(*Cleopatra, Enobarbus, Alexas, Iras, Charmion, Wahrsager und Gefolge ab.*)

Bote. Fulvia, dein Weib, erschien zuerst im Feld.
Antonius. Wider meinen Bruder Lucius?
Bote. Ja,
   Doch bald zu Ende war der Krieg. Der Zeitlauf
   Einte die zwei zum Bündnis wider Cäsar,
   Des beßres Glück im Felde aus Italien
   Sie nach der ersten Schlacht vertrieb.
Antonius. Nun gut; –
   Was Schlimmres? –
Bote. Der bösen Zeitung Gift macht krank den Boten.
Antonius. Wenn er sie Narrn und Feigen meldet; weiter!
   Mir ist Geschehnes abgetan. Vernimm,
   Wer mir die Wahrheit sagt, und spräch er Tod,
   Ich hör ihn an, als schmeichelt' er.
Bote. Labienus
   (O harte Post!) hat mit dem Partherheer
   Vom Euphrat aus sich Asien erobert:
   Sein triumphierend Banner weht von Syrien
   Bis Lydien und Ionien; indes ...
Antonius. Antonius, willst du sagen ...
Bote. O mein Feldherr!
Antonius. Sprich dreist, verfeinre nicht des Volkes Zunge,
   Nenne Cleopatra, wie Rom sie nennt,
   Tadle mit Fulvias Schmähn, schilt meine Fehler
   Mit allem Freimut, wie nur Haß und Wahrheit
   Sie zeichnen mag. Nur Unkraut tragen wir,
   Wenn uns kein Wind durchschüttelt; und uns schelten,
   Heißt nur rein jäten. Lebe wohl für jetzt.
Bote. Nach Eurem hohen Willen. (*Ab.*)

Antonius. Was meldet man von Sicyon? Sag an.
Erster Diener. Der Bot aus Sicyon! War nicht einer da?
Zweiter Diener. Er harrt auf Euren Ruf.
Antonius. Laßt ihn erscheinen. –
(Diener gehn.)
– Diese ägyptische Fessel muß ich brechen,
Sonst geh in Lieb ich unter. – Wer bist du? –
Zweiter Bote. Fulvia, dein Weib, ist tot.
Antonius. Wo starb sie?
Zweiter Bote. Herr,
In Sicyon;
Der Krankheit Dauer und was sonst von Nachdruck
Dir frommt zu wissen, sagt dies Blatt. –
Antonius. Entfernt Euch. –
(Bote ab.)
Da schied ein hoher Geist! Das war mein Wunsch: –
Was wir verachtend oft hinweggeschleudert,
Das wünschen wir zurück: erfüllte Freude,
Durch Zeitumschwung ermattet, wandelt sich
Ins Gegenteil: gut ist sie nun, weil tot:
Nun reicht ich gern die Hand, die ihr gedroht.
Fliehn muß ich diese Zauberkönigin:
Zehntausend Wehn, und schlimmre, als ich weiß,
Brütet mein Müßiggang. He! – Enobarbus! –
Enobarbus kommt.
Enobarbus. Was wünscht Ihr, Herr? –
Antonius. Ich muß in Eil von hier.
Enobarbus. Nun, dann bringen wir alle unsre Weiber um: wir sehn ja, wie tödlich ihnen eine Unfreundlichkeit wird; wenn sie unsre Abreise überstehn müssen, so ist Tod die Losung.
Antonius. Ich muß hinweg!
Enobarbus. Ist eine Notwendigkeit da, so laßt die Weiber sterben. Schade wär's, sie um nichts wegzuwerfen: aber ist von ihnen und einer wichtigen Sache die Rede, so muß man sie für nichts rechnen. Cleopatra, wenn sie nur das mindeste hievon wittert, stirbt augenblicklich; ich habe sie zwanzigmal um weit armseligern Grund sterben sehn. Ich denke, es steckt

eine Kraft im Tode, die wie eine Liebesumarmung auf sie wirkt, so ist sie mit dem Sterben bei der Hand.

Antonius. Sie ist listiger, als man's denken kann! –

Enobarbus. Ach nein, Herr, nein; ihre Leidenschaften bestehn aus nichts als aus den feinsten Teilen der reinen Liebe. Diese Stürme und Fluten können wir nicht Seufzer und Tränen nennen: das sind größere Orkane und Ungewitter, als wovon Kalender Meldung tun. List kann das nicht sein: wenn es ist, so macht sie ein Regenwetter so gut als Jupiter.

Antonius. Hätt ich sie nie gesehen! –

Enobarbus. O Herr, dann hättet Ihr ein wundervolles Meisterwerk ungesehn gelassen; Euch diese Freude versagen, würde Eure Reise um allen Kredit gebracht haben.

Antonius. Fulvia ist tot.

Enobarbus. Herr?

Antonius. Fulvia ist tot.

Enobarbus. Fulvia?

Antonius. Tot.

Enobarbus. Nun, Herr, so bringt den Göttern ein Dankopfer. Wenn es ihrer himmlischen Regierung gefällt, einem Mann seine Frau zu nehmen, so gedenke er an die Schneider hier auf Erden und beruhige sich damit, daß, wenn alte Kleider aufgetragen wurden, diese dazu gesetzt sind, neue zu machen. Gäbe es nicht mehr Weiber als Fulvia, so wäre es allerdings ein Elend, und die Geschichte stände schlimm. Dieser Gram ist mit Trost gekrönt: aus Euerm alten Weiberhemd läßt sich ein neuer Unterrock machen: und in der Tat, die Tränen müssen in einer Zwiebel leben, die um diesen Kummer flößen.

Antonius. Die Unruhn, die sie mir im Staat erregt,
Erlauben mir nicht mehr, entfernt zu sein.

Enobarbus. Und die Unruhe, die Ihr hier erregt habt, erlaubt nicht, daß Ihr geht; besonders die der Cleopatra, die allein von Euerm Hiersein lebt.

Antonius. Nicht leichter Reden mehr. Unsern Beschluß
Tu kund den Führern. Ich eröffne dann
Der Königin den Anlaß dieser Eil,

Urlaub von ihrer Liebe fordernd. Nicht allein
Der Fulvia Tod und andre ernste Mahnung
Ruft uns nachdrücklich; andre Briefe auch,
Von vielen wohlbemühten römschen Freunden,
Verlangen uns daheim. Sextus Pompejus
Hat Cäsarn Trotz geboten und beherrscht
Das weite Meer; das wankelmütge Volk
(Des Gunst nie fest dem Wohlverdienten bleibt,
Bis sein Verdienst vorüber) wirft nun schon,
Was je Pompejus nur, der Große, tat,
Auf seinen Sohn, der hoch in Macht und Namen,
Und höher noch durch Mut und Kraft ersteht,
Als Held des Heers. Sein Ansehn, wächst es ferner,
Bedroht den Bau der Welt. – Viel brütet jetzt,
Das gleich dem Roßhaar nur erst Leben hat[1],
Noch nicht der Schlange Gift. – Geh und verkünde
Des Heers Hauptleuten, unser Wille fordre
Schleunigen Aufbruch aller.
Enobarbus. Ich besorg es. (*Beide ab.*)

DRITTE SZENE

Es treten auf Cleopatra, Charmion, Iras und Alexas

Cleopatra. Wo ist er?
Charmion. Ich sah ihn nicht seitdem.
Cleopatra. Sieh, wo er ist, wer mit ihm, was er tut
(Ich schickte dich nicht ab): findst du ihn traurig,
Sag ihm, ich tanze; ist er munter, meld ihm,
Ich wurde plötzlich krank. Schnell bring mir Antwort.

(*Alexas ab.*).

Charmion. Fürstin, mir scheint, wenn Ihr ihn wirklich liebt,
Ihr wählt die rechte Art nicht, ihn zur Liebe zu zwingen.
Cleopatra. Und was sollt ich tun und lass' es?

---

1. Alter Volksaberglaube, daß Roßhaar im Wasser lebendig werde

Charmion. Gebt immer nach, durchkreuzt nie seinen Willen.
Cleopatra. Törichter Rat! Der Weg, ihn zu verlieren! —
Charmion. Versucht ihn nicht zu sehr; ich bitt, erwägt,
 Wir hassen bald, was oft uns Furcht erregt.

Antonius kommt.

 Doch seht, er kommt.
Cleopatra. Ich bin verstimmt und krank.
Antonius. Es quält mich, meinen Vorsatz ihr zu sagen.
Cleopatra. Hilf, liebe Charmion, hilf, ich sinke hin:
 So kann's nicht dauern, meines Körpers Bau
 Wird unterliegen.
Antonius. Teure Königin ...
Cleopatra. Ich bitt dich, steh mir nicht so nah! —
Antonius. Was gibt's? —
Cleopatra. Ich seh in diesem Blick die gute Zeitung!
 Was sagt die Ehgemahlin? Geh nur, geh!
 Hätte sie dir's doch nie erlaubt, zu kommen!
 Sie soll nicht sagen, daß ich hier dich halte;
 Was kann ich über dich? Der Ihre bist du!
Antonius. Die Götter wissen ...
Cleopatra. Nie ward eine Fürstin
 So schrecklich je getäuscht. Und doch, von Anfang
 Sah ich die Falschheit keimen.
Antonius. Cleopatra ...
Cleopatra. Wie soll ich glauben, du seist mein und treu,
 Erschüttert auch dein Schwur der Götter Thron,
 Wenn du Fulvia verrietst? Schwelgender Wahnsinn,
 An solchen mundgeformten Eid sich fesseln,
 Der schon im Schwur zerbricht! —
Antonius. Geliebte Fürstin ...
Cleopatra. Nein, such nur keine Färbung deiner Flucht.
 Geh, sag Lebwohl: als du zu bleiben flehtest,
 Da galt's zu sprechen: damals nichts von Gehn! —
 In unserm Mund und Blick war Ewigkeit,
 Wonn auf den Brau'n, kein Tropfen Blut so arm,
 Der Göttern nicht entquoll; und so ist's noch,
 Oder der größte Feldherr du, der Welt,

Wurdest zum größten Lügner.
Antonius. Mir das! Wie!
Cleopatra. Hätt ich nur deinen Wuchs, du solltest sehen,
  Auch in Ägypten geb's ein Herz ...
Antonius. Vernimm,
  Der Zeiten strenger Zwang heischt unsern Dienst
  Für eine Weile: meines Herzens Summe
  Bleibt dein hier zum Gebrauch. Unser Italien
  Blitzt rings vom Bürgerstahl; Sextus Pompejus
  Bedroht mit seinem Heer die Häfen Roms:
  Die Gleichheit zweier heimschen Mächte zeugt
  Gefährliche Parteiung: – nun erstarkt sie,
  Liebt man die sonst Verhaßten: der verbannte
  Pompejus, reich durch seines Vaters Ruhm,
  Schleicht in die Herzen aller, die im Staat
  Jetzt nicht gedeihn und deren Menge schreckt: –
  Und Ruhe, krank durch Frieden, sucht verzweifelnd
  Heilung durch Wechsel. Doch ein nährer Grund,
  Und der zumeist mein Gehn Euch sollt entschuldgen,
  Ist Fulvias Tod.
Cleopatra. Wenn mich das Alter auch nicht schützt vor Torheit,
  Doch wohl vor Kindischsein. Kann Fulvia sterben? –
Antonius. Geliebte, sie ist tot.
  Sieh hier, in übermüßger Stunde lies
  Die Händel, die sie schuf; zuletzt ihr Bestes:
  Sieh, wann und wo sie starb.
Cleopatra. O falsches Lieben!
  Wo sind Phiolen, die du füllen solltest
  Mit Tau des Grams? Nicht Fulvias Tod beweinen
  Zeigt mir, wie leicht du einst erträgst den meinen.
Antonius. Zanke nicht mehr! nein, sei gefaßt zu hören,
  Was ich für Plän entwarf: sie stehn und fallen,
  Wie du mir raten wirst. Ja, bei dem Feuer,
  Das Nilus' Schlamm belebt, ich geh von hier,
  Dein Held, dein Diener: Krieg erklär ich, Frieden,
  Wie dir's gefällt.
Cleopatra. Komm, Charmion, schnür mich auf.

Nein, laß nur, mir wird wechselnd schlimm und wohl,
Ganz wie Antonius liebt.

Antonius. Still, teures Kleinod!
Gib beßres Zeugnis seiner Treu; die strengste
Prüfung wird sie bestehn.

Cleopatra. Das lehrt mich Fulvia!
O bitte, wende dich und wein um sie,
Dann sag mir Lebewohl und sprich: die Tränen
Sind für Ägypten: spiel uns eine Szene
Ausbündger Heuchelei, und mag sie gelten
Für echte Ehre! – –

Antonius. Du erzürnst mich! Laß! –

Cleopatra. Das geht schon leidlich: doch du kannst es besser.

Antonius. Bei meinem Schwert . . .

Cleopatra. Und Schild: – er spielt schon besser,
Doch ist's noch nicht sein Bestes. Sieh nur Charmion,
Wie tragisch dieser römsche Herkules
Auffährt in seinem Grimm!

Antonius. Ich gehe, Fürstin.

Cleopatra. Höflicher Herr, ein Wort:
Wir beide müssen scheiden, doch das ist's nicht –
Wir beide liebten einst – doch das ist's auch nicht –
Das wißt Ihr wohl. – Was war's doch, das ich meinte?
O mein Gedächtnis ist recht ein Antonius,
Und ich bin ganz vergessen!

Antonius. Wär nicht Torheit
Die Dienrin deines Throns, so hielt' ich dich
Für Torheit selbst.

Cleopatra. O schwere Müh des Lebens,
Dem Herzen nahe solche Torheit tragen,
Wie diese ich! Doch, teurer Freund, vergib mir,
Denn Tod bringt mir mein Treiben, wenn es dir
Nicht gut ins Auge fällt. Dich ruft die Ehre,
Hör denn auf meinen eiteln Wahnsinn nicht!
Und alle Götter mit dir! Siegeslorbeer
Kränze dein Schwert, und mühelos Gelingen
Bahne den Weg vor deinen Füßen!

Antonius, Komm;
   Es flieht zugleich und weilet unsre Trennung:
   Denn du, hier thronend, gehst doch fort mit mir,
   Und ich, fortschiffend, bleibe doch mit dir. —
   Hinweg. (*Alle ab.*)

VIERTE SZENE

Rom. Ein Zimmer in Cäsars Hause
Es treten auf Octavius Cäsar, Lepidus und Gefolge

Cäsar. Ihr seht nun, Lepidus, und wißt hinfort,
   Es ist, zu hassen unsern großen Partner,
   Des Cäsars Fehler nicht. Aus Alexandrien
   Schreibt man uns dies: Er fischt und trinkt, verschwendet
   Der Nächte Kerzen schwelgend, nicht mehr Mann
   Als diese Kön'gin, noch Cleopatra
   Mehr Weib als er. Kaum sprach er die Gesandten,
   Noch dacht er seiner Mitregenten. — In ihm seht
   Den Mann, der alle Fehler in sich faßt[1],
   Die jedermann verlocken.
Lepidus. Er hat kaum
   Des Bösen gnug, sein Gutes ganz zu schwärzen: —
   Denn seine Fehler, wie die Sterne[2], glänzen
   Heller in schwarzer Nacht: sind angestammt
   Mehr als erworben: unwillkürlich mehr
   Als freie Wahl.
Cäsar. Ihr seid zu duldsam. Sei es auch verzeihlich,
   Sich auf des Ptolemäus Lager wälzen,
   Mit Kronen zahlen einen Scherz, umtrinken
   Zur Wette nach der Kunst mit einem Sklaven,
   Am hellen Tag die Stadt durchtaumeln, balgen
   Mit schweißgen Schuften: gut, das steh ihm an
   (Und dessen Anstand, traun, muß selten sein,
   Den solches nicht entehrt): doch für Antonius

---

1. genauer: den Inbegriff aller Fehler
2. Im Original: Flecken des Himmels

Gibt's kein Entschuldgen seiner Schmach, wenn wir
So schwer an seinem Leichtsinn tragen. Füllt' er
Die leeren Stunden sich mit Wollust aus,
So suchen Ekel und vertrocknet Mark
Ihn dafür heim – doch *solche* Zeit vergeuden,
Die ihn vom Scherz wegtrommelt – laut ihn mahnt,
Was seine, unsre Pflicht: *das* muß man schelten,
Wie man den Knaben schmält, der, wohlerfahren,
Einsicht der Lust des Augenblicks hinopfert,
Dem bessern Urteil trotzend.
Ein Bote tritt auf.

Lepidus. Neue Botschaft! –

Bote. Erfüllt ist dein Gebot; zu jeder Stunde,
Erhabner Cäsar, sollst du Nachricht hören,
Wie's auswärts steht. Pompejus herrscht zur See,
Und wie es scheint, gewann er sich die Herzen,
Die Cäsarn nur gefürchtet. Zu den Häfen
Strömen die Mißvergnügten; höchst gekränkt
Nennt ihn die Menge.

Cäsar. Konnt ich mir's doch denken! –
Vom ersten Anbeginn lehrt die Geschichte,
Daß, wer hoch steht, ersehnt ward, bis er stand!
Wer strandet – nie zuvor der Liebe wert –
Teuer erscheint, wenn man ihn mißt; der Haufe,
Gleich einer Wasserschwertel in der Strömung,
Schwimmt hin und her, der Wechselflut gehorchend,
Und fault in der Bewegung.

Bote. Höre ferner:
Menecrates und Menas, mächtige Piraten,
Herrschen im Meer und pflügen und verwundens'
Mit Kielen aller Art: manch frecher Einbruch
Verheert Italien: alles Volk der Küste
Erblaßt vor Schreck; die kühne Jugend zürnt;
Kein Segel taucht nur auf, es wird gekapert,
Wie man's erblickt: Pompejus' Name schadet
Mehr als sein Heer im offnen Krieg.

Cäsar. Antonius,

Laß deine üppgen Becher! Als geschlagen
Du zogst von Mutina, wo du die Konsuln
Hirtius und Pansa erst besiegt, da folgte
Der Hunger deinen Fersen: den bestandst du
(Obgleich so zart gewöhnt) mit mehr Geduld,
Als Wilde selbst vermöchten; ja, du trankst
Den Harn der Rosse und die gelbe Lache,
Die Vieh zum Ekel zwänge: dein Gaum' verschmähte
Die herbste Beere nicht auf rauhster Hecke:
Ja, wie der Hirsch, wenn Schnee die Weide deckt,
Nagt'st du der Bäume Rinden: auf den Alpen
(Erzählt man) aßest du so ekles Fleisch,
Daß mancher starb, es nur zu sehn: und alles
(O Schande deinem Ruhm, daß ich's erzähle)
Trugst du so heldenmütig, daß die Wange
Nicht einmal schmäler wurde.
Lepidus. Schad um ihn! –
Cäsar. Die Schande treib ihn bald
Nach Rom zurück: Zeit wär es für uns beide,
Daß wir im Feld uns zeigten; demgemäß
Ruf mir den Rat zusammen, denn Pompejus
Gedeiht durch unser Säumen.
Lepidus. Morgen, Cäsar,
Werd ich vermögend sein, dir zu berichten,
Was ich zu Meer und Land versammeln kann,
Die Stirn der Zeit zu bieten.
Cäsar. Bis dahin
Sei dies auch meine Sorge. Lebe wohl. –
Lepidus. Lebt wohl denn, Cäsar. Meldet man Euch mehr,
Was sich im Ausland regt, ersuch ich Euch,
Mir's mitzuteilen.
Cäsar. Zweifelt nicht daran,
Ich kenn's als meine Pflicht. (*Beide ab.*)

Fünfte Szene

Alexandria. Ein Zimmer im Palast
Es treten auf Cleopatra, Charmion, Iras und Mardian

Cleopatra. Charmion...
Charmion. Eur Hoheit?
Cleopatra. Ach!
Gib mir Mandragora zu trinken.
Charmion. Wie?
Cleopatra. Daß ich die große Kluft der Zeit durchschlafe,
Wo mein Antonius fort ist!
Charmion. Allzuviel
Denkt Ihr an ihn.
Cleopatra. Du sprichst Verrat.
Charmion. O nein!
Cleopatra. Du Hämling, Mardian!
Mardian. Was gefällt Eur Hoheit?
Cleopatra. Nicht jetzt dich singen hören: nichts gefällt mir
An einem Hämling. Es ist gut für dich,
Daß, ohne Saft und Mark, dein freier Sinn
Nicht fliehn mag aus Ägypten. – Kannst du lieben?
Mardian. Ja, gnädge Fürstin.
Cleopatra. In der Tat?
Mardian. Nicht in der Tat; Ihr wißt, ich kann nichts tun,
Was in der Tat nicht ehrsam wird getan.
Doch fühl ich heftge Trieb' und denke mir,
Was Venus tat mit Mars.
Cleopatra. O liebe Charmion,
Wo denkst du dir ihn jetzt? Sag, steht er? Sitzt er?
Wie, geht er wohl zu Fuß, sitzt hoch zu Pferd?
O glücklich Pferd, Antonius' Last zu tragen!
Sei stolz, mein Pferd! Weißt du wohl, wen du trägst?
Den halben Atlas dieser Erde, Arm
Und Helm der Zeit! – Jetzt spricht er oder murmelt:
«Wo weilst du, meine Schlang am alten Nil?»
Denn also nennt er mich. Jetzt weid ich mich

Am allzu süßen Gift! *Du mein gedenken,*
Die ich von Phöbus' Liebesstichen braun
Und durch die Zeit gerunzelt? Als du hier
Die Erde tratst, breitstirnger Cäsar, war ich
Wert eines Königs[1]: Held Pompejus stand
Und ließ sein Aug auf meinen Brauen wurzeln,
Da warf sein Blick den Anker ein, er starb
In Anschaun seines Lebens.

Alexas kommt.

Alexas. Herrin Ägyptens, Heil!
Cleopatra. Wie ganz unähnlich bist du, Mark Anton!
Doch sahst du ihn: die köstliche Tinktur
Vergoldet dich mit ihrem Glanz.
Wie geht es meinem tapferen Mark Anton?
Alexas. Sein Letztes, Fürstin, war:
Er küßte — vieler Doppelküsse letzter —
Die Perle hier: sein Wort ruht mir im Herzen.
Cleopatra. Von dort muß es mein Ohr sich pflücken.
Alexas. «Freund»,
So sagt' er mit, «sprich also:
Der treue Römer schickt der großen Königin
Dies Kleinod einer Muschel: ihr zu Füßen,
Dies Nichts zu bessern, streu ich Königreiche
Vor ihren üppgen Thron: der ganze Ost,
Sprich, soll sie Herrin nennen»; — nickt mir zu
Und steigt gelassen auf sein hohes[2] Streitroß,
Des helles Wiehern, was ich gern erwidert,
Tierisch zum Schweigen brachte.
Cleopatra. War er munter oder ernst?
Alexas. Der Jahrszeit ähnlich zwischen den Extremen
Von heiß und kalt: er war nicht ernst noch munter.
Cleopatra. O wohlgeteilte Stimmung! o bemerk ihn,
Bemerk ihn, Charmion, welch ein Mann! O merk ihn!
Er war nicht ernst, er wollte denen leuchten,

---

[1]. Wörtlich: ein Bissen für einen König
[2]. Das Original braucht das nicht sicher gedeutete Adjektiv «*armgaunt*».

Die aussehn stets wie er: er war nicht munter:
Dies schien zu sagen, sein Erinnern weile
Mit seiner Lust hier, sondern zwischen beiden.
O himmlische Vermischung! Ernst und munter,
Das Äußerste von beiden steht dir so,
Wie keinem Manne sonst. – Trafst du die Boten?

Alexas. Ja, Fürstin, zwanzig auf demselben Wege;
Warum so dicht?

Cleopatra. Wer an dem Tag geboren,
Wo ich vergaß an Mark Anton zu schreiben,
Der sterb als Bettler. – Papier und Tinte, Charmion! –
Willkommen mein Alexas. – Sag mir, Charmion,
Liebt ich je Cäsarn so?

Charmion. Du edler Cäsar!

Cleopatra. Erstick, wenn du den Ausruf wiederholst!
Sprich: Edler Mark Anton!

Charmion. Der tapfre Cäsar! –

Cleopatra. Bei Isis, deine Zähne werden bluten,
Wenn du mit Cäsarn irgend noch vergleichst
Mir meinen Mann der Männer!

Charmion. Mit Vergunst,
Ich sing in Euerm Tone.

Cleopatra. Meine Milchzeit,
Als mein Verstand noch grün! – Du kaltes Herz,
Zu sprechen wie ich damals! Doch, nun fort;
Bring mir Papier und Tinte!
Besondern Gruß soll täglich er empfangen,
Und müßte ich Ägypten darum entvölkern.

(*Alle ab.*)

ZWEITER AUFZUG

Erste Szene

Messina. Ein Zimmer in Pompejus' Hause
Es treten auf Pompejus, Menecrates und Menas

Pompejus. Sind sie gerecht, die Götter, schützen sie
　Die Taten der Gerechten.
Menecrates. Denkt, Pompejus:
　Was sie verzögern. nicht verweigern sie's.
Pompejus. Indes wir flehn vor ihrem Throne, welkt
　Die Gab, um die wir flehn.
Menecrates. Wir Blinden bitten
　Oft unser eigenes Leid, das weise Mächte
　Zu unserm Wohl versagt: so sind wir reicher
　Durch des Gebets Verlust.
Pompejus. Ich muß gedeihn!
　Mich liebt das Volk, mein ist das ganze Meer,
　Mein Glück ist Neumond, mein prophetisch Hoffen
　Sieht schon die volle Scheibe. Mark Anton
　Hält Tafel in Ägypten, wird nicht draußen
　Zu Felde ziehn: Cäsar macht Geld, wo Herzen
　Er einbüßt: beiden schmeichelt Lepidus,
　Läßt sich von beiden schmeicheln und liebt keinen,
　Und keiner hält ihn wert.
Menecrates. Cäsar und Lepidus
　Stehn schon im Feld, mit großer Macht gerüstet.
Pompejus. Wer sagt Euch das? 's ist falsch.
Menecrates. Das sagte Silvius.
Pompejus. Er träumt: ich weiß, sie sind in Rom zusammen
　Und harren auf Anton: doch Liebreiz würze
　Der üppgen Cleopatra welke Lippen,
　Zauber erhöh die Schönheit, Wollust beide;
　Den Schwelger bind ein Heer von Festgelagen,
　Sein Hirn umnebelnd: Epikursche Köche

Schärfen mit kräftig neuen[1] Brühn die Eßlust,
Daß Schlaf und Schwelgen seinen Ruhm vertagen,
Bis zur Betäubung Lethes. Was bringt Varrius?
Varrius tritt auf.
Varrius. Was ich zu melden hab, ist zuverlässig:
Antonius kann zu jeder Stund in Rom
Eintreffen; seit er Afrika verließ,
War Raum für weitre Reise.
Pompejus. Mir wäre kleinre Zeitung weit willkommner.
Menas, ich glaubte nicht,
Daß um so dürftgen Krieg der Liebesschwärmer
Den Helm sich aufgesetzt: sein Feldherrngeist
Ist zwiefach der der beiden: doch erhöh's
Die Meinung von uns selbst, daß unser Zug
Den nimmer lustgesättigten Anton
Dem Schoß der Witw' Ägyptens konnt entreißen.
Menas. Ich glaube nie,
Daß Cäsar und Anton sich freundlich grüßen.
Sein Weib, nun tot, hat Cäsarn schwer gereizt,
Sein Bruder kriegte gegen ihn, obwohl
Nicht auf Antons Geheiß.
Pompejus. Ich weiß nicht, Menas,
Wie bald der größern Feindschaft kleinre weicht:
Ständen wir jetzt nicht gegen alle auf,
Gerieten sie ohn Zweifel aneinander;
Denn Anlaß haben alle längst genug,
Das Schwert zu ziehn: doch wie die Furcht vor uns
Verkitten mag die Risse und verschließen
Die kleine Spaltung, wissen wir noch nicht. –
Sei's, wie's die Götter fügen! Unser Leben
Steht auf dem Spiel, wenn wir nicht mutig streben.
Komm, Menas. (*Alle ab.*)

---

1. Genauer: nie übersättigenden

ZWEITE SZENE

Rom. Im Hause des Lepidus
Es treten auf Enobarbus und Lepidus

Lepidus. Mein Enobarbus, es ist wohlgetan
Und bringt dir Ruhm, bewegst du deinen Feldherrn
Zu mildem sanftem Wort.
Enobarbus. Ich werd ihn bitten,
Zu reden wie er selbst. Reizt Cäsar ihn,
So schau Anton weg über Cäsars Haupt,
Und donnre laut wie Mars! Beim Jupiter,
Hätt ich Antonius' Bart an meinem Kinn,
Heut schör ich ihn nicht ab.
Lepidus. 's ist nicht die Zeit
Für Zwist der Einzelnen.
Enobarbus. Jegliche Zeit
Paßt wohl für das, was sie zutage bringt.
Lepidus. Doch muß das Kleine sich dem Größern fügen!
Enobarbus. Nicht, kommt das Kleine erst.
Lepidus. Ihr sprecht im Zorn;
Doch stört nicht Asche auf. Seht, hier kommt
Der edle Mark Anton.

Antonius und Ventidius treten auf.

Enobarbus. Und dort kommt Cäsar.

Cäsar, Mäcenas und Agrippa treten auf.

Antonius. Im Falle wir einig werden, dann nach Parthien;
Hörst du, Ventidius? –
Cäsar. Frage den Agrippa,
Mäcen; ich weiß es nicht.
Lepidus. Erhabene Freunde,
Was uns vereinte, war so groß; nun laßt nicht
Geringen Zwist uns trennen. Was zu tadeln,
Hört es mit Nachsicht an: verhandeln wir
Den nichtgen Streit so laut, dann wird ein Mord,
Was Wunden sollte heilen. Drum, edle Freunde
(Und um so mehr, je ernstlicher ich bitte),

Berührt mit mildstem Wort die herbsten Punkte,
Daß Ärger nicht das Übel mehre.

Antonius. Wohl gesprochen;
Und ständ ich vor dem Heer zum Kampf bereit,
Ich dächte so.

Cäsar. Willkomm' in Rom!

Antonius. Habt Dank.

Cäsar. Setzt Euch.

Antonius. Setzt Euch, Herr.

Cäsar. Nun! so...

Antonius. Ich hör, Ihr deutet schlimm, was schlimm nicht ist
Und, wär's, Euch nicht betrifft.

Cäsar. Es wär zum Lachen,
Wenn um ein Nichts, ein Wen'ges ich mich hielt
Von Euch beleidigt; und vor allen Menschen
Von Euch zumeist: – noch lächerlicher, daß ich
Nur einmal Euch mit Abschätzung genannt,
Wenn Euern Namen auch nur auszusprechen
Mir fern lag.

Antonius Mein Verweilen in Ägypten,
Was war es Euch?

Cäsar. Nicht mehr, als Euch mein Walten hier in Rom
Mocht in Ägypten sein: doch wenn Ihr dort
Was gegen mich geschmiedet, war mir wichtig
Euer Verweilen in Ägypten.

Antonius. Wie nun! was nennt Ihr schmieden?

Cäsar. Beliebt's Euch, faßt Ihr wohl, was ich bezeichne,
Aus dem, was hier mich traf. Eur Weib und Bruder
Bekriegten mich: für ihren Anlauf wart
Der Vorwand Ihr: Ihr wart das Feldgeschrei!

Antonius. Ihr irrt in Eurer Ansicht. Nie berief sich
Mein Bruder je auf mich. Ich forschte nach
Und hab aus sichrer Kunde die Gewißheit
Von Euren Freunden selbst: bekämpft' er nicht
Mein eignes Ansehn wie das Eurige?
Führt' er den Krieg nicht meinem Sinn entgegen,
Der Euch verbündet war? All meine Briefe

Beweisen's klar: drum, wollt Ihr Händel flicken
(Denn nicht aus ganzem Tuch könnt Ihr sie schneiden),
So muß es dies nicht sein.
Cäsar. Ihr preist Euch selbst,
Indem Ihr schwach mein Urteil nennt; doch Ihr
Flickt nur Entschuldigung so.
Antonius. O nein, o nein,
Es kann Euch nicht entgehn, ich weiß gewiß
Die sichre Folgrung: daß, mit Euch vereint
In jener Sach, um die er Krieg geführt,
Ich nie mit Lust den Zwist betrachten konnte,
Der meine Ruh bedroht'. – Was Fulvia angeht,
– Ich wünscht Euch, solch ein Geist regiert' Eur Weib!
Euch ist der Erde Dritteil, mit 'nem Halfter
Zügelt Ihr's leicht, doch nimmer solch ein Weib.
Enobarbus. Hätten wir doch alle solche Weiber, daß die Männer mit ihren Weibern in den Krieg gehen könnten! –
Antonius. Ganz widerspenstig, hatt ihr Kampftumult,
Erregt von ihrer Leidenschaft, der's nicht
An Schlauheit fehlt' – ich geb's bedauernd zu –,
Euch Unruh viel erregt. Doch müßt Ihr sagen,
Dies ändern konnt ich nicht.
Cäsar. Ich schrieb an Euch;
Ihr aber, schwelgend in Ägypten, stecktet
Beiseit mein Schreiben, und mit Hohn und Lachen
Ward ungehört mein Bote fortgewiesen.
Antonius. Er fiel mich an, ganz ungemeldet: eben
Hatt ich drei Könige bewirtet, war
Nicht was am Morgen mehr: doch nächsten Tags
Sagt ich dies selbst ihm, was nicht minder war,
Als um Verzeihung bitten. Laßt den Burschen
Uns nimmermehr entzwein, und wenn wir streiten,
Ihn keine Rolle spielen.
Cäsar. Eures Eids
Hauptpunkt habt Ihr gebrochen: des kann nie
Mich Eure Zunge zeihn.
Lepidus. Halt, Cäsar!

Antonius. Nein,
Lepidus, laßt ihn reden. –
Die Ehr ist rein und heilig, die er angreift,
Im Wahn, ich sei ihr treulos. Weiter, Cäsar:
Der Hauptpunkt meines Eids...
Cäsar. Mir Hilf und Macht zu leihn, wenn ich's verlangte,
Und beides schlugt Ihr ab.
Antonius. Versäumt' es nur;
Und zwar, als ein vergiftet Dasein mir
Mein Selbstbewußtsein raubte. Soviel möglich,
Zeig ich den Reuigen: doch mein Gradsinn soll
Nicht meine Größe schmälern; meine Macht
Nicht ohne diesen wirken. Wahr ist's, Fulvia
Bekriegt' Euch, aus Ägypten mich zu scheuchen:
Wofür ich jetzt, unwissentlich die Ursach,
Soweit Verzeihung bitt, als ich mit Würde
Nachgeben kann.
Lepidus. Ihr spracht ein edles Wort.
Mäcenas. Gefiel's euch doch, nicht ferner zu gedenken
Des Streites: um ihn gänzlich zu vergessen,
Erinnert euch, wie gegenwärtge Not
Euch an Versöhnung mahnt.
Lepidus. Ein würdges Wort! –
Enobarbus. Oder, wenn ihr euch einer des andern Freundschaft für den Augenblick borgt, könnt ihr sie, wenn vom Pompejus nicht mehr die Rede ist, wieder zurückgeben: ihr mögt Zeit zu zanken finden, wenn ihr sonst nichts anders zu tun habt.
Antonius. Du bist nur ganz Soldat, drum sprich nicht mehr.
Enobarbus. Ich hätte bald vergessen, daß Wahrheit schweigen muß.
Antonius. Du kränkst den würdgen Kreis, drum sprich nicht mehr.
Enobarbus. Schon recht: ich bin Eur vorsichtiger Stein[1]. –
Cäsar. Ich tadle nicht den Inhalt seiner Rede,
Nur ihre Weise; denn unmöglich scheint's,

---

1. Sinn: Ich werde stumm sein, aber weiterhin überlegen.

Daß Freundschaft bleibe, wenn die Sinnesart
Im Tun so abweicht. Doch, wüßt ich den Reif,
Der uns verfestigte, von Pol zu Pol
Sucht ich ihn auf.
Agrippa. Wollt Ihr vergönnen, Cäsar...
Cäsar. Agrippa, sprich.
Agrippa. Du hast 'ne Schwester von der Mutter Seite,
Die herrliche Octavia. Der große Mark Anton
Ward Witwer –
Cäsar. Sprich kein solches Wort, Agrippa:
Hätt es Cleopatra gehört, mit Recht
Nennte sie jetzt dich übereilt.
Antonius. Ich bin vermählt nicht, Cäsar; laßt mich wissen
Agrippas fernre Meinung.
Agrippa. Euch in beständger Freundschaft zu erhalten,
Euch brüderlich zu einen, eure Herzen
Unlösbar fest zu knüpfen, nehm Anton
Octavia zur Gemahlin, deren Schönheit
Wohl fordern kann den besten Mann der Welt,
Und deren Güt und Anmut sie erhebt,
Mehr, als es Worte könnten. Durch dies Bündnis
Wird kleine Eifersucht, die groß nun scheint,
Und große Furcht, die jetzt Gefahren droht,
In nichts verschwinden: Wahrheit wird dann Märchen,
Wie halbe Mär jetzt Wahrheit: – beide liebend,
Verstärkt sie eure Wechsellieb und zieht
Der Völker Liebe nach. – Verzeiht die Rede,
Denn sie ward längst geprüft, nicht schnell ersonnen,
Pflichtmäßig reif bedacht.
Antonius. Will Cäsar reden?
Cäsar. Nicht, bis er hört, was Mark Anton erwidert
Dem schon Gesagten.
Antonius. Was vermag Agrippa,
Wenn ich nun spräch: *Agrippa, also sei's* –
Dies wahr zu machen? –
Cäsar. Cäsars ganze Macht,
Und was sein Wort der Schwester gilt.

Antonius. Nie mög ich
  Dem edlen Antrag, der so herrlich glänzt,
  Verhindrung träumen. Reich mir deine Hand,
  Fördre den frommen Bund; und nun, von Stund an,
  Regier in unsrer Liebe Brudereintracht
  Und lenk' die großen Pläne.
Cäsar. Nimm die Hand.
  Dir schenk ich eine Schwester, wie kein Bruder
  So zärtlich eine je geliebt: sie lebe,
  Zu binden unsre Reich' und Herzen. Flieh
  Nie wieder unsre Liebe! –
Lepidus. Glück und Amen! –
Antonius. Ich dachte nicht, Pompejus zu bekämpfen,
  Denn großen Freundschaftsdienst erwies er mir
  Vor kurzem erst; Dank darf er von mir fordern,
  Daß mich der Ruf nicht unerkenntlich nenne: –
  Das abgetan, entbiet ich ihn zum Kampf.
Lepidus. Es drängt die Zeit;
  Pompejus müssen wir alsbald nun suchen,
  Sonst sucht er uns.
Antonius. Wo ankert seine Flotte?
Cäsar. Am Vorgebirg Misenum.
Antonius. Seine Landmacht,
  Wie stark?
Cäsar. Groß und im Wachsen; doch zur See
  Gebeut er unumschränkt.
Antonius. So sagt der Ruf. –
  O wären wir schon an ihm! Hin in Eil. –
  Doch eh wir uns bewaffnen, bringt zu Ende,
  Was eben ward gelobt.
Cäsar. Mit höchster Freude:
  So lad ich Euch zum Anblick meiner Schwester
  Und führ Euch gleich zu ihr.
Antonius. Gönnt, Lepidus,
  Uns Eure Gegenwart.
Lepidus. Edler Antonius,

Selbst Krankheit hielt mich nicht zurück.
(Trompetenstoß. Cäsar, Antonius und Lepidus ab.)
Mäcenas. Willkommen von Ägypten, Herr.
Enobarbus. Hälfte von Cäsars Herzen, würdiger Mäcenas!
Mein ehrenwerter Freund Agrippa! –
Agrippa. Wackrer Enobarbus!
Mäcenas. Wir haben Ursach, froh zu sein, daß alles sich so gut entwirrt hat. Ihr habt's euch indessen in Ägypten wohl sein lassen?
Enobarbus. Ja, Herr, wir schliefen, daß sich der helle Tag schämte, und machten die Nacht mit Trinken hell.
Mäcenas. Acht wilde Schweine ganz gebraten zum Frühstück, und nur für zwölf Personen, ist das wahr?
Enobarbus. Das war nur wie eine Fliege gegen einen Adler; wir hatten weit mehr ungeheure Dinge bei unsern Festen, die wohl wert waren, daß man darauf achtete.
Mäcenas. Sie ist eine ganz unwiderstehliche Frau, wenn sie ihrem Ruf entspricht.
Enobarbus. Als sie den Mark Anton das erste Mal sah, stahl sie ihm sein Herz[1]; es war auf dem Flusse Cydnus.
Agrippa. Dort erschien sie, göttlich[2], oder mein Berichterstatter hat viel für sie erfunden.
Enobarbus. Ich will's berichten. –
Die Bark, in der sie saß, ein Feuerthron,
Brannt auf dem Strom: getriebnes Gold der Spiegel,
Die Purpursegel duftend, daß der Wind
Entzückt nachzog[3]; die Ruder waren Silber,
Die nach der Flöten Ton Takt hielten, daß
Das Wasser, wie sie's trafen, schneller strömte,
Verliebt in ihren Schlag; doch sie nun selbst –
Zum Bettler wird Beschreibung: sie lag da
In ihrem Zelt, das ganz aus Gold gewirkt,

---

1. Genauer: hatte sie sein Herz in der Tasche
2. Shakespeares Quelle erzählt, daß Antonius Cleopatra befohlen hatte, persönlich vor ihm zu *erscheinen*.
3. Genauer: liebeskrank wurde

Noch farbenstrahlender als jene Venus,
Wo die Natur der Malerei erliegt.
Zu beiden Seiten ihr holdselge Knaben,
Mit Wangengrübchen, wie Cupidos lächelnd,
Mit bunten Fächern, deren Wehn durchglühte
(So schien's) die zarten Wangen, die sie kühlten;
Entzündend, statt zu löschen.

Agrippa. Ihm, welch Schauspiel!

Enobarbus. Und ihre Frauen, wie die Nereiden,
Meerweiber alle, dienten ihren Blicken,
Und Schmuck ward jede Beugung; eine Meerfrau
Lenkte das Steuer; seidnes Tauwerk schwoll
Dem Druck so blütenfeiner Händ entgegen,
Die frisch den Dienst versahn. Der Bark entströmend
Betäubt' ein würzger Wohlgeruch die Sinne
Der nahen Uferdämme; sie zu sehn,
Ergießt die Stadt ihr Volk; und Mark Anton,
Hochthronend auf dem Marktplatz, saß allein
Und pfiff der Luft, die, wär ein Leeres möglich,
Wohl auch entwich, Cleopatra zu schaun,
Und einen Riß in der Natur zurückließ.

Agrippa. Herrliche Ägypterin! –

Enobarbus. Als sie gelandet, bat Antonius sie
Zur Abendmahlzeit; sie erwiderte,
Ihr sei willkommner, ihn als Gast zu sehn,
Und lud ihn. Unser höflicher Anton,
Der keiner Frau noch jemals Nein gesagt,
Zehnmal recht schmuck barbiert, geht zu dem Fest,
Und dort muß nun sein Herz die Zeche zahlen,
Wo nur sein Auge zehrte.

Agrippa. Zauberin! –
Sie ließ des großen Cäsars Schwert zu Bett gehn;
Er pflügte sie, sie erntete.

Enobarbus. Ich sah sie
Einst wen'ge Schritte durch die Straße hüpfen,
Und als sie atemlos, sprach sie in Pausen,
So daß zur Anmut sie den Fehl erhob

Und ohne Atem Kraft entatmete.
Mäcenas. Nun muß Antonius sie durchaus verlassen!
Enobarbus. Niemals! Das wird er nicht! Nicht kann sie Alter
Hinwelken, täglich Sehn an ihr nicht stumpfen
Die immerneue Reizung; andre Weiber
Sättgen, die Lust gewährend; sie macht hungrig,
Je reichlicher sie schenkt, denn das Gemeinste
Wird so geadelt, daß die heilgen Priester
Sie segnen, wenn sie buhlt.
Mäcenas. Wenn Schönheit, Sitt und Weisheit fesseln können
Das Herz Antons, dann ist Octavia ihm
Ein segensreiches Los.
Agrippa. Kommt, laßt uns gehn.
Ihr, werter Enobarbus, seid mein Gast,
Solang Ihr hier verweilt.
Enobarbus. Ich dank Euch bestens.
(*Alle ab.*)

DRITTE SZENE

Daselbst. In Cäsars Hause
*Es treten auf Cäsar, Antonius, Octavia zwischen ihnen; Gefolge;
ein Wahrsager*

Antonius. Die Welt, mein großes Amt, wird je zuweilen
Von deiner Brust mich trennen.
Octavia. All die Zeit
Beugt vor den Göttern betend sich mein Knie
Zu deinem Heil.
Antonius. Gut Nacht, Herr. O Octavia,
Lies meinen Fehler nicht im Ruf der Welt;
Ich hielt nicht stets das Maß, doch für die Zukunft
Fügt alles sich der Form. Gut Nacht, Geliebte! –
Octavia. Gut Nacht, Herr.
Cäsar. Gute Nacht.
(*Cäsar und Octavia ab.*)
Antonius. Nun, Freund? Du sehnst dich heim wohl nach
[Ägypten?

Wahrsager. Ging' ich doch nie von dort, noch jemals Ihr [dahin! –
Antonius. Den Grund, wenn's einen gibt? –
Wahrsager. Ich seh ihn
  Im Geist: doch nicht mit Worten faß ich's. Dennoch
  Eilt nur nach Afrika.
Antonius. Weissage mir,
  Wes Glück steigt höher? Cäsars oder meins?
Wahrsager. Cäsars;
  Drum, o Antonius, weile nicht bei ihm.
  Dein Geist, der dich beschützt, dein Dämon, ist
  Hochherzig, mutig, edel, unerreichbar,
  Dem Cäsar fern: doch nah ihm wird dein Engel
  Zur Furcht, wie überwältigt. Darum bleibe
  Raum zwischen dir und ihm.
Antonius. Sag das nicht mehr.
Wahrsager. Niemand als dir: nie wieder als zu dir.
  Versuche du mit ihm, welch' Spiel du willst,
  Gewiß verlierst du; sein natürlich Glück
  Schlägt dich, wie schlecht er steht; dein Glanz wird trübe,
  Strahlt er daneben: noch einmal, dein Geist,
  Kommt er ihm nah, verliert den Mut zu herrschen,
  Doch ihm entfernt, erhebt er sich.
Antonius. Hinweg!
  Sag dem Ventidius, sprechen woll ich ihn:
          (*Wahrsager ab.*)
  Er soll nach Parthien. – Sei es Kunst, sei's Zufall,
  Er sagte wahr. Der Würfel selbst gehorcht ihm!
  In unsern Spielen weicht vor seinem Glück
  Mein beßrer Plan: ziehn wir ein Los, gewinnt er;
  Sein Hahn siegt' über meinen stets im Kampf,
  Wenn alles gegen nichts stand: seine Wachtel
  Schlug meine, ob auch schwächer. Nach Ägypten!
  Und schloß ich diese Heirat mir zum Frieden,
          (*Ventidius kommt.*)
  Im Ost wohnt meine Lust. O komm, Ventidius,
  Du mußt nach Parthien; fertig ist dein Auftrag,
  Komm mit und hol ihn. (*Gehn ab.*)

Vierte Szene

Daselbst. Eine Straße
Es treten auf Lepidus, Mäcenas und Agrippa

Lepidus. Bemüht Euch ferner nicht; ich bitt Euch, eilt,
Folgt Eurem Feldherrn nach.
Agrippa. Herr, Mark Anton
Umarmt nur noch Octavien; gleich dann gehn wir.
Lepidus. Bis ich Euch wiederseh in Kriegertracht,
Die beide zieren wird, lebt wohl.
Mäcenas. Wir sind,
Kenn ich die Gegend recht, am Vorgebirg
Noch ehr als Ihr.
Lepidus. Weil Eure Straße kürzer –
Mein Vorsatz führt mich einen weiten Umweg,
Ihr kommt zwei Tage früher.
Mäcenas. Viel Erfolg!
Lepidus. Lebt wohl! (*Alle ab.*)

Fünfte Szene

Alexandrien. Zimmer im Palast
Cleopatra, Charmion, Iras und Alexas treten auf

Cleopatra. Gebt mir Musik; Musik, schwermütge Nahrung
Für uns verliebtes Volk! –
Diener. He! Die Musik!
Mardian kommt.
Cleopatra. Laßt es nur sein. Wir wolln zum Kugelspiel:
Komm, Charmion.
Charmion. Mich schmerzt der Arm; spielt doch mit Mardian.
Cleopatra. Ein Weib spielt mit dem Hämling wohl so gut
Als mit 'nem Weibe. Wollt Ihr mit mir spielen?
Mardian. Fürstin, so gut ich kann.
Cleopatra. Wo guter Will ist, käm er auch zu kurz,
Muß man dem Spieler nachsehn. Doch was anders: –
Gebt mir die Angel, kommt zum Flusse; dort,

Während Musik von fern erklingt, berück ich
Den goldbeflößten Fisch, mit krummen Haken
Die schleimgen Kiefern fassend, und bei jedem,
Den ich aufzieh, denk ich, es sei Anton,
Und sag: «Aha! dich fing ich!» –

Charmion. Lustig war
Mit ihm das Wetteangeln, als Eur Taucher
Den Salzfisch hängt' an seine Schnur, den er
So eifrig aufzog.

Cleopatra. Jene Zeit! O Zeiten!
Ich lacht ihn aus der Ruh; die Nacht darauf
Lacht ich ihn in die Ruh; den nächsten Morgen
Noch vor neun Uhr trank ich ihn auf sein Lager,
Tat meinen Mantel ihm und Schleier um,
Und ich derweil trug sein Philippisch Schwert. –
Oh, von Italien! –

Ein Bote kommt.

Stopf mir fruchtbare Zeitung in mein Ohr,
Das lange brach gelegen.

Bote. Fürstin! Fürstin! –

Cleopatra. Antonius tot? –
Sagst du das, Sklav, so mordst du deine Herrin: –
Doch meldst du ihn
Gesund und frei, nimm Gold, und hier zum Kuß
Die blausten Adern: eine Hand, die zitternd
Der Kön'ge Lippen küßten.

Bote. Er ist wohl.

Cleopatra. Hier noch mehr Gold. – Doch, Mensch, wir sagen oft,
Wohl sei den Toten: wenn du's so gemeint,
Schmelz ich das Gold, das ich dir gab, und gieß es
In deinen gottverhaßten Schlund.

Bote. Oh, hört mich!

Cleopatra. Nun wohl, ich will's –
Doch sagt dein Blick nichts Gutes. Wenn Anton
Frei und gesund – wozu die finstre Miene
Zu solcher frohen Post? Ist ihm nicht wohl,
Solltst du als Furie kommen, schlangumkränzt,

Und nicht in Mannsgestalt.
Bote. Wollt Ihr mich hören?
Cleopatra. Ich möchte gleich dich schlagen, eh du sprichst;
Doch wenn du meldst, Anton sei wohl, er lebe,
Sei Cäsars Freund und nicht von ihm gefangen,
Dann ström ein goldner Regen dir, ein Hagel
Von reichen Perlen.
Bote. Er ist wohl.
Cleopatra. Recht gut.
Bote. Und Cäsars Freund.
Cleopatra. Du bist ein wackrer Mann!
Bote. Cäsar und er sind größre Freund' als je.
Cleopatra. Begehr ein Glück von mir!
Bote. Fürstin, und doch...
Cleopatra. Ich hasse dies «und doch»: es macht zu nichts
Den guten Vordersatz: Pfui dem «und doch»:
«Und doch» ist wie ein Scherg, dem hinterher
Ein arger Missetäter folgt. Ich bitt dich,
Gieß mir die ganze Botschaft in mein Ohr,
Das Schlimm und Gute. – Er ist Freund mit Cäsar,
Gesund und frisch, sagst du, und sagst, in Freiheit?
Bote. In Freiheit, Fürstin? Nein, so sagt ich nicht:
Octavia bindet ihn.
Cleopatra. In welchem Sinne?
Bote. Als Ehgemahl[1].
Cleopatra. Ich zittre, Charmion.
Bote. Fürstin, er ist Octavien vermählt.
Cleopatra. Die giftigste von allen Seuchen dir! (*Schlägt ihn.*)
Bote. Geduld, o Königin!
Cleopatra. Was sagst du? Fort,
Elender Wicht! Sonst stoß ich deine Augen
Wie Bälle vor mir her; raufe dein Haar,
Lasse mit Draht dich geißeln, brühn mit Salz,
In Lauge scharf gesättigt.

---

1. Im Original: Er ist der Octavia verbunden. – Für welchen guten Dienst? – Für den besten, im Bett.

Bote. Gnädge Fürstin,
Ich meldete die Heirat, schloß sie nicht!
Cleopatra. Sag, 's ist nicht so: ich schenke dir ein Land,
Daß du im Glücke schwelgest; jener Schlag
Sei Buße, daß du mich in Wut gebracht,
Und ich gewähre jede Gunst dir noch,
Die Demut wünschen mag.
Bote. Er ist vermählt.
Cleopatra. Schurke, du hast zu lang gelebt ...
(Zieht einen Dolch.)
Bote. Dann lauf ich –
Was wollt Ihr, Fürstin, 's ist nicht mein Vergehn! *(Ab.)*
Charmion. O Fürstin, faßt Euch! seid nicht außer Euch! –
Der Mann ist schuldlos!
Cleopatra. Wie manch Unschuldgen trifft der Donnerkeil!
Der Nil ersäuf Ägypten! Werdet Schlangen,
Ihr sanftesten Geschöpfe! – Ruft den Sklaven;
Bin ich auch toll, ich beiß ihn nicht. – Ruft ihn.
Charmion. Er fürchtet sich vor dir.
Cleopatra. Ich tu ihm nichts.
Ihr Hände seid entadelt, weil ihr schlugt
Den Mindern als ich selbst: denn nur ich selbst
Gab Ursach meinem Zorn. – Hieher denn, komm.
Bote kommt zurück.
Obwohl es redlich ist, war's nimmer gut,
Die schlimme Nachricht bringen: Freudenbotschaft
Verkünd ein Heer von Zungen, doch die schlimme
Mag selbst sich melden, wenn man sie empfindet.
Bote. Ich tat nach meiner Pflicht.
Cleopatra. Ist er vermählt?
Ich kann nicht mehr dich hassen, als ich's tu,
Sagst du noch einmal Ja.
Bote. Er ist vermählt.
Cleopatra. Fluch über dich! So bleibst du stets dabei? –
Bote. Sollt ich denn lügen?
Cleopatra. Oh, daß du es tätst!
Und wär mein halb Ägypten überschwemmt,

Ein Pfuhl für schuppge Nattern! Geh, entflieh.
Hättst du ein Antlitz wie Narziß, für mich
Schienst du ein Ungeheuer! – Er vermählt? –
Bote. Ich bitt Euch um Vergebung ...
Cleopatra. Er vermählt?
Bote. Zürnt nicht, daß ich Euch nicht erzürnen will;
Mich dafür strafen, was Ihr selbst verlangt,
Scheint höchst unrecht. – Er ist Octaviens Gatte.
Cleopatra. Oh, daß dein Frevel dich zum Schurken macht,
Der du nicht bist! Weißt du's sicher? Fort!
Die Ware, die du mir von Rom gebracht,
Ist mir zu teuer; bleibe sie dir liegen
Und möge dich verderben. (*Bote ab.*)
Charmion. Faßt Euch, Hoheit.
Cleopatra. Antonius zu erheben, schalt ich Cäsarn ...
Charmion. Oft, gnädge Fürstin.
Cleopatra. Dafür lohnt er nun! –
Führt mich von hier!
Mir schwindelt. Iras, Charmion! – Es ist nichts!
Geh zu dem Boten, mein Alexas, heiß ihn
Octaviens Züge schildern, ihre Jahre,
Ihr ganz Gemüt; er soll dir nicht vergessen
Die Farbe ihres Haars: gib schnell mir Nachricht.
(*Alexas ab.*)
Er geh auf immer! – Nein doch! liebe Charmion,
Wenn er auch Gorgo gleicht von einer Seite,
Ist von der andern er ein Mars. – Alexas
Soll melden mir, wie groß sie ist. Hab Mitleid,
Doch sag nichts, Charmion. – Führt mich in mein Zimmer.
(*Alle ab.*)

Sechste Szene

In der Nähe von Misenum
Es treten auf von der einen Seite Pompejus und Menas, mit Trommeln und Trompeten; von der andern Cäsar, Antonius, Lepidus, Enobarbus und Mäcenas mit Truppen

Pompejus. Ihr habt nun meine Geiseln, ich die euern,
  So laßt uns reden vor der Schlacht.
Cäsar. Sehr löblich,
  Daß erst verhandelt werde; darum sandt ich
  Voraus, was wir dir schriftlich zugestanden.
  Hast du dies wohl erwogen, zeig uns an,
  Ob's in der Scheide hält dein zürnend Schwert
  Und nach Sizilien heim die Jugend führt,
  Die sonst hier fallen muß.
Pompejus. Hört mich, ihr drei
  Allein'ge Senatoren dieser Welt,
  Der Götter Stellvertreter. Ich weiß nicht,
  Weshalb mein Vater Rächer sollt entbehren,
  Dem Sohn und Freunde bleiben, da doch Cäsar,
  Der bei Philippi als ein Geist erschien
  Dem Brutus, euch für sich dort kämpfen sah.
  Was trieb den bleichen Cassius zur Verschwörung?
  Was tränkte der altrömsche biedre Brutus,
  Und wer noch sonst für holde Freiheit focht,
  Mit Blut das Kapitol? Nur daß *ein* Mann
  Nicht mehr sei als ein andrer Mann! Und deshalb
  Rüstet auch ich die Seemacht, deren Last
  Das Meer zornschäumend trägt, mit ihr zu geißeln
  Den Undank, denn dies schnöde Rom erwies
  Meinem erhabnen Vater.
Cäsar. Laß dir Zeit.
Antonius. Du schreckst mit deiner Flott uns nicht, Pompejus:
  Wir sprechen uns zur See; zu Lande weißt du,
  Wieviel wir reicher sind.
Pompejus. O ja, zu Lande

Bist reicher du durch meines Vaters Haus;
Doch weil der Kuckuck für sich selbst nicht baut,
Bleib drin, solang du kannst.
Lepidus. Gefällt's Euch, sagt
(Denn dies führt uns vom Ziel), wie Euch der Vorschlag
Bedünkt, den wir getan.
Cäsar. Dies ist der Punkt. –
Antonius. Nicht sei dazu gebeten, sondern wäge,
Was du dadurch gewinnst.
Cäsar. Und was geschehn kann,
Noch größres Glück zu finden.
Pompejus. Ihr botet mir
Sizilien und Sardinien, und ich soll
Das Meer befrein von Räubern; soll nach Rom
Vorrat von Weizen senden: tu ich das,
Ziehn wir mit unzerhacktem Schwert nach Haus
Und glattem Schild.
Cäsar.
Antonius. } Das boten wir.
Lepidus.
Pompejus. So wißt,
Ich kam vor euch hieher mit dem Entschluß,
Dies anzunehmen; nur daß Mark Anton
Ein wenig mich verstimmt. – Büß ich schon ein
Das Lob, erzähl ich's selber; – dennoch, wißt!
Als Cäsar Krieg mit Eurem Bruder führte,
Fand Eure Mutter in Sizilien damals
Den gastlichsten Empfang.
Antonius. Ich weiß, Pompejus;
Und sann zeither auf edle Dankbarkeit,
Die ich Euch schuldig.
Pompejus. Gebt mir Eure Hand.
Ich hätte nicht gedacht, Euch hier zu treffen.
Antonius. Es ruht sich sanft im Osten, und ich dank Euch,
Daß Ihr mich herrieft, eh's mein Vorsatz war;
Denn ich gewann dabei.
Cäsar. Seit ich Euch sah,

Habt Ihr Euch sehr verändert.
Pompejus. Nun, ich weiß nicht,
Wie herbes Schicksal mein Gesicht gefurcht: –
Doch nimmer soll mir's dringen in die Brust
Mein Herz zu unterjochen.
Lepidus. Seid willkommen!
Pompejus. Das hoff ich, Lepidus. So sind wir eins. –
Ich wünschte nun geschrieben den Vertrag
Und unterzeichnet.
Cäsar. Das geschehe gleich.
Pompejus. Wir wollen uns bewirten, eh wir scheiden,
Und losen, wer beginnt. –
Antonius. Laßt mich beginnen!
Pompejus. Nein, losen wir, Antonius: ob der erste,
Ob letzte; Eurer Kochkunst aus Ägypten
Gebührt der Preis. Ich hörte, Julius Cäsar
Ward dort vom Schmausen fett.
Antonius. Ihr hörtet vieles!
Pompejus. Ich mein es gut.
Antonius. Und setzt die Worte gut.
Pompejus. Nun wohl, ich hört es;
Und hört auch das: Apollodorus trug...
Enobarbus. O still davon! Er trug...
Pompejus. Was? –
Enobarbus. Eine gewisse
Monarchin hin zum Cäsar in 'ner Decke¹.
Pompejus. Nun kenn ich dich: wie geht dir's, Kriegsmann?
Enobarbus. Gut;
Und, wie mir's scheint, auch ferner gut: ich sehe,
Vier Schmäuse sind im Werk.
Pompejus. Reich mir die Hand;
Ich hab dich nie gehaßt; ich sah dich fechten
Und neidete dir deinen Mut.
Enobarbus. Mein Feldherr,
Ich liebt Euch nie sehr stark; doch lobt ich Euch,

---

1. Genauer: in einem Polsterbett

Da ihr wohl zehnmal soviel Lob verdient,
Als ich Euch zugestand.
Pompejus. Dein offnes Wesen
Erhalte dir, es steht dir wohl. —
Ich lad euch all an Bord meiner Galeere;
Wollt ihr vorangehn?
Alle. Führt uns, Feldherr! —
Pompejus. Kommt.
(*Pompejus, Cäsar, Antonius, Lepidus, Soldaten und Gefolge ab.*)
Menas (*beiseite*). Dein Vater, Pompejus, wäre nimmer diesen Vergleich eingegangen. — Ihr und ich haben uns schon gesehn, Herr.
Enobarbus. Zur See, denk ich.
Menas. Ganz recht, Herr.
Enobarbus. Ihr habt Euch gut zur See gehalten.
Menas. Und Ihr zu Lande.
Enobarbus. Ich werde jeden loben, der mich lobt, obgleich nicht zu leugnen ist, was ich zu Lande getan.
Menas. Noch was ich zu Wasser getan. —
Enobarbus. Nun etwas könnt Ihr schon für Eure Sicherheit leugnen; Ihr seid ein großer Dieb zur See gewesen.
Menas. Und Ihr zu Lande.
Enobarbus. Solchen Landdienst leugne ich ab. Aber gebt mir die Hand, Menas; hätten unsre Augen jetzt Vollmacht, so würden sie hier zwei sich küssende Diebe ertappen.
Menas. Aller Menschen Gesichter sind ohne Falsch, wie auch ihre Hände beschaffen sind.
Enobarbus. Aber noch kein hübsches Weib hatte je ein Gesicht ohne Falsch.
Menas. Das ist kein Tadel, sie stehlen Herzen. —
Enobarbus. Wir kamen, mit Euch zu fechten.
Menas. Mir für mein Teil tut's leid, daß daraus ein Trinkgelag ward. Pompejus lacht heut sein Glück weg.
Enobarbus. Wenn das ist, so kann er's gewiß nicht wieder zurück weinen.
Menas. Sehr gewiß; Herr, wir dachten nicht, Marcus Antonius hier zu treffen. Sagt doch, ist er mit Cleopatra vermählt? —

Enobarbus. Cäsars Schwester heißt Octavia.
Menas. Jawohl, sie war des Cajus Marcellus Weib.
Enobarbus. Und ist nun des Marcus Antonius Weib.
Menas. Was Ihr sagt!
Enobarbus. 's ist wahr!
Menas. Dann sind Cäsar und er für immer aneinander geknüpft!
Enobarbus. Wenn es meines Amtes wäre, von dieser Vereinigung zu weissagen, ich prophezeite nicht so.
Menas. Ich denke, in dieser Angelegenheit tat die Politik mehr für die Heirat, als die Liebe der Vermählten.
Enobarbus. Das denk ich auch. Aber ihr sollt sehn, das Band, das ihre Freundschaft zu verknüpfen scheint, erwürgt ihre Verbrüdrung. Octavia ist von frommem, kaltem, stillem Temperament.
Menas. Wer wünschte sein Weib nicht so? –
Enobarbus. Der nicht, der selbst nicht so ist: und das ist Mark Anton. Sein ägyptisches Mahl wird ihn zurückziehen: dann werden Octavias Seufzer Cäsars Feuer anfachen, und wie ich vorhin sagte: was die Befestigung ihres Bundes scheint, wird die unmittelbare Veranlassung ihrer Entzweiung werden. Antonius wird seine Liebe zeigen, wo sie ist; hier hat er nur seinen Vorteil geheiratet. –
Menas. So wird's wohl kommen. Sagt, Herr, wollt Ihr an Bord? Ich habe eine Gesundheit für Euch.
Enobarbus. Die nehm ich an, Herr; wir haben unsre Gurgeln in Ägypten eingeübt.
Menas. Wir wollen gehn. (*Beide ab.*)

SIEBENTE SZENE

An Bord von Pompejus' Galeere
Musik. Es treten auf zwei oder drei Diener, die ein Bankett anrichten

Erster Diener. Gleich werden sie hier sein, Kamrad; ein paar von diesen edlen Bäumen[1] sind nicht mehr im Boden festgewurzelt, der kleinste Wind kann sie umwerfen.

Zweiter Diener. Lepidus ist schon hochrot.

Erster Diener. Der hat trinken müssen, wie keiner mehr mochte. –

Zweiter Diener. Wie nur einer dem andern den wunden Fleck berührt, ruft er: «Haltet ein!» und macht, daß jeder sich seinen Friedensworten und er sich dem Becher ergibt.

Erster Diener. Desto größerer Krieg erhebt sich zwischen ihm und seinen fünf Sinnen.

Zweiter Diener. Das kommt dabei heraus, in großer Herren Gesellschaft Kamrad zu sein; ebenso gern hätte ich ein Schilfrohr, das mir nichts mehr nutzen kann, als eine Hellebarde, die ich nicht regieren könnte.

Erster Diener. In eine große Sphäre berufen sein und darin nicht einmal bemerkt werden, nimmt sich aus wie Löcher, wo Augen sein sollten; was das Gesicht jämmerlich entstellt.

Eine Zinke wird geblasen. Es treten auf Cäsar, Antonius, Pompejus, Lepidus, Agrippa, Mäcenas, Enobarbus, Menas und andre Hauptleute.

Antonius (zum Cäsar). So ist der Brauch; sie messen dort den [Strom
Nach Pyramidenstufen; daran sehn sie
Nach Höhe, Tief und Mittelstand, ob Teurung,
Ob Fülle folgt. Je höher schwoll der Nil,
Je mehr verspricht er; fällt er dann, so streut
Der Sämann auf den Schlamm und Moor sein Korn
Und erntet bald nachher.

Lepidus. Ihr habt seltsame Schlangen dort! –

Antonius. Ja, Lepidus. –

Lepidus. Eure ägyptische Schlange wird also durch die Kraft

---

1. Wortspiel mit dem Doppelsinn von *plant* = 1. Fußsohle, 2. junger Baum

eurer Sonne aus eurem Schlamm ausgebrütet; so auch euer Krokodil? –
Antonius. So ist's.
Pompejus. Setzt Euch. – Mehr Wein! Auf Lepidus' Gesundheit.
Lepidus. Mir ist nicht so wohl, als ich sein sollte, aber ich bin dabei.
Enobarbus. So lange, bis Ihr einschläft; bis dahin bleibt Ihr gewiß nebenbei.
Lepidus. Ja, das muß wahr sein, diese ptolemäischen Pyramichien, sagt man, sind allerliebste Dinger; in allem Ernst, das sagt man.
Menas (beiseite). Ein Wort, Pompejus.
Pompejus. Sag ins Ohr, was ist's?
Menas (beiseite). Steh auf von deinem Sitz, ich bitt dich, Feldherr,
Und hör mich auf ein Wort.
Pompejus. Wart noch ein Weilchen.
   Den Wein für Lepidus.
Lepidus. Was für 'ne Sorte von Geschöpf ist euer Krokodil?
Antonius. Es hat eine Gestalt, Herr, wie es selbst, und ist so breit, als seine Breite beträgt; just so hoch, als es hoch ist, und bewegt sich mit seinen eignen Gliedern; es lebt von seiner Nahrung, und haben seine Elemente sich aufgelöst, so wird ein neues Wesen aus ihm.
Lepidus. Was hat es für eine Farbe?
Antonius. Auch seine eigentümliche Farbe.
Lepidus. Ein kurioser Wurm! –
Antonius. Allerdings. Und seine Tränen sind naß.
Cäsar. Wird ihm diese Beschreibung genügen? –
Antonius. Nach allen Gesundheiten, die Pompejus ihm bringt; sonst ist er ein wahrer Epikur.
Pompejus (beiseite zu Menas).
   Geh mir und laß dich hängen! mit mir reden?
   Geh, tu, wie ich dir hieß. Wo bleibt mein Becher?
Menas. Hab ich dir Treu bewiesen, hör mich an
   Und komm beiseit.
Pompejus. Du bist nicht klug. Was willst du?
Menas. Ich zog die Mütze stets vor deinem Glück ...

Pompejus. Du hast mir immer brav gedient: was weiter?
– Munter, ihr edlen Herrn!
Antonius. Nehmt Euch in acht
  Vor diesem Triebsand, Lepidus; Ihr sinkt! –
Menas. Willst du Herr sein der ganzen Welt?
Pompejus. Was sagst du?
Menas. Willst Herr der ganzen Welt sein? Zweimal sagt ich's.
Pompejus. Wie sollte das geschehn?
Menas. Sei willig nur;
  Und schein ich noch so arm, ich bin der Mann,
  Der dir die ganze Welt gibt.
Pompejus. Bist du trunken?
Menas. Mein Feldherr, vor dem Becher wahrt ich mich;
  Du bist, wenn du's nur wagst, der Erde Zeus,
  Und was das Meer umgrenzt, der Himmel einfaßt,
  Ist dein, wenn du's nur willst.
Pompejus. So sag mir, wie? –
Menas. Diese drei Weltenteiler, die Triumvirn,
  Faßt unser Schiff; ich kappe jetzt das Tau,
  Wir stoßen ab, ich greif an ihre Kehle,
  Und dein ist alles.
Pompejus. Ah! hättst du's getan
  Und nichts gesagt! In mir ist's Büberei,
  Von dir getreuer Dienst. Vergiß es nie,
  Mein Vorteil nicht geht meiner Ehre vor,
  Die Ehre ihm. Bereu es, daß dein Mund
  So deine Tat verriet. Tatst du's geheim,
  Dann hätt ich's, wenn's geschehn, als gut erkannt,
  Doch nun muß ich's verdammen. – Vergiß und trink!
Menas. Hinfort
  Folg ich nie wieder deinem morschen Glück!
  Wer sucht und greift nicht, was ihm einmal zuläuft,
  Findet's nie wieder!
Pompejus. Lepidus soll leben!
Antonius. Tragt ihn ans Land; ich tu für ihn Bescheid.
Enobarbus. Menas, dein Wohl!
Menas. Willkommen, Enobarbus!

Pompejus. Füllt bis zum Rand den Becher! –
Enobarbus. Der Kerl hat Kräfte, Menas!
Menas. Wie?
Enobarbus. Da trägt er
Den dritten Teil der Welt: Mann, siehst du's nicht?
Menas. Dies Dritteil also trunken! Wär's die ganze,
Sie drehte schneller um.
Enobarbus. Dreh mit, und trinke drum! –
Menas. So komm!
Pompejus. Dies ist noch kein ägyptisch Fest!
Antonius. Es kommt ihm doch schon nah. Stoßt an die Becher!
Der hier für Cäsar!
Cäsar. Ich verbät es lieber;
's ist schwere Arbeit, mein Gehirn zu waschen;
Und es wird schmutzger.
Antonius. Sei ein Kind der Zeit.
Cäsar. Sei's drum, ich tu Bescheid; doch lieber fast ich
Vier Tage lang, als einmal soviel trinken.
Enobarbus. O wackrer Imperator!
Solln wir ägyptischen Bacchustanz beginnen
Und feiern diesen Trunk? –
Pompejus. Recht so, mein Krieger!
Antonius. Kommt, schließen wir den Reihn,
Bis der sieghafte Wein den Sinn uns taucht
In süßen, weichen Lethe.
Enobarbus. Faßt euch an,
Bestürmt das Ohr mit lärmender Musik,
Bis ich euch stelle: dann singt der Knab ein Lied,
Und jeder fällt mit ein im Chor, so laut,
Als seine starke Brust nur schmettern kann. –
(*Musik. Enobarbus stellt sie, und sie schließen den Reihen.*)

Lied.

Komm, du König, weinbekränzt,
Bacchus, dessen Auge glänzt:
Du verjagst die Leidgedanken!
In den Locken Efeuranken,

Trinkt, bis alle Welten schwanken,
Trinkt, bis alle Welten schwanken[1]! –

Cäsar. Was wollt ihr mehr? Gut Nacht, Pompejus. Bruder,
Gehn wir, ich bitt Euch; unser ernst Geschäft
Zürnt diesem Lichtsinn. Werte Herrn, brecht auf,
Ihr seht, die Wangen glühn. Selbst Enobarbus
Ist schwächer als der Wein; auch meine Zunge
Spaltet die Worte; fast zu Hansnarrn macht
Der Taumel uns. Was red ich noch? Gut Nacht.
Die Hand, Anton.

Pompejus. Ich prüf Euch noch zu Lande.

Antonius. Das sollt Ihr. Eure Hand!

Pompejus. Mein Vaterhaus
Habt Ihr, Anton – was tut's – wir sind ja Freunde! –
Kommt jetzt ins Boot.

Enobarbus. Nehmt Euch in acht und fallt nicht.
      (*Pompejus, Cäsar, Antonius und Gefolge ab.*)
Menas, ich will nicht mit.

Menas. Komm zur Kajüte.
He, unsre Trommeln, Flöten, Zimbeln, he!
Hör es, Neptun, welch lauten Abschied wir
Diesen Gewaltgen bringen; blast, so blast doch! –
      (*Trompeten und Trommeln.*)

Enobarbus. Hallo geschrien! Die Mütze fliegt.

Menas. Hallo!
Kommt, edler Hauptmann. (*Sie gehn ab.*)

---

1. Freie Übersetzung

DRITTER AUFZUG

Erste Szene

Eine Ebene in Syrien

Ventidius tritt auf, wie nach einem Siege; mit ihm Silius und andre römische Hauptleute und Soldaten; vor ihnen wird der Leichnam des Pacorus getragen

Ventidius. So, kühnes Parthien[1], schlug ich dich, und so
  Erwählte mich das Glück, des Crassus Tod
  Zu rächen. Tragt den toten Königssohn
  Dem Heer voran. Orodes, dein Pacorus
  Zahlt dies für Crassus.

Silius. Würdiger Ventidius!
  Weil noch vom Partherblute raucht dein Schwert,
  Folge den flüchtgen Parthern schnell durch Medien,
  Mesopotamien und in alle Schluchten,
  Wohin die Flucht sie trieb. Dann hebt dein Feldherr
  Antonius auf den Siegeswagen dich
  Und kränzt dein Haupt mit Lorbeern.

Ventidius. Silius, Silius!
  Ich tat genug. Ein Untergebner, merk es,
  Glänzt leicht zu hell; denn wisse dies, o Silius: –
  Besser nichts tun, als zuviel Ruhm erwerben
  Durch tapfre Tat, wenn unsre Obern fern.
  Cäsar und Mark Anton gewannen stets
  Durch Diener mehr als durch sie selber. Sossius,
  Sein Hauptmann (der vor mir in Syrien stand),
  Verlor, weil ihn zu schnell der Ruf erhob,
  Den er erlangt im Umsehn, seine Gunst.
  Wer mehr im Krieg tut, als sein Feldherr kann,
  Wird seines Feldherrn Feldherr; und der Ehrgeiz,
  Des Kriegers Tugend, wählt Verlust wohl lieber
  Als Sieg, der ihn verdunkelt.

---

1. Genauer: pfeilschießendes

Ich könnte mehr tun, zu Antonius' Vorteil,
Doch würd's ihn kränken; und in seiner Kränkung
Verschwände mein Bemühn.
Silius. Du hast, Ventidius,
Was, fehlt es ihm, den Krieger und sein Schwert
Kaum unterscheiden läßt. – Schreibst du dem Mark Anton?
Ventidius. Ich meld in Demut, was in seinem Namen,
Dem mag'schen Feldgeschrei, uns dort gelang:
Wie sein Panier, sein wohlbezahltes Heer,
Die nie besiegte parthsche Reiterei
Mit Schmach vom Feld gejagt.
Silius. Wo ist er jetzt?
Ventidius. Er wollte nach Athen: und dort mit so viel Eil,
Als unsers Zugs Beschwer vergönnen will,
Erscheinen wir vor ihm. Nun vorwärts, Leute! weiter!
(*Ab.*)

ZWEITE SZENE

Rom. Ein Vorzimmer in Cäsars Hause
Agrippa und Enobarbus begegnen einander

Agrippa. Wie! Trennten sich die Brüder?
Enobarbus. Sie sind eins mit Pompejus; er ist fort,
Die andern unterzeichnen. Octavia weint,
Von Rom zu gehn; Cäsar ist traurig; Lepidus
(Wie Menas sagt) hat seit Pompejus' Schmaus
Die Bleichsucht.
Agrippa. Ei du wackrer Lepidus! –
Enobarbus. Ausbündigstes Gemüt! Wie liebt er Cäsarn! –
Agrippa. Und wie entzückt ihn vollends Mark Anton! –
Enobarbus. Cäsar? Das ist der Jupiter der Menschheit! –
Agrippa. Und Mark Anton? Der Gott des Jupiter! –
Enobarbus. Spracht Ihr vom Cäsar? O, der nie Erreichte! –
Agrippa. Und Mark Anton? Der Phönix aus Arabien! –
Enobarbus. Cäsarn zu loben, sprecht: *Cäsar!* Nichts mehr! –
Agrippa. Ja, beiden spendet er erhabnes Lob.
Enobarbus. Doch Cäsarn mehr. Zwar liebt er auch Anton,

Nicht Herz, Wort, Griffel, Schreiber, Bard' und Dichter,
Denkt, spricht, malt, schreibt, singt, reimt, was er empfindet
Für Mark Anton: doch nennt Ihr Cäsarn, kniet,
Kniet nieder, kniet und staunt.
Agrippa. Er liebt sie beide.
Enobarbus. Sie sind ihm Flügeldecken, er ihr Käfer. –
So: *(Trompetenstoß.)*
Das heißt zu Pferd. Lebt wohl, edler Agrippa! –
Agrippa. Viel Glück, mein wackrer Krieger, und lebt wohl! –
    Es treten auf Cäsar, Antonius, Lepidus und Octavia.
Antonius. Nicht weiter, Herr! –
Cäsar. Ihr nehmt von mir ein groß Teil von mir selbst;
Ehrt mich in ihm. Schwester, sei solch ein Weib,
Wie dich mein Herz gedacht, mein höchstes Pfand
Dir Bürgschaft leisten möchte. Mein Anton,
Laß dieses Bild der Tugend – zwischen uns
Als unsrer Liebe Mörtel eingesetzt,
Sie fest zu fügen – nie zum Mauerbrecher
Sie zu zerschmettern werden. Besser sonst,
Wir liebten ohne sie, wenn beide nicht
Dies Mittel heilig achten.
Antonius. Kränkt mich nicht
Durch Mißtraun.
Cäsar. Nun genug.
Antonius. Nie geb ich Euch,
So fein Ihr prüfen mögt, den kleinsten Anlaß
Zu solcher Furcht. So schützen Euch die Götter
Und lenken Eurem Wunsch die Herzen Roms! –
Wir scheiden hier! –
Cäsar. Leb wohl, geliebte Schwester, lebe wohl!
Die Elemente sein dir hold, sie stärken
Mit frohem Mut dein Herz! Gehab dich wohl!
Octavia. Mein edler Bruder! –
Antonius. April ist dir im Aug, der Liebe Lenz
Und Tränen sind der Regen, die ihn künden!
Blick heiter!
Octavia. O, sorg für meines Gatten Haus, und –

Cäsar. Was,
   Octavia?
Octavia. Ich sag es dir ins Ohr.
Antonius. Die Zung gehorcht dem Herzen nicht, noch kann
   Das Herz die Zunge meistern: wie des Schwans
   Flaumfeder steht auf hochgeschwellter Flut
   Und sinkt auf keine Seite.
Enobarbus. Wird Cäsar weinen?
Agrippa. Wolken stehn im Auge! –
Enobarbus. Das wäre schlimm genug, wär er ein Pferd;
   So mehr für einen Mann.
Agrippa. Wie, Enobarbus?
   Antonius, als er Cäsarn sah erschlagen,
   Da schluchzt' er bis zum Schrei, und weinte auch
   Über des Brutus Leiche bei Philippi.
Enobarbus. Nun, in dem Jahre hatt er wohl den Schnupfen!
   Was er mit Lust zerstört, netzt' er mit Tränen?
   Das glaubt, wenn ich auch weine.
Cäsar. Nein, teure Schwester!
   Stets sollst du von mir hören; keine Zeit
   Soll dein Gedächtnis tilgen.
Antonius. Kommt nun, kommt!
   Laßt mich mit euch in Kraft der Liebe ringen,
   Seht, so noch halt ich euch: so laß ich los
   Und gebe euch den Göttern.
Cäsar. Geht! Seid glücklich! –
Lepidus. Die ganze Schar der Stern' umleuchte dir
   Den heitern Pfad! –
Cäsar. Leb wohl! leb wohl! (*Umarmt Octavia.*)
Antonius. Leb wohl!   (*Trompetenstoß. Alle ab.*)

DRITTE SZENE

Alexandria. Ein Zimmer im Palast
Es treten auf Cleopatra, Charmion, Iras und Alexas

Cleopatra. Wo ist der Mensch?
Alexas. Er fürchtet sich, zu kommen.

Cleopatra. Ach geht, ach geht! Tritt näher, Freund.
Bote tritt auf.
Alexas. Monarchin,
Herodes von Judäa scheut dein Auge,
Wenn du nicht lächelst.
Cleopatra. Des Herodes Haupt
Verlang ich: aber wie? wer kann mir's schaffen,
Seit Mark Anton nicht hier ist! – Komm, nur näher!
Bote. Huldreiche Majestät...
Cleopatra. Hast du Octavien
Selber gesehn?
Bote. Ja, Herrin.
Cleopatra. Wo?
Bote. In Rom.
Ich sah ihr ins Gesicht; sah sie geführt
Von ihrem Bruder und von Mark Anton.
Cleopatra. Ist sie so groß als ich?
Bote. Nein, gnädge Fürstin.
Cleopatra. Und ihre Sprache? Ist tief sie oder hell?
Bote. Ich hörte, wie sie sprach, mit tiefer Stimme.
Cleopatra. Dann klingt's nicht gut, dann liebt er sie nicht lang.
Charmion. Sie lieben? Nun bei Isis, ganz unmöglich!
Cleopatra.
Das hoff ich, Charmion! Dumpf von Stimm und zwerghaft!
Ist Majestät in ihrem Gang? Besinn dich,
Wenn du je Majestät gesehn!
Bote. Sie kriecht;
Ihr Stillstehn und Bewegen sind fast eins;
Sie zeigt sich mehr ein Körper als ein Leben,
Mehr Bildnis als beseelt.
Cleopatra. Ist das gewiß?
Bote. Sonst fehlt mir Scharfblick.
Charmion. Drei in ganz Ägypten
Bemerken besser nicht.
Cleopatra. Er zeigt Verstand,
Das seh ich wohl. Von der ist nichts zu fürchten: –
Der Mensch hat gutes Urteil.

Charmion. Ausgezeichnet! —
Cleopatra. Wie alt wohl mag sie sein?
Bote. Sie war
  Schon Witwe, Fürstin.
Cleopatra. Witwe? Charmion, hörst du? —
Bote. Auf dreißig schätz ich sie.
Cleopatra. Schwebt dir ihr Antlitz vor? Lang oder rund?
Bote. Ganz übertrieben rund.
Cleopatra. Solche Gesichter
  Verraten meist auch Einfalt. Was für Haar? —
Bote. Braun, Fürstin, und so niedrig ihre Stirn,
  Wie man's nur sehn mag.
Cleopatra. Nimm, da hast du Gold. —
  Du mußt mein Eifern von vorhin vergessen: —
  Ich geb dir Briefe mit zurück; du scheinst mir
  Sehr brauchbar in Geschäften. Mach dich fertig;
  Die Briefe sind bereit. (*Bote ab.*)
Charmion. Ein hübscher Mann! —
Cleopatra. Das ist er auch; und ich bereue sehr,
  Daß ich ihn so gerauft. Nun, so nach ihm
  Kann das Geschöpf nicht viel bedeuten.
Charmion. Gar nichts.
Cleopatra. Er sah doch Majestät und muß sie kennen.
Charmion. Ob er sie sah! Nun, Isis mög ihm helfen,
  So lang in Euerm Dienst! —
Cleopatra. Ich muß ihn eins noch fragen, gute Charmion;
  Doch tut es nichts. Geh, bring ihn auf mein Zimmer,
  Da will ich schreiben. Noch vielleicht gelingt's!
Charmion. Fürstin, verlaßt Euch drauf.
      (*Gehn ab.*)

VIERTE SZENE

Athen. Zimmer in Antonius' Hause
Antonius und Octavia treten auf

Antonius. Nein, nein, Octavia; 's ist nicht das allein;
  Das wär verzeihlich: das und tausend andres

Von gleicher Art. Doch neuen Krieg begann er
Wider Pompejus; las sein Testament
Dem Volke vor;
Sprach leicht von mir, und mußt er mein durchaus
Ruhmvoll erwähnen, tat er's doch nur kalt
Und matt und brauchte höchst verkleinernd Maß.
Den nächsten Anlaß nahm er nicht, und mußt er,
Geschah's nur nebenher.

Octavia. O teurer Gatte,
Glaub doch nicht allem oder, mußt du glauben,
Nimm's nicht als Kränkung. Unglückselger stand
(Trennt ihr euch jetzt) kein Weib je zwischen zweien,
Für beide betend;
Die guten Götter werden meiner spotten,
Fleh ich zu ihnen: *Schützet meinen Bruder,*
Und widerruf es gleich mit lautem Flehn:
Schützt den Gemahl! Mag Gatte, Bruder siegen,
Zerstört Gebet das Beten; kein Vermitteln
Liegt zwischen diesem Äußersten.

Antonius. O Teure,
Schenk deine beste Liebe dem, der ihr
Den besten Schutz verheißt. Die Ehre missen,
Heißt alles missen. Besser, nicht der deine,
Als dein so schmuckberaubt. Doch, wie du's batest,
Sei Botin zwischen uns; derweil, Octavia,
Rüst ich zu einem Krieg, der deinen Bruder
Verdunkeln soll. Sei eilig nur, und so
Wird dein sein, was du wünschest.

Octavia. Dank, mein Gatte!
Der Weltregierer mache mich, die Schwächste,
Euch zur Versöhnerin! – Krieg zwischen euch,
Das wär, als spaltete die Welt, und Leichen
Füllten die weite Kluft! –

Antonius. Wenn du es einsiehst, wer den Zwist begann,
Lenk dorthin deinen Tadel: – Unsre Schuld
Kann nicht so gleich sein, daß sich deine Liebe
Gleichmäßig teilte. Nun betreib die Reise,

Wähl dein Gefolge selbst und wieviel Aufwand
Dir irgend nur beliebt. (*Gehn ab.*)

FÜNFTE SZENE

Ein anderes Zimmer daselbst
Enobarbus und Eros, einander begegnend

Enobarbus. Was gibt es, Freund Eros?
Eros. Herr, man hört seltsame Neuigkeiten.
Enobarbus. Was denn?
Eros. Cäsar und Lepidus haben dem Pompejus Krieg erklärt.
Enobarbus. Das ist etwas Altes. Wie war der Ausgang?
Eros. Cäsar, nachdem er ihn im Krieg wider Pompejus gebraucht, verweigert ihm jetzt alle Mitgenossenschaft; läßt ihm keinen Teil an dem Ruhm des Feldzugs; und damit nicht zufrieden, beschuldigt er ihn, vormals dem Pompejus Briefe geschrieben zu haben; auf seine eigne Anklage setzt er ihn fest, und so sitzt nun der arme Dritte, bis Tod sein Gefängnis öffnet.
Enobarbus. So hast du, Welt, nur mehr zwei Kiefer jetzt;
Würfst du auch all dein Futter zwischen sie,
Zermalmen sie sich doch. – Wo ist Anton?
Eros. Er geht im Garten – so: stößt mit dem Fuß
Die Binsen vor sich her; ruft: «Lepidus! du Tor!»
Und droht der Gurgel dessen, der Pompejus
Ermordete.
Enobarbus. Die Flott ist segelfertig.
Eros. Wider Italien und den Cäsar. – Eins noch:
Anton verlangt Euch; meine Neuigkeit
Konnt ich Euch später sagen.
Enobarbus. 's wird nichts sein;
Doch wolln wir sehn. Führ mich zu ihm.
Eros. So komm.

(*Gehn ab.*)

SECHSTE SZENE

Rom. Zimmer in Cäsars Hause
Es treten auf Cäsar, Agrippa und Mäcenas

Cäsar. Rom zur Verhöhnung tat er dies und mehr.
In Alexandria (hier schreibt man mir's)
Thronten auf offnem Markt, vor allem Volk,
Cleopatra und er auf goldnen Stühlen
Und silbernem Gerüst: zu ihren Füßen
Cäsarion, meines Vaters Sohn genannt,
Und all die Bastardbrut, die ihre Lust
Seitdem erzeugt. Zur Herrschaft von Ägypten
Gab er ihr Cypern, Niedersyrien, Lydien,
Als einer unumschränkten Königin.
Mäcenas. Dies vor den Augen alles Volks?
Cäsar. Auf öffentlichem Platze, wo sie spielen,
Setzt' er zu Kön'gen über Kön'ge seine Söhne:
Großmedien, Parthien und Armenien
Gab er dem Alexander; Ptolemäus:
Syrien, Cilicien und Phönizien. Sie
Trug an dem Tag der Göttin Isis Kleid,
In dem sie oft zuvor, wie man erzählt,
Gehör erteilt.
Mäcenas. Die Nachricht laßt in Rom verbreiten.
Agrippa. Längst durch seinen Übermut
Verstimmt, wird es ihm seine Gunst entziehn.
Cäsar. Das Volk erfuhr's und hat von ihm nun gleichfalls
Die Klag erhalten.
Agrippa. Wen beschuldigt er?
Cäsar. Cäsarn: zuerst, daß, als Sizilien wir
Pompejus nahmen, wir nicht abgeteilt
Für ihn die Hälfte: daß er Schiffe mir
Geliehn und nicht zurückerhielt; dann zürnt er,
Daß Lepidus aus dem Triumvirat
Entsetzt ward und wir auf sein ganz Vermögen
Beschlag gelegt.

Agrippa. Darauf müßt Ihr erwidern.
Cäsar. Das ist geschehn, ich sandte schon den Boten.
  Lepidus, schrieb ich, sei zu grausam worden;
  Gemißbraucht hab er seine hohe Macht,
  Und diesen Fall verdient. Was ich erobert,
  Das woll ich teilen; doch verlang ich auch
  Ein Gleiches für Armenien und die andern
  Besiegten Reiche.
Mäcenas. Nimmer räumt er's ein.
Cäsar. So wird das andre ihm nicht eingeräumt.
            Octavia tritt auf.
Octavia. Heil Cäsarn, meinem Herrn! Heil, teurer Cäsar!
Cäsar. Daß ich dich je Verstoßne mußte nennen! —
Octavia. Du nanntest nicht mich so, noch hast du Grund.
Cäsar. Stahlst du dich heimlich nicht hieher? Du kommst nicht
  Wie Cäsars Schwester! Des Antonius Weib
  Mußt uns ein Heer anmelden, und das Wiehern
  Der Rosse ihre Ankunft uns verkünden,
  Lang, eh sie selbst erschien: die Bäum am Wege
  Besetzt mit Menschen sein, Erwartung schmachten
  In sehnlichem Verlangen; ja, der Staub
  Mußte zum Dach des Himmels sich erheben,
  Erregt vom Volksgewühl! allein du kommst
  Gleich einer Bäurin her nach Rom, die Huldgung
  Vereitelnd unsrer Gunst, die, nicht gezeigt,
  Oft unempfunden bleibt. Begrüßen sollten
  Zu Land und Meer wir dich, von Ort zu Ort
  Mit neuem Prunk dich feiernd.
Octavia. Teurer Bruder,
  Nicht kam ich so, weil man mich zwang; ich tat's
  Aus freier Wahl. Antonius, mein Gebieter,
  Von deiner Rüstung hörend, gab mir Nachricht
  Der bösen Zeitung; und sogleich begehrt ich
  Urlaub zur Heimkehr.
Cäsar. Den er gern gewährt,
  Weil zwischen ihm und seiner Lust du standst!
Octavia. O, sprich nicht so.

Cäsar. Ich hab ein Aug auf ihn,
  Mir bringt der Wind von seinem Tun die Kunde.
  Wo ist er jetzt?
Octavia. Noch in Athen, mein Bruder! –
Cäsar. Nein, schwergekränkte Schwester. Cleopatra
  Hat ihn zu sich gewinkt. Er gab sein Reich
  An eine Metze, und nun werben sie
  Der Erde Kön'ge für den Krieg. Ihm folgen
  Bochus, König von Libyen; Archelaus
  Von Cappadocien; Philadelphus, König
  Von Paphlagonien; Thraciens Fürst Adallas;
  Fürst Malchus von Arabien; der von Pontus;
  Herodes von Judäa, Mithridat
  Von Comagene: – Polemon und Amyntas,
  Der Lykaonier und der Meder Fürsten,
  Und noch viel andre Zepter.
Octavia. Ach, ich Ärmste,
  In deren Herz sich zwei Geliebte teilen,
  Die bittre Feindschaft trennt! –
Cäsar. Sei hier willkommen.
  Nur deine Briefe hemmten noch den Ausbruch,
  Bis wir zugleich erkannt, wie man dich täuschte
  Und Säumnis uns gefährde. Sei getrost,
  Dich kümmre nicht der Zeitlauf, dessen strenge
  Notwendigkeit dein friedlich Glück bedroht.
  Nein, schau den vorbestimmten Schicksalsgang
  Jetzt ohne Tränen; sei gegrüßt in Rom
  Teurer als je. Weit über alles Maß
  Wardst du gekränkt; und die erhabne Gottheit
  Macht, dich zu rächen, uns zu ihren Dienern
  Und alle, die dich lieben. Sei getrost
  Und tausendmal gegrüßt.
Agrippa. Gegrüßt, Verehrte.
Mäcenas. Gegrüßt, erhabne Frau;
  Ganz Rom ist Euch ergeben und beklagt Euch;
  Nur Mark Anton, im frechen Ehebruch
  Und allem Greul vermessen, stößt Euch aus

Und gibt sein Zepter einer Buhlerin
Als Waffe wider uns[1].
Octavia. Ist dies die Wahrheit?
Cäsar. Nur zu gewiß. Willkommen Schwester; bitt dich,
Bleib standhaft und geduldig. – Liebste Schwester! –
(*Alle ab.*)

Siebente Szene

Antonius' Lager bei dem Vorgebirge Actium
Cleopatra und Enobarbus treten auf

Cleopatra. Ich werde dir's gedenken, zweifle nicht! –
Enobarbus. Warum? warum denn? –
Cleopatra. Du widersprachst, daß ich zum Kriege folgte,
Uns sagtst, es zieme nicht.
Enobarbus. Nun, ziemt es denn?
Cleopatra. Selbst wär der Krieg nicht mir erklärt, warum
Sollt ich nicht hier sein?
Enobarbus (*beiseite*). Ei, ich könnt erwidern,
Wenn wir mit Stut und Hengst zusammen ausziehn,
Dann sei der Hengst zuviel; die Stute trüge
Den Reiter und sein Roß.
Cleopatra. Was sagst du da?
Enobarbus. Eur Beisein muß durchaus Anton verwirren
Und ihm an Herz und Hirn und Zeit entwenden,
Was dann höchst unentbehrlich. Zeiht man doch
Ihn schon des Leichtsinns und erzählt in Rom,
Photinus, der Eunuch, und Eure Weiber
Regierten diesen Krieg.
Cleopatra. Fluch Rom! Verdorren
Soll dieser Lästrer Zung! Ich hab ein Amt
Im Krieg, und als der Vorstand meines Reichs
Streit ich in ihm als Mann. Sprich nicht dagegen,
Ich bleibe nicht zurück.
Enobarbus. Ich sage nichts;

---

1. Genauer: gibt seine Macht einer Trulle, die laut wider uns lärmt

Hier kommt der Imperator.
Antonius und Canidius treten auf.

Antonius. Wie seltsam ist's, Canidius,
Wie konnt er von Tarent doch und Brundusium
So schnell durchschneiden das Ionsche Meer
Und Toryn nehmen! Hörtest du's, Geliebte?

Cleopatra. Geschwindigkeit wird nie so sehr bewundert
Als von Saumseligen.

Antonius. Ein guter Vorwurf,
Wie er dem besten Manne wohl geziemt,
Nachlässigkeit zu rügen. – Wir, Canidius,
Bekämpfen ihn zur See.

Cleopatra. Zur See! Wie sonst? –

Canidius. Warum denn das, mein Feldherr?

Antonius. Weil er uns dorthin fordert.

Enobarbus. Mein Fürst hat auch zum Zweikampf ihn gefordert.

Canidius. Und bei Pharsalia diese Schlacht zu liefern,
Wo Cäsar mit Pompejus focht: doch beides,
Weil's ihm nicht vorteilhaft, weist er zurück;
So solltet Ihr.

Enobarbus. Die Flott ist schlecht bemannt:
Eur Schiffsvolk Maultiertreiber, Bauern, Leute
In flüchtger Eil geworben; Cäsars Mannschaft
Dieselbe, die Pompejus oft bekämpft,
Leicht seine Segler, Eure schwer. Kein Schimpf
Erwächst für Euch, wenn Ihr zur See ihn meidet;
Zu Lande seid Ihr stark.

Antonius. Zur See! zur See! –

Enobarbus. O edler Herr! Ihr werfet ja so weg
Eur unerreichte Feldherrnkunst zu Land;
Verwirrt Eur Heer, von dem die größte Zahl
Erprobtes Fußvolk ist; unangewandt
Bleibt Eure Kriegeskenntnis; Ihr verlaßt
Den Weg, der Euch Erfolg verheißt, und gebt
Euch selbst dem eitlen Glück und Zufall hin,
Statt fester Sicherheit!

Antonius. Zur See! –

Cleopatra. Ich bring
Euch sechzig Segel, Cäsar hat nicht beßre.
Antonius. Der Schiffsmacht Überzahl verbrennen wir,
Und mit dem wohlbemannten Rest, am Vorland
Von Actium, schlag ich Cäsarn. Fehlt es uns,
Dann sei's zu Lande noch versucht. –
Ein Bote tritt auf.
Was bringst du?
Bote. Es ist bestätigt, Herr, man sah ihn selbst,
Cäsar nahm Toryn ein.
Antonius. Kann er persönlich dort sein? 's ist unmöglich.
Schon viel, wenn nur sein Heer es ist. Canidius,
Du bleibst an Land mit neunzehn Legionen
Und den zwölftausend Pferden; wir gehn an Bord.
Ein Soldat tritt auf.
Komm, meine Thetis. – Nun, mein würdger Kriegsmann?
Soldat. O, Imperator! Fechtet nicht zur See,
Baut nicht auf morsche Planken! Traut Ihr nicht
Dem Schwert hier, diesen Wunden? Laßt die Syrer
Und die Ägypter wie die Enten tauchen:
Wir lernten siegen auf dem festen Grund
Und fechtend Fuß an Fuß.
Antonius. Schon gut! hinweg! –
(*Cleopatra, Antonius und Enobarbus ab.*)
Soldat. Beim Herkules! Mir deucht, ich habe recht.
Canidius. Das hast du, Freund. Doch all sein Tun keimt nicht
Aus eigner Macht: so führt man unsern Führer,
Und wir sind Weiberknechte.
Soldat. Ihr behaltet
Zu Land das Fußvolk und die Reiter alle? –
Canidius. Marcus Octavius und Marcus Justejus,
Publicola und Cälius sind zur See;
Wir bleiben stehn am Lande. Diese Eil
Des Cäsar ist unglaublich.
Soldat. Seine Macht
Zog so vereinzelt sich aus Rom, daß er
Die Späher täuschte.

Canidius. Wißt Ihr, wer sie führt?
Soldat. Man nannte Taurus.
Canidius. Der ist mir bekannt.

Ein Bote kommt.

Bote. Der Imperator läßt Canidius rufen.
Canidius. Die Zeit ist neuigkeitenschwanger; stündlich
 Gebiert sie eine (*Alle ab.*)

ACHTE SZENE

Eine Ebene bei Actium
Cäsar, Taurus, Hauptleute und Gefolge treten auf

Cäsar. Taurus! –
Taurus. Herr?
Cäsar. Kämpf nicht zu Lande; bleib geschlossen;
 Biet nicht die Schlacht, bis sich's zur See entschied;
 Nicht überschreite dieser Rolle Vorschrift!
 Auf diesem Wurf steht unser Glück. (*Gehn ab.*)

Antonius und Enobarbus treten auf[1].

Antonius. Stellt unsre Scharen hinterm Hügel auf,
 Im Angesicht von Cäsars Heer. Von dort
 Läßt sich die Zahl der Segel übersehn
 Und demgemäß verfahren. (*Gehn ab.*)

Von der einen Seite Canidius, mit seinen Landtruppen über die Bühne
ziehend; von der andern Taurus, Cäsars Unterfeldherr. Nachdem sie
 vorbeimarschiert sind, hört man das Getöse einer Seeschlacht.
Feldgeschrei. Enobarbus kommt zurück.

Enobarbus.
 Schmach, Schmach! o Schmach! Ich kann's nicht länger
 Die Antoniad', Ägyptens Admiralschiff, [sehn!
 Mit allen sechzgen flieht und kehrt das Ruder:
 Dies sehn verzehrt die Augen mir! –

Scarus tritt auf.

---

1. Englische Ausgaben setzen hier eine neue Szene an. Sie umfaßt nur vier Verse; dann beginnt wieder eine neue Szene.

Scarus. O Götter und Göttinnen!
 O Ratsversammlung aller Himmelsscharen! –
Enobarbus. Warum so außer dir?
Scarus. Das größre Eckstück dieser Welt, verloren
 Durch baren Unverstand; wir küßten weg
 Provinzen und Königreiche!
Enobarbus. Wie schaut das Treffen?
Scarus. Auf unsrer Seite wie gebeulte Pest,
 Wo Tod gewiß. Die Schandmähr aus Ägypten –
 – Der Aussatz treffe sie! In Kampfes Mitte,
 Als Vorteil wie ein Zwillingspaar erschien,
 Sie beide gleich, ja älter fast der unsre –
 Die Brems auf ihr, wie eine Kuh im Junius,
 Hißt alle Segel auf und flieht.
Enobarbus. Ich sah's;
 Mein Aug erkrankte, wie's geschah; nicht konnt es
 Ertragen, mehr zu schaun.
Scarus. Sie kaum gewandt,
 Als ihres Zaubers edles Wrack, Antonius,
 Die Schwingen spreitend wie ein brünstger Entrich,
 Die Schlacht verläßt auf ihrer Höh, und fliegt
 Ihr nach: –
 Noch nimmer sah ich eine Tat so schmählich;
 Erfahrung, Mannheit, Ehre hat noch nie
 Sich selber so geschändet! –
Enobarbus. Weh uns! weh! –

Canidius tritt auf.

Canidius. Zur See ist unser Glück ganz außer Atem
 Und sinkt höchst jammervoll. War unser Feldherr heut
 Nur, wie er selbst sich kannte, ging es gut!
 O, er hat Beispiel unsrer Flucht gegeben,
 Höchst schmählich, durch die eigne! –
Enobarbus (beiseite). Ho! steht die Sache so! Dann freilich heißt's
 Gut Nacht.
Canidius. Zum Peloponnes sind sie entflohn.
Scarus. Der läßt sich bald erreichen; dort erwart ich,
 Was weiter folgt.

Canidius. Ich überliefre Cäsarn
  Die Reiter und Legionen; schon sechs Kön'ge
  Zeigten, wie man die Waffen streckt.
Enobarbus. Noch will ich
  Dem wunden Glück Antonius' folgen, hält
  Vernunft schon mit dem Gegenwind die Richtung.

  (*Gehn ab.*)

NEUNTE SZENE

Alexandrien. Ein Zimmer im Palast
Antonius tritt auf, von einigen Dienern begleitet

Antonius. Horch! Mir verbeut der Boden, ihn zu treten;
  Er schämt sich, mich zu tragen: Freunde, kommt:
  Bin ich doch so verspätet in der Welt,
  Daß ich den Weg verlor auf ewig. Nehmt
  Mein Schiff mit Gold beladen, teilt es, flieht
  Und macht mit Cäsar Frieden.
Alle. Fliehn? Nicht wir! –
Antonius. Ich selber floh und lehrte Memmen fliehen
  Und ihren Rücken zeigen. Freunde, geht;
  Zu einer Laufbahn hab ich mich entschlossen,
  Die euer nicht bedarf: drum geht,
  Mein Schatz liegt dort im Hafen, nehmt ihn. – O,
  Dem folg ich, was mich rot macht, es zu schaun;
  Ja, selbst mein Haar empört sich; denn das weiße
  Tadelt des braunen Raschheit, dies an jenem
  Feigheit und Schwachsinn! – Freunde, geht! ich will
  Euch Brief' an solche geben, die den Weg
  Euch ebnen sollen. Bitt euch, seid nicht traurig,
  Erwidert nicht mit Trübsinn, nehmt die Weisung,
  Die mir Verzweiflung rät: verlassen sei,
  Was selber sich verläßt! Geht stracks zur See,
  Ich schenk euch jenes Schiff und alles Gold. –
  Laßt mich, ich bitt, ein wenig: ich bitt euch jetzt,
  O tut's, denn mein Befehl ist nun zu Ende,

Drum bitt ich euch. — Ich folg euch augenblicks.
Er setzt sich nieder. Cleopatra, geführt von Charmion und Iras, und Eros treten auf.
Eros. O gütge Frau, zu ihm! O tröstet ihn! —
Iras. Tut es, geliebte Fürstin!
Charmion. Ja, tut es: was auch sonst?
Cleopatra. Laß mich niedersitzen. O Juno!
Antonius. Nein, nein, nein, nein! —
Eros. Seht ihr hier, o Herr?
Antonius. O pfui, pfui, pfui! —
Charmion. Gnädige Frau! —
Iras. O Fürstin, gütge Kaiserin! —
Eros. Herr, Herr! —
Antonius. Ja, Herr, o ja! — Er, zu Philippi, führte
  Sein Schwert recht wie ein Tänzer, während ich
  Den hagern, finstern Cassius schlug! Ich fällte
  Den tollen Brutus! Er ließ andre handeln
  An seiner Statt und hatte nicht Erfahrung
  Im wackern Kampf des Felds. Doch jetzt — es tut nichts! —
Cleopatra. O, steht zurück! —
Eros. Die Königin, Herr, die Königin!
Iras. Geht zu ihm, Fürstin, sprecht zu ihm! —
  Er ist sich selbst entfremdet vor Beschämung! —
Cleopatra. Nun wohl denn — führt mich — o!
Eros. Erhabner Herr, steht auf: die Kön'gin naht,
  Ihr Haupt gesenkt: der Tod ergreift sie — nur
  Durch Euern Trost kann sie genesen.
Antonius. Verletzt hab ich die Ehre; —
  Ein höchst unwürdger Abfall!
Eros. Herr, die Fürstin —
Antonius. O, wohin brachtst du mich, Ägypten? Sieh,
  Wie ich die Schmach entziehe deinem Auge
  Und seh zurück auf das, was ich verließ,
  Zerstört in Schande! —
Cleopatra. O mein teurer Herr,
  Vergib den scheuen Segeln. Nimmer glaubt ich,
  Du würdest folgen.

Antonius. Wohl hast du gewußt,
  Mein Herz sei an dein Steuer festgebunden,
  Und daß du nach mich rissest! Ha, du kanntest
  Die Oberherrschaft über meinen Geist,
  Und daß dein Wink vom göttlichen Gebot
  Zurück mich herrschte!
Cleopatra. O, verzeih!
Antonius. Nun muß ich
  Dem jungen Mann demütgen Vorschlag senden,
  Betrügrisch winden mich in niedrer List,
  Der ich die halbe Welt zum Spielball hatte,
  Schicksale schaffend und vernichtend. Ja, du wußtest,
  Wie du so ganz mein Sieger warst und daß
  Mein Schwert entherzt, durch meine Lieb, ihr blind
  Gehorchen würde.
Cleopatra. O vergib! vergib!
Antonius. Laß keine Träne fallen. *Eine* zahlt
  Gewinn sowie Verlust; gib einen Kuß,
  Schon dies vergilt mir alles. — Unsern Lehrer sandt ich;
  Ist er zurück? Ich fühl mich schwer wie Blei;
  Bringt etwas Wein und Speise. — Glück, du weißt,
  Triffst du uns hart, so trotzen wir zumeist.
          (*Alle ab.*)

ZEHNTE SZENE

Cäsars Lager in Ägypten
Es treten auf Cäsar, Dolabella, Thyreus und andre

Cäsar. Der trete vor, der vom Antonius kommt; —
  Kennst du ihn?
Dolabella. 's ist der Lehrer seiner Kinder:
  Das zeigt, wie kahl er ist, entsandt er uns
  Aus seinem Flügel solche dürftge Feder,
  Er, der vor wenig Monden Könige konnt
  Als Boten schicken.
          Euphronius tritt auf.

Cäsar. Komm heran und sprich.
Euphronius. So wie ich bin, komm ich vom Mark Anton:
Ich war noch jüngst so klein für seine Zwecke
Wie auf dem Myrtenblatt der Morgentau
Dem Meer verglichen.
Cäsar. Sei's! Sag deinen Auftrag.
Euphronius.
Er grüßt dich, seines Schicksals Herrn, und wünscht
Zu leben in Ägypten. Schlägst du's ab,
So mäßigt er die Fordrung und ersucht dich,
Gönn ihm zu atmen zwischen Erd und Himmel
Als Bürger in Athen. Soviel von ihm.
Dann: Cleopatra huldigt deiner Macht,
Beugt sich vor deiner Größ und fleht von dir
Der Ptolemäer Reif für ihre Söhne
Als Willkür[1] deiner Gnade.
Cäsar. Für Anton
Bin ich der Fordrung taub. Der Königin
Wird nicht Gehör noch Zugeständnis fehlen,
Treibt sie hinweg den schmachtenstellten Buhlen
Oder erschlägt ihn dort: vollbringt sie dies,
Sei ihr Gesuch gewährt. Soviel für beide. –
Euphronius. Das Glück geleite dich!
Cäsar. Führt ihn durchs Heer!

(*Euphronius ab.*)

(*Zum Thyreus.*) Nun zeige deine Rednerkunst: enteile,
Gewinn Cleopatra ihm ab: versprich
In unserm Namen, was sie heischt, und biete
Nach eignem Sinn weit mehr. Stark sind die Weiber
Im höchsten Glück nicht: Mangel lockt zum Meineid
Selbst der Vestalin Tugend; deine List versuche;
Den Preis der Müh bestimme selber dir,
Uns sei Gesetz dein Wort.
Thyreus. Cäsar, ich gehe.

---

[1]. Genauer: den Reif, dessen weiterer Besitz nur von deiner Gunst abhängt

Cäsar. Betrachte, wie Anton den Riß erträgt
Und was sein ganz Benehmen dir verkündet
In jeder äußern Regung.
Thyreus. Zähl auf mich.

(*Alle ab.*)

ELFTE SZENE

Alexandrien. Ein Zimmer im Palast
Es treten auf Cleopatra, Enobarbus, Charmion und Iras

Cleopatra. Was bleibt uns jetzt noch übrig?
Enobarbus. Denken – sterben.
Cleopatra. Hat dies Antonius – haben wir's verschuldet?
Enobarbus. Anton allein, der seinen Willen machte
Zum Herrscher der Vernunft. Nun, floht Ihr auch
Des Kriegs furchtbares Antlitz, des Geschwader
Einander schreckten: weshalb folgt' er Euch?
Da durfte seiner Neigung Kitzel nicht
Sein Feldherrntum besiegen, im Moment,
Da halb die Welt der andern Hälfte trotzte
Und alles ruht' auf ihm! Das war ein Schimpf,
So groß als sein Verlust, als er Euch nachzog
Und ließ die Flotte gaffend.
Cleopatra. Bitt dich, schweig! –

Antonius tritt auf mit Euphronius.

Antonius. Dies seine Antwort?
Euphronius. Ja, mein Herr.
Antonius. Die Königin
Soll also Gunst erfahren, wenn sie uns
Verraten will?
Euphronius. So ist es.
Antonius. Nun, so sag ihr's,
Schick dies ergrau'nde Haupt dem Knaben Cäsar,
Dann füllt er dein Begehren bis zum Rand
Mit Fürstentümern.
Cleopatra. Dieses Haupt, mein Feldherr?
Antonius. Geh wieder hin. Sag ihm, der Jugend Rose

Schmück ihn, und Großes fordre drum die Welt
Von ihm. – All seine Schätze, Flotten, Heere
Könnt auch ein Feigling haben, dessen Diener
Auf eines Knaben Wort so leicht wohl siegten
Als unter Cäsar: drum entbiet ich ihm,
Sein glänzend Außenwerk beiseit zu tun,
Mit mir Gebeugtem Schwert um Schwert zu fechten,
Er ganz allein. Ich will es schreiben: – Komm.
(Antonous mit Euphronius ab.)
Enobarbus. O ja! Recht glaublich! Cäsar, heeresmächtig,
Sollte sein Glück vernichten, mit dem Fechter
Den Bühnenkampf versuchen? Ich seh, Verstand
Der Menschen ist ein Teil von ihrem Glück,
Und äußre Dinge ziehn das innre Wesen
Sich nach, daß eines wie das andre krankt. –
Daß er sich's träumen läßt,
(Der das Verhältnis kennt) die Fülle Cäsars
Soll seiner Leerheit Rede stehn!
Auch den Verstand hat Cäsar ihm besiegt.
Ein Diener kommt.
Diener. Botschaft vom Cäsar! –
Cleopatra. Wie? Nicht mehr Gepränge?
Seht, meine Fraun,
Die zeigen Ekel der verblühten Rose,
Die vor der Knospe knieten. Laßt ihn ein.
Enobarbus (beiseite). Die Redlichkeit und ich beginnen Händel:
Die Pflicht, die fest an Toren hält, macht Treue
Zur Torheit selbst: doch wer ausdauern kann,
Standhaft zu folgen dem gefallnen Fürsten,
Besiegte den, der seinen Herrn besiegt,
Und erntet einen Platz in der Historie.
Thyreus tritt auf.
Cleopatra. Was sendet Cäsar?
Thyreus. Hört mich allein.
Cleopatra. Hier stehn nur Freunde: redet!
Thyreus. Dann sind's vermutlich Freunde Mark Antons?
Enobarbus. Anton bedarf soviel als Cäsar hat,

Oder bedarf nicht unser. Fordert's Cäsar,
So stürzt mein Herr ihm zu, sein Freund zu sein:
Und wir sind des, dem er gehört, des Cäsar.

Thyreus. Wohlan: –
Vernimm dann, Hochgerühmte, Cäsar wünscht,
Nicht dein Geschick mögst du so sehr bedenken,
Als daß er Cäsar sei.

Cleopatra. Fahr fort: recht fürstlich!

Thyreus. Er weiß, du hast dich dem Anton verbündet,
Aus Neigung minder als gezwungen ...

Cleopatra. (*beiseite*). O!

Thyreus. Die Kränkung deiner Ehre drum beklagt er
Als unfreiwillge Schmach, die du erduldet
Und nicht verdient. –

Cleopatra. Er ist ein Gott und sieht
Die Wahrheit. Meine Ehr ergab sich nicht,
Nein, ward geraubt.

Enobarbus (*beiseite*). Das recht genau zu wissen,
Frag ich Anton. Du Armer wardst so leck,
Wir müssen dich versinken lassen, denn
Dein Liebstes wird dir treulos! – (*Ab*).

Thyreus. Meld ich Cäsarn,
Was du von ihm begehrst? Er bittet dich,
Du mögest fordern, daß er geb, es freut ihn,
Willst du sein Glück als einen Stab gebrauchen,
Dich drauf zu stützen; doch sein Herz wird glühn,
Erfährt er, daß du Mark Anton verließest
Und willst dich bergen unter seinem Schirm,
Des großen Weltgebieters.

Cleopatra. Wie ist dein Name?

Thyreus. Mein Nam ist Thyreus.

Cleopatra. Lieber Abgesandter,
Dem großen Cäsar sag an meiner Statt:
Ich küß des Siegers Hand; sag, meine Krone
Leg ich zu Füßen ihm und wolle kniend
Von seinem mächtgen Hauch Ägyptens Schicksal
Vernehmen.

Thyreus. Diesen edlen Weg verfolge.
   Wenn Klugheit mit dem Glück den Kampf beginnt,
   Und jene wagt nur alles, was sie kann,
   Ist ihr der Sieg gewiß. Laß huldreich mich
   Auf deiner Hand der Ehrfurcht Pflicht besiegeln! —
Cleopatra. Der Vater Eures Cäsar
   Hat oft, wenn er auf Sturz der Kön'ge sann,
   Auf den unwürdgen Fleck den Mund gedrückt
   Mit tausend Küssen.
            Antonius und Enobarbus kommen zurück.
Antonius. Ha! Zärtlichkeiten! Bei dem Zeus, der donnert,
   Wer bist du, Mensch?
Thyreus. Ein Diener dem Gebot
   Des allergrößten Manns, des würdigsten,
   Sein Wort erfüllt zu sehn.
Enobarbus (beiseite). Man wird dich peitschen.
Antonius. Herbei ihr! – Geier du! – Götter und Teufel,
   Mein Ansehn schmilzt! Noch jüngst rief ich nur: *Ho!*
   Und Kön'ge rannten, wie zum Raufen Buben,
   Und riefen: *Was befehlt Ihr?* Hört ihr's? Noch
   Bin ich Anton. – Nehmt mir den Kerl und peitscht ihn!
Enobarbus. Ihr spielt noch sichrer mit des Löwen Jungen
   Als mit dem alten sterbenden.
Antonius. Mond und Sterne! –
   Peitscht ihn! und wären's zwanzig Bundesfürsten,
   Die Cäsarn anerkennen; fänd ich sie
   Mit ihrer Hand so frech – wie heißt sie doch,
   Seit sie nicht mehr Cleopatra? Geht, peitscht ihn,
   Bis er sein Angesicht verzieht wie Knaben
   Und wimmert laut um Gnade. Führt ihn fort.
Thyreus. Antonius ...
Antonius. Schleppt ihn weg; ist er gepeitscht,
   Bringt ihn zurück. Der Narr des Cäsar soll
   Uns ein Gewerb an ihn bestellen.
            (Gefolge mit dem Thyreus ab.)
   Ihr wart halb welk, eh ich Euch kannte: Ha! –
   Ließ ich mein Kissen ungedrückt in Rom,

Entsagt ich der Erzeugung echten Stamms
Vom Kleinod aller Fraun, daß diese hier
Mit Sklaven mich beschimpfe?

Cleopatra. Teurer Herr!...

Antonius. Ihr wart von jeher ungetreu und falsch.
Doch wenn wir in der Sünde uns verhärtet,
O Jammer! dann verblenden unsre Augen
Mit eignem Schmutz die Götter; trüben uns
Das klare Urteil, daß wir unsern Irrtum
Anbeten; lachen über uns, wenn wir
Zum Tode hin stolzieren!

Cleopatra. Kam's so weit?

Antonius. Ich fand Euch, einen kaltgewordenen Bissen
Auf Cäsars Teller, ja ein Überbleibsel
Cnejus Pompejus'; andrer heißer Stunden
Gedenk ich nicht, die Eure Lust sich auflas
Und nicht der Leumund nennt; denn ganz gewiß,
Wenn ihr auch ahnen mögt, was Keuschheit sei,
Ihr habt sie nie gekannt! –

Cleopatra. Was soll mir das?

Antonius. Daß solch ein Sklav, der wohl ein Trinkgeld nimmt
Und spricht: *Gott lohn Euch!* keck sich wagt an meine
Gespielin, Eure Hand, dies Königssiegel
Und großen Herzen Pfand! O daß ich stände
Auf Basans Hügel, die gehörnte Herde
Zu überbrüllen! Ward ich doch zum Stier[1].
Dies sanft verkünden, wär wie ein armer Sünder,
Der mit umstricktem Hals dem Henker dankt,
Daß er's so rasch gemacht. – Ward er gepeitscht? –

Diener kommen mit Thyreus zurück.

Diener. Recht derb, mein Feldherr.

Antonius. Schrie er? fleht' um Gnade? –

Diener. Er bat um Schonung.

Antonius. Hast du 'nen Vater noch, der soll's bereun,
Daß du kein Weib geworden. Dir sei angst,

---

1. Wörtlich: denn ich hab wilde Ursach

DRITTER AUFZUG · ELFTE SZENE

Cäsarn in seinem Glück zu folgen, seit
Du für dein Folgen wardst gepeitscht. Fortan
Schreck dich in Fieber jede Damenhand
Und schüttle dich der Anblick. Geh zum Cäsar,
Erzähl ihm deinen Willkomm; sag ihm ja,
Daß er mich zornig macht: er scheint voll Hochmut
Und Stolz, nur dessen denkend, was ich bin,
Vergessend, was ich war. Er macht mich zornig;
Und dazu kommt es leicht in dieser Zeit,
Seit gute Sterne, die mich sonst geführt,
Verließen ihre Bahn und ihren Glanz
Zum Pfuhl der Hölle sandten. Steht mein Wort
Und was geschehn Cäsarn nicht an, sag ihm,
Hipparchus, meinen Freigelaßnen, hab er,
Den soll nach Lust er peitschen, hängen, foltern,
Dann ist er wett mit mir: so zeig ihm an. –
Nun fort mit deinen Striemen! – Geh! –
             (Thyreus ab).
Cleopatra. Seid ihr zu Ende?
Antonius. Ach! unser irdscher Mond
  Ist nun verfinstert, und das deutet nur
  Den Fall des Mark Anton!
Cleopatra. Ich muß schon warten.
Antonius. Cäsarn zu schmeicheln, konntest du liebäugeln
  Dem Sklaven der den Gurt ihm schnallt?
Cleopatra. Das glaubst du?
Antonius. Kalt gegen mich?
Cleopatra. Ah, Teurer, ward ich das,
  Verhärte Zeus mein kaltes Herz zu Hagel;
  Vergift ihn im Entstehn und send auf mich
  Die erste Schloße: und wie sie zerfließt,
  So schmelz mein Leben hin; Cäsarion töte
  Die nächst und das Gedächtnis meines Schoßes,
  Und nach und nach mein ganz Ägyptervolk,
  Lieg ohne Grab, wenn der kristallne Regen
  Zergeht, bis Nilus' Mücken sie und Fliegen
  Als Raub bestatteten!

Antonius. Ich bin befriedigt. —
Cäsar rückt vor von Alexandria;
Da will ich ihn erwarten. Unser Landheer
Hielt rühmlich stand; auch die zerstreuten Schiffe
Sind nun vereint und drohn im Meer als Flotte. —
Wo warst du, kühnes Herz? ... Hörst du, Geliebte!
Wenn ich vom Schlachtfeld nochmals wiederkehre,
Den Mund zu küssen, komm ich ganz in Blut.
Mich und mein Schwert soll einst die Chronik preisen;
's ist noch nicht aus! —
Cleopatra. Das ist mein wackrer Held! —
Antonius. Ich will verdoppeln Herz und Mut und Sehnen
Und wütig fechten, Sonst, als meine Zeit
Noch leicht und hell, erkauft' ein Mann sein Leben
Durch einen Scherz; nun setz ich ein die Zähne,
Zur Höll entsendend, was mich aufhält. Kommt,
Noch einmal eine wilde Nacht; ruft mir
All meine ernsten Führer; füllt die Schalen,
Die Mitternacht noch einmal wegzuspotten! —
Cleopatra. 's ist mein Geburtstag;
Ich wollt ihn still begehn, doch da mein Herr
Antonius wieder ward, bin ich Cleopatra.
Antonius. Es geht noch alles gut.
Cleopatra. Ruft alle tapfern Führer meines Herrn!
Antonius. Tut das, ich sprech sie an. Heut nacht soll Wein
Aus ihren Narben glühn. Kommt Königin,
Hier ist noch Saft! Und kämpf ich morgen, soll
Der Tod in mich verliebt sein; denn wetteifern
Will ich mit seiner völkermäh'nden Sichel.
  (*Antonius mit Cleopatra und Gefolge ab.*)
Enobarbus. Den Blitz nun übertrotzt er. Tollkühn sein
Heißt aus der Furcht geschreckt sein: so gelaunt,
Hackt auf den Weih die Taub; und immer seh ich,
Wie unserm Feldherrn der Verstand entweicht,
Wächst ihm das Herz. Zehrt Mut das Urteil auf,
Frißt er das Schwert, mit dem er kämpft. Ich sinne,
Auf welche Art ich ihn verlassen mag. (*Ab*).

VIERTER AUFZUG

Erste Szene

Cäsars Lager bei Alexandrien
Cäsar, einen Brief lesend, Agrippa, Mäcenas und andre treten auf

Cäsar. Er nennt mich Knabe; schilt, als hätt er Macht,
Mich von hier wegzuschlagen; meinen Boten
Peitscht' er mit Ruten; bot mir Zweikampf an:
Anton dem Cäsar! Wiß es, alter Raufer,
Es gibt zum Tod noch andre Weg'; indes
Verlach ich seinen Aufruf.
Mäcenas. Denkt, o Cäsar,
Wenn ein so Großer rast, werd er gejagt
Bis zur Erschöpfung. Komm er nicht zu Atem,
Nutzt seinen Wahnsinn; nimmer hat die Wut
Sich gut verteidigt.
Cäsar. Tut den Führern kund,
Daß morgen wir die letzte vieler Schlachten
Zu fechten denken. In den Reihn der Unsern
Sind, die noch kürzlich dienten Mark Anton,
Genug, ihn einzufangen. Dies besorgt
Und gebt dem Heer ein Mahl. Wir haben Vorrat,
Und sie verdienten's wohl. Armer Antonius! –
(Gehn ab.)

Zweite Szene

Alexandrien. Ein Zimmer im Palast
*Es treten auf Antonius, Cleopatra, Enobarbus, Charmion, Iras,
Alexas und andre*

Antonius. Er schlug den Zweikampf aus, Domitius?
Enobarbus. Ja.
Antonius. Und warum tat er's?
Enobarbus. Er meinte, weil er zehnmal glücklicher,
Sei er zehn gegen einen.

Antonius. Morgen schlag ich
 Zu Meer und Land; dann leb ich oder bade
 Die sterbende Ehr in solchem Blute, das
 Ihr neues Leben schafft. Wirst du brav einhaun?
Enobarbus. Fechten und schrein: jetzt gilt's! –
Antonius. Brav! Geh, mein Freund,
 Ruf meine Diener. Laßt uns diese Nacht
 Recht fröhlich schmausen! – Gib mir deine Hand,
 Du warst ehrlich und treu: und so auch du,
 Und du, und du, und du: ihr dientet brav
 Und Kön'ge waren eure Kameraden.
Cleopatra. Was soll das?
Enobarbus (*beiseite*).
 Der Grillen eine, die der Gram hervortreibt
 Aus dem Gemüt.
Antonius. Und ehrlich bist auch du. –
 Würd ich in euch, die vielen, doch verwandelt,
 Und ihr zusammen ausgeprägt zu einem
 Antonius, daß ich euch könnte dienen,
 So bündig, wie ihr mir!
Diener. Verhüt es Gott!
Antonius. Gut denn, Kamraden; heut bedient mich noch,
 Füllt fleißig meine Becher, ehrt mich so,
 Als wäre noch mein Weltreich eur Kamrad
 Und folgsam meinem Ruf.
Cleopatra. Was sinnt er nur?
Enobarbus. Zum Weinen sie zu bringen.
Antonius. Pflegt mich heut;
 Kann sein, es ist das eure letzte Pflicht!
 Wer weiß, ob ihr mich wiedersehт, und tut ihr's,
 Ob nicht als blutgen Schatten; ob nicht morgen
 Ihr einem andern folgt. Ich seh euch an,
 Als nähm ich Abschied. Ehrliche, liebe Freunde,
 Ich stoß euch nicht von mir, nein, bleib eur Herr,
 Vermählt bis in den Tod so treuem Dienst. –
 Dient mir zwei Stunden noch, mehr bitt ich nicht,
 Und lohnen's euch die Götter! –

Enobarbus. Herr, was macht Ihr,
 Daß Ihr sie so entmutigt? Seht, sie weinen,
 Ich Esel rieche Zwiebeln auch; ei schämt Euch
 Und macht uns nicht zu Weibern! —
Antonius. Ha, ha, ha! —
 So will ich doch verhext sein, meint ich das!
 Heil sprieße diesem Tränentau! Herzfreunde,
 Ihr nehmt mich in zu schmerzensvollem Sinn,
 Denn ich sprach euch zum Trost: ich wünschte ja,
 Daß wir die Nacht durchschwärmten[1]; wißt ihr, Kinder,
 Ich hoff auf morgen Glück und will euch führen,
 Wo ich ein siegreich Leben ehr erwarte
 Als Tod und Ehre. Kommt zum Mahle, kommt,
 Und alle Sorg ertränkt. (*Alle ab.*)

DRITTE SZENE

Daselbst vor dem Palast
Zwei Soldaten auf ihrem Posten treten auf

Erster Soldat. Bruder, schlaf wohl! auf morgen ist der Tag.
Zweiter Soldat. Dann wird's entschieden, so oder so: leb wohl! —
 Vernahmst du nichts Seltsames auf der Straße?
Erster Soldat. Nichts. Was geschah?
Zweiter Soldat. Vielleicht ist's nur ein Märchen; —
 Nochmals gut Nacht!
Erster Soldat. Gut Nacht, Kamrad!
   Zwei andre Soldaten kommen.
Zweiter Soldat. Soldaten,
 Seid ja recht wach!
Dritter Soldat. Ihr auch: gut Nacht, gut Nacht!
 (*Die beiden ersten Soldaten stellen sich auf ihren Posten.*)
Vierter Soldat. Hier stehn wir: wenn's nur morgen
 Der Flotte glückt, so hoff ich sehr gewiß,
 Die Landmacht hält sich brav.

---

1. Wörtlich: die Nacht mit Fackeln zu verbrennen

Dritter Soldat. Ein wackres Heer,
Voll Zuversicht. (*Hoboen unter der Bühne.*)
Vierter Soldat. Still! Welch ein Klingen?
Erster Soldat. Horch!
Zweiter Soldat. Hört!
Erster Soldat. In der Luft Musik?
Dritter Soldat. Im Schoß der Erde! –
Vierter Soldat. Das ist ein gutes Zeichen, meint ihr nicht?
Dritter Soldat. Nein!
Vierter Soldat. Stille, sag ich. Was bedeutet das?
Zweiter Soldat. Gott Herkules, den Mark Anton geliebt,
Und der ihn jetzt verläßt.
Erster Soldat. Kommt, laßt uns sehn,
Ob's auch die andern hörten.
(*Gehn zu den andern Posten.*)
Zweiter Soldat. Heda! Leute!
Alle Soldaten. Was ist das? Hört ihr's wohl?
Erster Soldat. Ja, ist's nicht seltsam?
Dritter Soldat. Hört ihr, Kamraden? Hört ihr's jetzt?
Erster Soldat. Folgt diesem Klang bis zu des Postens Grenze;
Seht, wie das abläuft.
Alle Soldaten. Ja, 's ist wunderbar! –
(*Gehn ab.*)

VIERTE SZENE

Daselbst. Ein Zimmer im Palast

Antonius und Cleopatra, Charmion und anderes Gefolge treten auf

Antonius. Eros! Die Rüstung, Eros!
Cleopatra. Schlaf ein wenig!
Antonius. Nein, Täubchen! Eros, komm; die Rüstung, Eros! –
Eros kommt mit der Rüstung.
Komm, lieber Freund, leg mir dein Eisen an.
Wenn uns Fortuna heut verläßt, so ist's,
Weil wir ihr trotzten.
Cleopatra. Sieh, ich helfe auch.
Wozu ist dies?

Antonius. Ah, laß doch! laß! du bist
Der Wappner meines Herzens. Falsch; so, so. –
Cleopatra. Geh, still; ich helfe doch – so muß es sein.
Antonius. Gut, gut;
Nun sieg ich sicher. Siehst du, mein Kamrad? –
Nun geh und rüst dich auch.
Eros. Sogleich, mein Feldherr. –
Cleopatra. Ist dies nicht gut geschnallt?
Antonius. O herrlich! herrlich! –
Wer dies aufschnallt, bis es uns selbst gefällt,
Es abzutun zur Ruh, wird Sturm erfahren. –
Du fuschelst, Eros: Flinkern Knappendienst
Tut meine Königin hier als du. Mach fort!
O Liebe,
Sähst du doch heut mein Kämpfen und verständest
Dies Königshandwerk, dann erblicktest du
Als Meister mich.
     Ein Hauptmann tritt auf, gerüstet.
Guten Morgen dir! Willkommen!
Du siehst dem gleich, der Krieges Amt versteht:
Zur Arbeit, die uns lieb, stehn früh wir auf
Und gehn mit Freuden dran.
Erster Hauptmann. Schon tausend, Herr,
So früh es ist, stehn in dem Kleid von Eisen
Und warten dein am Tor.
     (*Feldgeschrei, Kriegsmusik, Trompeten.*)
     Andre Hauptleute und Soldaten treten auf.
Zweiter Hauptmann.
Der Tag ist schön. Guten Morgen, General!
Alle. Guten Morgen, General!
Antonius. Ein edler Gruß[1]! –
Früh fängt der Morgen an, so wie der Geist
Des Jünglings, der sich zeigen will der Welt. –
So, so; kommt, gebt mir das; hieher: – so recht. –
Fahr wohl denn, Frau; wie es mir auch ergeht,

---

1. Wörtlich: gut geblasen, Burschen

Nimm eines Kriegers Kuß. Es wäre schimpflich
Und harten Tadels wert, wollt ich bestehn
Auf Förmlichkeit. Ich will verlassen jetzt
Dich wie ein Mann von Stahl. Die ihr wollt kämpfen
Folgt mir ganz dicht; ich führ euch hin. Lebt wohl! –

(*Antonius, Eros, Hauptleute und Soldaten ab.*)

Charmion. Wollt Ihr in Eur Gemach gehn?
Cleopatra. Führe mich. –
Er zieht hin wie ein Held. Oh, daß sich beiden
Der große Streit durch Zweikampf könnt entscheiden!
Dann, Mark Anton ... doch jetzt – Gut – fort! –

FÜNFTE SZENE

Antonius' Lager bei Alexandria

Trompeten. Antonius und Eros treten auf; ein Soldat begegnet ihnen

Soldat. Gebt heut, ihr Götter, dem Antonius Glück!
Antonius. Hättst du und deine Narben mich bestimmt,
Damals zu Land zu schlagen! ...
Soldat. Tatst du so,
Die abgefallnen Könige und der Krieger,
Der diesen Morgen dich verließ, sie folgten
Noch deinen Fersen.
Antonius. Wer ging heut morgen?
Soldat. Wer?
Dir stets der nächste. Ruf den Enobarbus,
Er hört nicht oder spricht aus Cäsars Lager:
«*Nicht dir gehör ich an!*»
Antonius. Was sagst du?
Soldat. Herr,
Er ist beim Cäsar.
Eros. Seine Schätz und Kisten
Nahm er nicht mit sich.
Antonius. Ist er fort?
Soldat. Gewiß.
Antonius. Geh, Eros; send ihm nach den Schatz. Besorg es,

Behalte nichts zurück, befehl ich; meld ihm
(Ich unterschreib es) Freundes Gruß und Abschied
Und sag, ich wünsch, er finde nie mehr Grund,
Den Herrn zu wechseln. O, mein Schicksal hat
Auch Ehrliche verführt! Geh! – – Enobarbus! –

(*Gehn ab.*)

SECHSTE SZENE

Cäsars Lager bei Alexandrien
Trompetenstoß. Es treten auf Cäsar, Agrippa, Enobarbus und andre

Cäsar. Rück aus, Agrippa, und beginn die Schlacht:
Anton soll lebend mir gefangen sein,
So tut es kund.
Agrippa. Cäsar, wie du befiehlst. (*Ab.*)
Cäsar. Die Zeit des allgemeinen Friedens naht,
Und sieg ich heut, dann sproßt von selbst der Ölzweig
Der dreigeteilten Welt.

Ein Bote tritt auf.

Bote. Antonius' Heer
Rückt an zur Schlacht. –
Cäsar. Geh hin und heiß Agrippa,
Die Überläufer vorn ins Treffen stellen,
Daß auf sich selbst Antonius seine Wut
Zu richten scheine.

(*Cäsar und Gefolge ab.*)

Enobarbus. Alexas wurde treulos: in Judäa,
Wohin Antonius ihn geschickt, verführt' er
Herodes, sich zum Cäsar hinzuneigen,
Abtrünnig seinem Herrn. Für diese Müh
Hat Cäsar ihn gehängt. Canidius und die andern,
Die übergingen, haben Anstellung,
Nicht ehrendes Vertraun. Schlecht handelt ich,
Und dessen klag ich mich so bitter an;
Werd nimmer froh.

Einer von Cäsars Soldaten tritt auf.

Soldat. Enobarbus, Mark Anton
 Hat deinen ganzen Schatz dir nachgesandt
 Dazu Geschenk'. – Zu meinem Posten kam
 Der Bote; der ist jetzt vor deinem Zelt
 Und lädt die Mäuler ab. –
Enobarbus. Ich schenk es dir! –
Soldat. Spotte nicht, Enobarbus;
 Ich rede wahr. Schaff nur in Sicherheit
 Den Boten fort; ich muß auf meinen Posten,
 Sonst hätt ich's selbst getan. Dein Imperator
 Bleibt doch ein Zeus! – (*Geht ab.*)
Enobarbus. Ich bin der einzge Bösewicht auf Erden
 Und fühl es selbst am tiefsten. O Anton,
 Goldgrube du von Huld, wie zahltest du
 Den treuen Dienst, wenn du die Schändlichkeit
 So krönst mit Gold! Dies schwellt mein Herz empor;
 Bricht's nicht ein schneller Gram, soll schnellres Mittel
 Dem Gram voreilen; doch Gram, ich fühl's, genügt.
 Ich föchte gegen dich? Nein, suchen will ich
 'nen Graben, wo ich sterben mag. – Der schmutzigste
 Ziemt meiner letzten Tat am besten. (*Ab.*)

Siebente Szene

Schlachtfeld zwischen den Lagern
Schlachtgeschrei. Trommeln und Trompeten. Agrippa und andre treten auf

Agrippa. Zurück! Wir haben uns zu weit gewagt,
 Selbst Cäsar hat zu tun; der Widerstand
 Ist stärker, als wir dachten. (*Gehn ab.*)
Schlachtgeschrei. Es treten auf Antonius und Scarus, verwundet.
Scarus. O tapfrer Imperator! das hieß fechten!
 Schlugen wir so zuerst, wir jagten sie
 Mit blutgen Köpfen heim.
Antonius. Du blutest sehr.
Scarus. Hier dieser Hieb glich anfangs einem T,

Nun ward daraus ein H.
Antonius. Sie ziehn zurück!
Scarus. Wir jagen sie bis in die Kellerlöcher[1]:
Ich habe Platz noch für sechs Schmarren mehr.
Eros tritt auf.
Eros. Sie sind geschlagen, Herr, und unser Vorteil
Ist gleich dem schönsten Sieg.
Scarus. Kerbt ihre Rücken
Und greift sie an den Fersen auf, wie Hasen;
Die Memmen klopfen ist ein Spaß.
Antonius. Dir lohn ich
Erst für dein kräftges Trostwort, zehnfach dann
Für deinen Mut. Nun komm.
Scarus. Ich hinke nach.

(*Alle ab.*)

ACHTE SZENE

Unter den Mauern von Alexandria
Schlachtgeschrei. Antonius im Anmarsch; mit ihm Scarus und Fußvolk

Antonius. Wir schlugen ihn ins Lager. Einer laufe,
Der Königin meld er unsre Gäste. Morgen,
Eh Sonn uns sieht, vergießen wir das Blut,
Das heut uns noch entkam. Ich dank euch allen;
Denn tüchtge Hände habt ihr, fochtet nicht
Als Diener nur der Sache, nein, als wär sie
Wie meine, jedes eigne: Alle wart ihr Hektors.
Zieht in die Stadt, herzt eure Freund' und Weiber,
Rühmt eure Tat, lasst sie mit Freudentränen
Eur Blut abwaschen, eure Ehrenwunden
Gesund euch küssen. (*Zum Scarus.*) Gib mir deine Hand!
Cleopatra tritt auf mit Gefolge.
Der großen Fee laß mich dein Lob verkünden,
Ihr Dank soll dich beseligen. Tag der Welt,

---

1. Im Original: Sitzlöcher

Umschließ den erznen Hals, spring, Schmuck und alles,
Durch festen Harnisch an mein Herz, und dort
Sieg prang auf seinem Klopfen! –
Cleopatra. Herr der Herrn! –
O unbegrenzter Mut! Kommst du so lächelnd
Und frei vom großen Netz der Welt?
Antonius. O Nachtigall,
Wir schlugen sie zu Bett! Ha, Kind! Ob Grau
Sich etwas mengt in junge Brau'n; doch blieb uns
Ein Hirn, das unsre Sehnen nährt, und Sieg
Für Sieg der Jugend abgewinnt. Schau diesen,
Reich seinen Lippen deine Götterhand;
Küß sie, mein Krieger: der hat heut gefochten,
Als ob ein Gott, dem Menschenvolk verderblich,
In *der* Gestalt es würgte.
Cleopatra. Du bekommst
Eine Rüstung ganz von Gold: ein König trug sie!
Antonius. Er hat's verdient: wär sie auch voll Karfunkeln,
Wie Phöbus' heilger Wagen. – Deine Hand!
Durch Alexandria in freudgem Marsch
Tragt den zerhackten Schild, wie's Helden ziemt.
Hätt unser großer Burghof Raum genug
Für dieses Heer, wir zechten dort zu Nacht
Und tränken auf des nächsten Tages Glück
Und königliche Todsgefahr. Drommeten,
Betäubt mit erznem Schall das Ohr der Stadt,
Mischt euch mit unsrer Trommeln Wirbelschlag,
Daß Erd und Himmelsschall zusammen dröhnen
Und unsre Ankunft grüßen. (*Gehn ab.*)

Neunte Szene

Cäsars Lager
Schildwachen auf ihren Posten. Enobarbus tritt auf

Erster Soldat. Sind wir nicht abgelöst in einer Stunde,
So müssen wir zurück zur Wacht. Der Mond
Scheint hell, und wie es heißt, beginnt die Schlacht

Früh um die zweite Stunde.
Zweiter Soldat. Gestern war
  Ein schlimmer Tag für uns! —
Enobarbus. Nacht, sei mein Zeuge!
Dritter Soldat. Wer ist der Mann?
Zweiter Soldat. Sei still und horch auf ihn.
Enobarbus. Bezeige mir's, o segensreicher Mond,
  Wenn einst die Nachwelt treuvergeßner Männer
  Mit Haß gedenkt — der arme Enobarbus
  Bereut vor deinem Antlitz.
Erster Soldat. Enobarbus!
Dritter Soldat. Still da! Horcht weiter! —
Enobarbus. Du höchste Herrscherin wahrhafter Schwermut,
  Den giftgen Tau der Nacht gieß über mich,
  Daß Leben, meinem Willen längst empört,
  Nicht länger auf mir laste! Wirf mein Herz
  Wider den harten Marmor meiner Schuld!
  Gedörrt von Gram zerfall es dann in Staub,
  Mit ihm der böse Sinn! O Mark Antonius,
  Erhabner, als mein Abfall schändlich ist,
  Vergib du mir in deinem eignen Selbst,
  Doch laß die Welt mich zeichnen in die Reihn
  Der flüchtgen Diener und der Überläufer! —
  O Mark Anton! O Mark Anton! — (*Er stirbt.*)
Zweiter Soldat. Kommt, redet
  Ihn an.
Erster Soldat. Nein, horcht, denn was er sagt,
  Kann Cäsarn angehn.
Zweiter Soldat. Du hast recht. Doch schläft er.
Erster Soldat.
  Liegt wohl in Ohnmacht; denn so schlimmes Beten
  Ging keinem Schlaf voran.
Zweiter Soldat. Gehn wir zu ihm.
Dritter Soldat. Erwacht, erwacht, Herr. Redet!
Zweiter Soldat. Hört Ihr, Herr?
Erster Soldat.
  Die Hand des Tods ergriff ihn. Hört! die Trommel

Weckt feierlich die Schläfer; kommt und tragt ihn
Zur Wach: er ist von Ansehn. Unsre Stunde
Ist abgelaufen.
Dritter Soldat. Nun, so kommt; vielleicht
Erholt er sich.
(*Gehn ab und tragen den Körper fort.*)

ZEHNTE SZENE

Zwischen den zwei Lagern
Es treten auf Antonius und Scarus mit Truppen

Antonius. Heut rüsten sie sich auf den Kampf zur See,
Zu Land gefalln wir ihnen nicht.
Scarus. Herr, nirgend! –
Antonius. Und kämpften sie in Feuer oder Luft,
Wir föchten dort auch. Doch *so* sei's: das Fußvolk
Dort auf den Hügeln um die Stadt, das bleibt
Bei mir; die Flotte hat Befehl, der Hafen
Ward schon von ihr verlassen. Nun hinan,
Wo ihre Stellung wird erspäht am besten
Und jegliche Bewegung.
(*Gehn weiter.*)

Cäsar kommt mit seinen Truppen.[1]

Cäsar. Greift er nicht an (und kaum vermut ich es),
So bleibt zu Lande ruhig: seine Hauptmacht
Entsandt er auf die Schiffe. Nun zur Niedrung,
Und haltet euch aufs beste.
(*Gehn ab.*)

Antonius und Scarus kommen zurück.

Antonius. Noch trafen sie sich nicht! Dort bei der Fichte
Kann ich's ganz übersehn: gleich meld ich dir,
Wie es sich anläßt. (*Ab.*)
Scarus. Schwalben nisteten

---

1. Englische Ausgaben setzen für die vier folgenden Verse eine besondere Szene an.

In den ägyptschen Segeln. Unsre Augurn
Verstummen, wolln nichts wissen, blicken finster
Und scheun zu reden, was sie sahn. Antonius
Ist mutig und verzagt, und fieberhaft
Gibt ihm sein launisch Glück bald Furcht, bald Hoffnung
Des, was er hat und nicht hat.
Schlachtgetöse in der Ferne wie von einem Seetreffen.
Antonius kommt zurück.
Antonius. Alles hin!
Die schändliche Ägypterin verriet mich;
Dem Feind ergab sich meine Flotte: dort
Schwenken sie ihre Mützen, zechen sie
Wie Freunde, lang getrennt. Dreifache Hure!
Du hast dem Knaben mich verkauft! Mein Herz
Führt Krieg mit dir allein. – Heiß alle fliehn!
Denn wenn ich mich gerächt an meinem Zauber,
Bin ich zu Ende: Geh! heiß alle fliehn! –
(Scarus ab.)
O Sonne! Nimmer seh ich deinen Aufgang!
Ich und Fortuna scheiden hier: – hier grade schütteln
Die Hand wir uns! Kam es dahin! Die Herzen,
Die hündisch mir gefolgt, die jeden Wunsch
Von mir erlangten,
Die schmelzen hin und tauen ihre Huld
Auf den erblühnden Cäsar;
Und abgeschält nun steht die Fichte da,
Die alle überragt! Ich bin verkauft!
O falsch ägyptisch Herz! o arger Zauber!
Du winktest mich zum Krieg, du zogst mich heim;
Dein Busen war mein Diadem, mein Ziel;
Und du, ein echt Zigeunerweib, betrogst mich
Beim falschen Spiel um meinen ganzen Einsatz!
He, Eros! Eros!
Cleopatra kommt.
Ah du Blendwerk! Fort!
Cleopatra. Was tobt mein Freund so gegen die Geliebte?
Antonius. Entfleuch, sonst zahl ich dir verdienten Lohn

Und schände Cäsars Siegeszug. Nehm er dich;
Hoch aufgestellt den jauchzenden Plebejern,
Folg seinem Wagen als der größte Fleck
Des Fraungeschlechts! – Laß dich als Monstrum zeigen
Den schäbigsten Geselln und Tölpeln; laß
Die sanfte Octavia dein Gesicht zerfurchen
Mit scharfen Nägeln. (*Cleopatra ab.*) – Gut, daß du gegangen,
Wenn's gut ist, daß du lebst; doch besser war's,
Du fielest meiner Wut: der *einen* Tod
Erhielt am Leben viele. – Eros, ha!
Des Nessus Hemd umschließt mich! Lehre mich,
Alcides, großer Ahnherr, deine Wut;
Laß mich ans Horn des Monds den Lichas schleudern
Und diese Hand, die Riesenkeulen schwang,
Mein edles Selbst zerstören. Tod der Zaubrin!
Dem Knaben Roms gab sie mich preis; ich falle
Durch diesen Trug! drum Tod ihr! – Eros, ho! – (*Ab.*)

Elfte Szene

Alexandrien. Zimmer im Palast
Cleopatra, Charmion, Iras und Mardian treten auf

Cleopatra. Helft mir! o er rast mehr als Telamon
Um seinen Schild; der Eber von Thessalien
Hat niemals so geschäumt.

Charmion. Zum Monument!
Da schließt Euch ein, meldet ihm Euern Tod.
Mehr schmerzt das Scheiden nicht von Seel und Leib
Als Größe, die uns abfällt.

Cleopatra. Hin zum Grabmal!
Mardian, geh, sag ihm, ich erstach mich selbst;
Sag ihm, mein letztes Wort war Mark Anton;
Und recht wehmütig sprich's: ich bitt dich. Geh,
Mardian, und melde mir, wie er es nimmt.
Zum Monument!

(*Alle ab.*)

ZWÖLFTE SZENE

Daselbst. Ein anderes Zimmer
Antonius und Eros treten auf

Antonius. Eros, siehst du mich noch?
Eros. Ja, hoher Feldherr.
Antonius. Oft sehn wir eine Wolke drachenhaft,
Oft Dunstgestalten gleich dem Leu, dem Bär,
Der hochgetürmten Burg, dem Felsenhang,
Gezackter Klipp und blauem Vorgebirg,
Mit Bäumen drauf, die nicken auf die Welt,
Mit Luft die Augen täuschend: solche Zeichen sahst du,
Des dunkeln Abends Prachtgebilde.
Eros. Ja,
Mein edler Herr.
Antonius. Was jetzt ein Pferd noch war, im nächsten Nu
Verschwemmt's der Wolkenzug, unkenntlich wird's,
Wie Wasser ist im Wasser. –
Eros. Ja, so ist's.
Antonius. Mein guter Freund, solch einem Bilde gleicht
Dein Feldherr jetzt. Noch bin ich Mark Anton;
Doch bleibt mir nicht, mein Freund, dies Lebensbild.
– Der Krieg war für Ägypten – und die Königin –
Ihr Herz, wähnt ich, war mein, denn meins war ihr –
Und als es mein, da zog's Millionen andre
Mir nach, die jetzt dahin – sie hat, mit Cäsarn
Die Karten mischend, treulos meinen Ruhm
Dem Trumpf des Feindes zugespielt.
Nein, lieber Eros! Weine nicht! Es blieb noch
Ich selbst, mit mir zu enden. O die Arge! –

Mardian kommt.

Sie hat mein Schwert gestohlen!
Mardian. Nein, Antonius,
Meine Herrin liebte dich und knüpft' ihr Schicksal
An deines fest.
Antonius. Fort, frecher Hämling, schweig;

Verraten hat sie mich, und sie soll sterben.
Mardian. Den Tod kann jeder Mensch nur einmal zahlen;
Sie hat die Schuld getilgt. Was du gewollt,
Ist schon vollbracht. Ihr letztes Wort im Leben
War: «Mark Antonius, edler Mark Anton!» –
Dann brach ein stöhnend Ächzen mitten durch
Das Wort Antonius; es blieb geteilt
So zwischen Herz und Lippen: sie verschied
Und ward des Namens Grab.
Antonius. Tot also?
Mardian. Tot.
Antonius. – – Eros, entwaffne mich,
Des langen Tages Arbeit ist getan,
Ich geh zur Ruh. Daß du in Frieden ziehn magst,
Zahlt reichlich deinen Gang. Fort! Ab! Reiß ab! –
     (*Mardian geht.*)
Nicht Ajax' siebenfältger Schild bewahrte
Vor diesem Sturm mein Herz. O brecht, ihr Seiten!
Herz, diesmal stärker sei als deine Hülle,
Spreng dein zerbrechlich Haus! Schnell, Eros, schnell!
Kein Krieger mehr! Lebt wohl, zerschlagne Waffen,
Ihr dientet mir in Ehren. – Geh ein Weilchen! –
     (*Eros ab.*)
Ich hole bald dich ein, Cleopatra,
Und weine um Verzeihung: also sei's.
Aufschub ist Folter; da dein Licht erlosch,
Ruh aus, schweife nicht länger. Jetzt verdirbt
Alles Bemühn das Werk: Kraft selber wird verstrickt
Durch Kraft... Das Siegel drauf, und dann ist's gut! –
Eros! – ich komme Königin! Eros! – Weile noch;
Wir wolln dahin, wo Seelen ruhn auf Blumen,
Mit munterm Schritt die Geister staunen machen.
Dido und ihr Äneas stehn verlassen,
Und alles schwärmt uns nach. Komm, Eros! Eros!
     Eros kommt zurück.
Eros. Was ruft mein Herr?
Antonius. Seit sie vorangegangen,

VIERTER AUFZUG · ZWÖLFTE SZENE

Lebt ich in solcher Schmach, daß meine Feigheit
Den Göttern ward zum Abscheu. Ich, des Schwert
Die Welt geteilt, der auf des Meeres Wogen
Aus Schiffen Städte schuf, bin nun verdammt,
Dem Weib an Mut zu weichen, minder kühn
Als sie, die sterbend unserm Cäsar sagt:
«*Ich überwand mich selbst.*» Du schwurst mir, Eros,
Käm es zum Äußersten – (und wahrlich, jetzt
Kam es so weit) und wenn ich hinter mir
Die unvermeidliche Verfolgung sähe
Von Schmach und Grauen: dann, auf mein Geheiß,
Wolltst du mich töten. Tu's! die Zeit ist da!
Nicht triffst du *mich*, den Cäsar schlägst du nieder.
Ruf Farb auf deine Wangen.
Eros. Götter! Nein!
Sollt ich das tun, was alle Partherspeere,
Ob feindlich, nicht vermocht, ihr Ziel verfehlend?
Antonius. Mein Eros,
Möchtst du am Fenster stehn im großen Rom
Und deinen Feldherrn schaun, verschränkt den Arm,
Geneigt den unterjochten Hals, sein Antlitz
Durchglüht von Scham, indes der Siegerwagen
Cäsars des Glücklichen, die Feigheit dessen
Der nachfolgt, brandmarkt?
Eros. Nimmer möcht ich's schaun.
Antonius. So komm, mit einer Wunde heilst du mich.
  Zieh dies dein wackres Schwert, das du geführt
So nützlich für dein Land.
Eros. O Herr, verzeiht mir!
Antonius. Als ich dich frei ließ, schwurst du's damals nicht,
Zu tun, wenn ich's verlangte? Tu's mit eins,
Sonst wird dein früher treuer Dienst durchaus
Gedankenloser Zufall. Zieh, und schnell!
Eros. So wende denn von mir das edle Antlitz,
Aus dem die Majestät des Weltalls blickt!
Antonius. Wohlan! (*Wendet sich ab.*)
Eros. Ich zog das Schwert.

Antonius. Vollende dann mit eins,
Weshalb du's zücktest.
Eros. Mein geliebter Herr,
Mein Held, mein Imperator! Nun sag ich
Vor diesem blutgen Streich dir Lebewohl!
Antonius. Du sprachst es, Lieber: leb denn wohl! —
Eros. Leb wohl, mein Feldherr. Stoß ich jetzt?
Antonius. Ja, Eros.
Eros. Nun, so dann: so entrinn ich denn der Qual,
Antonius' Tod zu sehn. (*Fällt in sein Schwert.*)
Antonius. O dreimal edler du als ich!
Du lehrtest mich, mein tapfrer Eros, was
Ich sollt und du nicht konntest. Meine Königin
Und du gewannet durch ein tapfres Beispiel
Vor mir den Ruhmesplatz. Nun will ich sein
Ein Bräutigam dem Tod und zu ihm eilen,
Wie zu der Liebsten Bett. Wohlan! Und Eros,
Dein Meister stirbt dein Schüler: das zu tun
            (*Fällt in sein Schwert.*)
Lernt ich von dir ... Was? — Nicht tot? Nicht tot? Wache!
O endet nun mit mir! —
            Dercetas kommt mit Wache.
Erste Wache. Was für ein Lärm?
Antonius. Ich machte schlecht mein Werk; vollendet, Freunde,
Was ich begonnen.
Zweite Wache. Unser Stern ging unter!
Erste Wache. Und unsre Zeit ist aus!
Alle. Weh allen! Weh! —
Antonius. O, wer mich lieb hat, töte mich!
Erste Wache. Nicht ich.
Zweite Wache. Ich auch nicht.
Dritte Wache. Keiner hier! (*Wachen gehn ab.*)
Dercetas. Dein Tod und Schicksal scheucht die Freunde weg. —
Cäsarn dies Schwert mit dieser Post nur zeigen,
Verschafft mir Würden.
            Diomedes tritt auf.
Diomedes. Wo ist Anton?

Dercetas. Hier, Diomed.
Diomedes. Lebt er?
 Willst du nicht Antwort geben? (*Dercetas geht.*)
Antonius.
 Diomed, bist du's? o zieh dein Schwert und gib mir
 Den Todesstreich!
Diomedes. Erhabenster Gebieter,
 Cleopatra, meine Fürstin, sandte mich.
Antonius. Wann schickte sie?
Aiomedes. Jetzt eben, Herr.
Dntonius. Wo ist sie?
Diomedes. In ihrem Grabmal. Ein prophetisch Ahnen
 Weissagt' ihr, was geschehn. Denn als sie sah
 (Was nimmer sich bewähren wird) Euch mißtraun,
 Sie halt es mit dem Cäsar, und Eur Grimm
 Sei nicht zu sänftgen, gab sie sich für tot;
 Dann, fürchtend, wie Ihr's tragen möchtet, hieß sie
 Mich, Euch die Wahrheit künden: doch ich kam
 Zu spät, besorg ich.
Antonius. Zu spät, mein Diomed. Ruf mir die Wache! –
Diomedes. He, he! Des Feldherrn Wache! Wache, he!
 Kommt, eur Gebieter ruft.
 Einige von der Wache kommen zurück.
Antonius. Tragt mich zur Kön'gin, meine guten Freunde;
 Dies ist der letzte Dienst, den ich verlange.
Erste Wache. Weh über uns! Daß Ihr nicht überlebt
 All Eure treuen Diener!
Alle. Tag des Jammers!
Antonius.
 Nein, Kinder, schmeichelt nicht dem argen Schicksal;
 Gönnt ihm nicht euren Kummer; heißt willkommen,
 Was uns als Strafe naht, so strafet ihr's,
 Indem ihr's leicht ertragt. Nun hebt mich auf!
 Ich führt euch oft, nun tragt mich, liebe Freunde,
 Und nehmt für alles Dank! –
 (*Sie tragen den Antonius weg.*)

Dreizehnte Szene

Daselbst. Ein Monument
Cleopatra, Charmion und Iras erscheinen oben auf dem Monument

Cleopatra. O Charmion, ich gehe nie von hier.
Charmion. O tröstet Euch, Verehrte!
Cleopatra. Nein, ich will nicht;
  Entsetzen sei und Schrecknis mir willkommen,
  Doch Trost verschmähn wir: unsres Schmerzes Größe,
  Der Ursach gleich gemessen, sei so furchtbar,
  Als was ihn uns erregt.
   Diomedes tritt auf.
  Sprich, ist er tot?
Diomedes. Sein Tod schwebt über ihm, doch lebt er noch.
  Schaut nur nach jener Seite Eures Grabmals,
  Dort bringt ihn schon die Wache.
   Antonius wird von der Wache hereingetragen.
Cleopatra. O du Sonne,
  Verbrenne deine Sphäre! Dunkel lieg
  Der Wechselstrand der Welt[1]! Antonius, o,
  Anton, Anton, o Charmion hilf, hilf, Iras,
  Helft, Freunde, unten! Zieht herauf ihn!
Antonius. Still!
  Nicht Cäsars Kraft besiegte Mark Anton,
  Nein, Mark Anton erlag sich selber nur!
Cleopatra. So mußt es sein; Antonius konnt allein
  Anton bewältigen: doch weh dem Tag!
Antonius. Ich sterb, Ägypten, sterbe; nur ein Weilchen
  Laß ich den Tod noch warten, bis ich dir
  Von soviel tausend Küssen den armen letzten
  Auf deine Lippen drückte.
Cleopatra. Ich wag es nicht –
  O teurer Herr, vergib! – Ich wag es nicht,
  Sie fahn mich sonst. Nie diene ich als Schmuck

---

1. Sinn: zwischen Tag und Nacht wechselnd

Dem majestätschen Schaugepränge Cäsars,
Des Herrn des Glücks. Bleibt Messern, Giften, Schlangen
Nur Schärfe, Kraft und Stachel, bin ich sicher.
Eur Weib Octavia mit dem keuschen Blick
Und stillem Gleichmut soll nicht Ehr empfangen,
Indem sie streng mich ansieht. Komm, Antonius,
Helft, meine Fraun, wir ziehn dich hier herauf;
Faßt alle an.
Antonius. O schnell, sonst bin ich hin.
Cleopatra. O seltsam Spiel, wie schwer du wiegst, Geliebter!
All unsre Stärke ging in Schwermut unter,
Das mehrt die Last. Hätt ich der Juno Macht,
Merkur, der Kraftbeschwingte, höbe dich
Und setzte dich an Jovis Seite. Komm nur!
Wünschen war nimmer Torheit[1]: komm, komm, komm:
Willkommen, willkommen! Stirb nun, wo du lebtest,
Leb auf im Kuß! Vermöchten das die Lippen,
Wegküssen solltst du sie! –
Alle. O jammervoll!
Antonius. Ich sterb, Ägypten, sterbe! –
Reicht mir ein wenig Wein, daß ich noch rede! –
Cleopatra. Nein, laß mich reden, laß so laut mich schelten,
Bis sie, gekränkt, das falsche Weib Fortuna,
Ihr spinnend Rad zerbricht.
Antonius. Ein Wort, Geliebte:
Beim Cäsar such dir Schutz und Ehre ... Oh!
Cleopatra. Die gehn nicht miteinander.
Antonius. Hör mich, Liebe:
Von Cäsars Volk trau nur dem Proculejus.
Cleopatra. Ich trau auf meinen Mut und meine Hand,
Keinem von Cäsars Volk.
Antonius. Den jammervollen Wechsel und mein Sterben[2]
Beweint, beklagt sie nicht; stärkt Eur Gedächtnis

---

1. Im Original: *wishers were ever fools*
2. Genauer: beklagt nicht den jammervollen Wechsel des Glücks am Ende meiner Tage

An der Erinnrung meines frühern Glücks,
Das mich erhob zum ersten Weltgebieter,
Zum edelsten; und jetzt, nicht feige sterb ich,
Noch ehrlos, neige meinen Helm dem Landsmann,
Ein Römer, männlich nur besiegt vom Römer.
Jetzt nun entflieht mein Geist, ich kann nicht mehr.
   (*Er stirbt.*)
Cleopatra. O edelster der Männer! willst du scheiden?
So sorgst du nicht um *mich*? Aushalten soll ich
In dieser schalen Welt, die ohne dich
Nicht mehr ist als ein Viehstall? Seht, ihr Fraun,
Es schmilzt der Erde Krone! O mein Herr!
O, hingewelkt ist aller Siegeslorbeer,
Gestürzt des Kriegers Banner, Dirn und Knabe
Stehn jetzt den Männern gleich: kein Abstand mehr,
Nichts Achtungswertes bietet mehr sich dar
Unter dem späh'nden Mond. (*Sie fällt in Ohnmacht.*)
Charmion. O Fassung, Fürstin!
Iras. Sie stirbt auch, unsre Königin!
Charmion. Herrin!
Iras. Fürstin!
Charmion. O Fürstin, Fürstin, Fürstin! —
Iras. Ägyptens Krone, unsre Herrscherin!
Charmion. Still, Iras, still!
Cleopatra. Nichts mehr als bloß ein Weib, und untertan
So armem Schmerz als jede Magd, die melkt
Und niedern Hausdienst tut. Nun könnt ich gleich
Mein Zepter auf die bösen Götter schleudern
Und rufen: Diese Welt glich ihrer ganz,
Bis sie mein Kleinod stahlen! Nichtig alles!
Geduld ist läppisch, Ungeduld ziemt nur
Den tollgewordnen Hunden! Ist's dann Sünde,
Zu stürmen ins geheime Haus des Todes,
Eh Tod zu uns sich wagt? Was macht ihr, Mädchen?
Was, was? Getrost! Wie geht dir's, Charmion?
Ihr edlen Dirnen! Ach! — Seht, Weiber, seht,
Unsre Leucht erlosch, ist aus! Seid herzhaft, Kinder,

Begraben wolln wir ihn: was groß, was edel,
Vollziehn wir dann nach hoher Römer Art.
Stolz sei der Tod, uns zu empfangen! Kommt,
Dies Haus des Riesengeistes ist nun kalt!
Ach, Mädchen, Mädchen, kommt! In dieser Not
Blieb uns kein Freund, als Mut und schneller Tod.
(Geht ab. Antonius' Leiche wird oben weggetragen.)

FÜNFTER AUFZUG

Erste Szene

Cäsars Lager vor Alexandrien
*Es treten auf Cäsar, Agrippa, Dolabella, Mäcenas, Gallus, Proculejus
und andre*

Cäsar. Geh, Dolabella, heiß ihn, sich ergeben:
Da es so ganz umsonst, sag ihm, er spotte
Der Zögrung, die er macht.
Dolabella. Ich gehe, Cäsar. (*Ab.*)
    Dercetas kommt mit dem Schwert des Antonius.
Cäsar. Was soll uns das? Und wer bist du, der wagt,
Uns so zu nahn?
Dercetas. Dercetas heiß ich, Herr;
Ich diente Mark Anton, dem Besten, wert
Des besten Diensts; solang er stand und sprach,
War er mein Herr; mein Leben trug ich nur,
An seine Hasser es zu wagen. Willst du
Mich zu dir nehmen? Was ich ihm gewesen,
Will ich dem Cäsar sein. Gefällt dir's nicht,
So nimm mein Leben hin.
Cäsar. Was sagst du mir?
Dercetas. Ich sag, o Cäsar, Mark Anton ist tot.
Cäsar. Daß nicht den Einsturz solcher Macht verkündet
Ein stärkres Krachen! Soll der Welt Erschüttrung
Nicht Löwen in der Städte Gassen treiben

Und Bürger in die Wüste?[1] Antonius' Tod
Ist nicht ein einzeln Sterben: denn so hieß
Die halbe Welt.

Dercetas. Er ist gestorben, Cäsar.
Kein Henker des Gerichts auf offnem Markt,
Kein mordgedungner Stahl, nein, jene Hand,
Die seinen Ruhm in Taten niederschrieb,
Hat mit dem Mut, den ihr das Herz geliehn,
Sein Herz durchbohrt. Dies ist sein Schwert.
Ich raubt es seiner Wund; es ist gefärbt
Mit seinem reinsten Blut.

Cäsar. Ihr trauert, Freunde?
So strafe Zeus mich! Dies ist eine Botschaft,
Ein Königsaug zu feuchten.

Agrippa. Seltsam ist's,
Daß uns Natur das zu beweinen zwingt,
Was wir erstrebt mit Eifer!

Mäcenas. Ruhm und Unwert
Wog gleich in ihm.

Agrippa. Nie lenkt' ein höhrer Geist
Ein Wesen; doch ihr Götter leiht uns Fehler,
Damit wir Menschen seien. Cäsar weint?

Mäcenas. Wird ihm solch mächtger Spiegel vorgehalten,
Muß er sich selber schaun.

Cäsar. O Mark Anton! —
Bis dahin bracht ich dich! Doch schneiden wir
An unserm Körper Schwär'n: gezwungen mußt ich
Dir solchen Tag des Untergangs bereiten,
Wenn du nicht *mir;* Raum war nicht für uns beide
In ganzer weiter Welt. Und doch beklag ich's
Mit Tränen, kostbar wie des Herzens Blut,
Daß du, mein Bruder, du, mein Mitbewerber
Um jedes höchste Ziel, mein Reichsgenoß,
Freund und Gefährt im wilden Sturm der Schlacht,
Arm meines Leibes, Herz, an dem das meine

---

1. Im Original: in der Löwen Höhlen

Sich Glut entzündete – daß unsre Sterne,
Die gar nicht zu versöhnen, trennen mußten
So weit die vor'ge Einheit. Freunde, hört –
Doch sag ich's lieber euch zu beßrer Zeit!
Ein Bote kommt.
Des Mannes Botschaft kündet schon sein Blick,
Laßt uns ihn hören. Woher bist du?
Bote. Nur
Ein armer Ägypter. Meine Königin,
In ihrem Grabmal (ihrer Habe Rest)
Verschlossen, wünscht zu wissen deine Absicht;
Daß sie sich fassen mög und vorbereiten
Auf ihre Zukunft.
Cäsar. Sprich ihr Mut und Trost;
Bald meldet einer ihr der Meinigen,
Welch ehrenvoll und mildes Los wir schon
Für sie bestimmt: denn Cäsar kann nicht leben
Und hart gesinnt sein.
Bote. Schütze dich der Himmel! (*Ab.*)
Cäsar. Komm hieher, Proculejus; geh, verkünd ihr,
Ich sei nicht willens, sie zu kränken. Gib ihr
Trost, wie's der Umfang ihres Wehs erheischt,
Daß sie großherzig nicht durch eignen Tod
Uns überwinde. Sie, nach Rom geführt,
Würd unsern Siegstriumph verewgen. Geh
Und auf das schnellste bring mir, was sie sagt,
Und wie du sie gefunden.
Procule us. Ich eile, Cäsar. (*Ab.*)
Cäsar. Gallus, begleit ihn. Wo ist Dolabella,
Zu helfen Proculejus! –
(*Gallus geht ab.*)
Agrippa und Mäcenas. Dolabella!
Cäsar. Laßt ihn; denn eben jetzt besinn ich mich,
Wozu ich ihn gebraucht. Er muß bald hier sein; –
Kommt mit mir in mein Zelt, da sollt ihr hören,
Wie schwer ich mich für diesen Krieg entschied,
Wie mild und ruhig ich mich stets geäußert

In allen Briefen. Folgt mir und erfahrt,
Was ich hierin euch offenbaren kann.
(*Alle ab.*)

ZWEITE SZENE

Alexandrien. Ein Zimmer im Monument
Cleopatra, Charmion und Iras treten auf

Cleopatra. Schon gibt Verzweiflung[1] mir ein beßres Leben;
  Armselig ist es, Cäsar sein: da er
  Fortuna nicht, ist er nun Knecht Fortunens,
  Handlanger ihres Willens. – Größe ist's,
  Das tun, was alle andern Taten endigt,
  Zufall in Ketten schlägt, verrammt den Wechsel,
  Fest schläft und nicht nach jenem Kot mehr hungert,
  Des Bettlers Amm und Cäsars.
*Proculejus, Gallus und Soldaten erscheinen unten an der Tür des
  Begräbnisses.*
Proculejus. Cäsar begrüßt Ägyptens Königin
  Und heißt dich sinnen, welchen billigen Wunsch
  Er dir gewähren soll.
Cleopatra (von innen). Wie ist dein Name?
Proculejus. Mein Nam ist Proculejus.
Cleopatra. Mark Anton
  Sprach mir von Euch, hieß mich auf Euch vertraun;
  Doch wenig soll mich's kümmern, ob Ihr täuscht,
  Da mir Vertraun nicht nutzt. Will Euer Herr
  Zu seiner Bettlerin ein fürstlich Haupt,
  Sagt: Majestät, schon anstandshalber, dürfe
  Nicht wen'ger betteln als ein Reich. Gefällt's ihm,
  Für meinen Sohn Ägypten mir zu schenken,
  So gibt er mir so viel des Meinen, daß ich
  Ihm kniend danken will.
Proculejus. Habt guten Mut!

---

1. Nach anderer Auffassung: meine Einsamkeit zeigt mir ein beßres Leben

Ihr fielt in Fürstenhand, seid unbesorgt,
Vertraut Euch ohne Rücksicht meinem Herrn,
Der so voll Gnad ist, daß sie überströmt
Auf alle Hilfsbedürftgen. Ich bericht ihm
Von Eurer Fügsamkeit, und er erscheint Euch
Als Sieger, der der Güte Beistand sucht,
Wo man um Gnade kniet.
Cleopatra. O meldet ihm,
Ich, seines Glücks Vasallin, bring ihm dar
Die Hoheit, die er sich gewann: gehorchen
Lern ich jetzt stündlich, und mit Freuden säh ich
Sein Angesicht.
Proculejus. Dies sag ich, werte Fürstin;
Seid ruhig, denn ich weiß, Eur Unglück weckt
Des Mitleid, der's veranlaßt.
Gallus. Ihr seht, wie leicht wir jetzt sie überfallen!
(*Proculejus und einige von der Wache ersteigen das Grabmal auf einer Leiter und umringen Cleopatra. Zugleich wird das Tor entriegelt und aufgesprengt.*)
Bewacht sie gut, bis Cäsar kommt. (*Ab.*)
Iras. O Fürstin!
Charmion. Cleopatra! Du bist gefangen – Fürstin!
Cleopatra. Schnell, liebe Hand!
  (*Zieht einen Dolch hervor.*)
Proculejus. Halt, edle Frau: laßt ab!
  (*Er greift und entwaffnet sie.*)
Tut Euch nicht selbst so nah; dies soll Euch retten,
Nicht Euch verraten!
Cleopatra. Wie? vom Tode auch,
Der selbst den Hund von seiner Qual erlöst?
Proculejus. Entzieht Euch nicht des Feldherrn Gnade, Fürstin,
Durch Euern Untergang! – Die Welt erfahre
Das Wirken seiner Großmut, das Eur Tod
Nicht läßt zum Ziel gelangen.
Cleopatra. Tod, wo bist du?
Komm her! Komm, komm! Nimm eine Königin,
Mehr wert als viele Säuglinge und Bettler! –

Proculejus. O mäßigt Euch! –

Cleopatra. Freund, keine Speise nehm ich, Freund, nicht trink ich,
Und wenn es einmal müßig Schwatzen gilt,
Schlaf ich auch nicht: dies irdsche Haus zerstör ich;
Tu Cäsar, was er kann. Wißt, Herr, nicht steh ich
In Ketten je an Eures Feldherrn Hof,
Noch soll mich je das keusche Auge züchtgen
Der nüchternen Octavia. Hochgehoben
Sollt ich des schmähnden Roms jubelndem Pöbel
Zur Schau stehn? Lieber sei ein Sumpf Ägyptens
Mein freundlich Grab! Lieber in Nilus' Schlamm
Legt mich ganz nackt, laßt mich die Wasserfliegen
Zum Scheusal stechen[1]; lieber macht Ägyptens
Erhabne Pyramiden mir zum Galgen
Und hängt mich auf in Ketten!

Proculejus. Ihr dehnt weiter
Die Bilder solches Schauders, als Euch Cäsar
Veranlassung wird geben.

Dolabella tritt auf.

Dolabella. Proculejus,
Was du getan, weiß Cäsar, dein Gebieter. –
Er hat gesandt nach dir; die Königin
Nehm ich in meine Hut.

Proculejus. Wohl, Dolabella,
Mir um so lieber. Seid nicht streng mit ihr. –
Cäsarn bestell ich, was du irgend wünschest,
Wenn du mir's aufträgst.

Cleopatra. Sprich, ich wolle sterben.

(*Proculejus mit den Soldaten ab.*)

Dolabella. Erhabne Kaisrin, hörtet Ihr von mir?

Cleopatra. Ich weiß nicht.

Dolabella. Ganz gewiß, Ihr kennt mich schon.

Cleopatra. Gleichviel ja, wen ich kenne, was ich hörte; –
Ihr lacht, wenn Fraun und Kinder Träum erzählen;
Nicht wahr? Ihr lacht? –

---

1. Wörtlich: beschmeißen

Dolabella. Was wollt Ihr damit sagen?
Cleopatra. Mir träumt', es lebt' ein Feldherr Mark Anton –
Ach, noch ein solcher Schlaf, damit ich nur
Noch einmal sähe solchen Mann! –
Dolabella. Gefällt's Euch ...
Cleopatra. Sein Antlitz war der Himmel: darin standen
Sonne und Mond, kreisten und gaben Licht
Dem kleinen O, der Erde.
Dolabella. Hohes Wesen ...
Cleopatra. Den Ozean überschritt sein Bein; sein Arm
Erhoben, ward Helmschmuck der Welt; sein Wort
War Sphärenklang, wenn er mit Freunden sprach;
Doch galt's, den Weltkreis stürmisch zu erschüttern,
War er wie Donnerrollen. Seine Güte –
Kein Winter jemals; immer blieb sie Herbst,
Die mehr noch wuchs im Ernten: Seine Freuden –
Delphinen gleich – stets ragte hoch sein Nacken
Aus ihrer Flut; es trugen seine Farben
Krone wie Fürstenhut; gleich Münzen fielen
Ihm aus der Tasche Königreich' und Inseln –
Dolabella. Cleopatra ...
Cleopatra. Gab es wohl jemals, gibt's je solchen Mann,
Wie ich ihn sah im Traum? –
Dolabella. Nein, edle Fürstin! –
Cleopatra. Du lügst, hinauf bis zu dem Ohr der Götter!
Doch gab es je, gibt's jemals einen solchen,
So überragt er alles Maß des Träumens: –
Stoff mangelt der Natur,
Die Wunderform des Traums zu überbieten;
Doch daß sie einen Mark Anton ersann,
Dies Kunststück schlug die Traumwelt völlig nieder,
All ihre Schatten tilgend [1].

---

[1]. Sinn: Es mangelt der Natur der Stoff, mit der Phantasie in der Erzeugung seltsamer Formen zu wetteifern; doch daß sie einen Mark Anton ersann, dies Meisterstück würde alle die unwirklichen Schöpfungen der Phantasie in den Schatten stellen.

Dolabella. Fürstin, hört:
  Groß wie Ihr selbst ist Eur Verlust, und Ihr
  Tragt ihn der Last entsprechend. Mög ich nie
  Ersehntes Ziel erreichen, fühl ich nicht
  Durch Rückschlag Eures Grams den tiefsten Schmerz,
  Bis in des Herzens Grund.
Cleopatra. Ich dank Euch, Freund. –
  Wißt Ihr, was Cäsar über mich beschloß?
Dolabella. Ich wollt, Ihr wüßtet, was ich ungern sage.
Cleopatra. Ich bitt Euch, Herr ...
Dolabella. Wie groß sein Edelmut –
Cleopatra. Er will mich im Triumph aufführen?
Dolabella. Fürstin,
  So ist's, ich weiß es.
    (Hinter der Szene «Platz! macht Platz dem Cäsar!»)
Cäsar, Gallus, Procuĺejus, Mäcenas, Seleucus und Gefolge treten auf.
Cäsar. Wo ist die Kön'gin von Ägypten?
Dolabella. 's ist
  Der Imperator, edle Frau.
        (Cleopatra kniet.)
Cäsar. Steht auf;
  Ihr sollt nicht knien, ich bitt Euch drum; steht auf;
  Steht auf, Ägypten!
Cleopatra. Also wollten es
  Die Götter; meinem Sieger und Gebieter
  Muß ich gehorchen.
Cäsar. Laßt das trübe Sinnen!
  Wir wolln des Unrechts, das Ihr uns erwiesen,
  Obschon in unser Fleisch geschrieben, uns
  Erinnern als der Wirkung bloßen Zufalls.
Cleopatra. Allein'ger Herr der Welt,
  Ich kann nicht meinem Tun das Wort so führen.
  Daß es ganz klar erscheine: ich bekenn es,
  Mich drücken solche Schwächen, wie schon sonst
  Oft mein Geschlecht beschämt.
Cäsar. Cleopatra,
  Wir wollen mildern lieber als verstärken,

Wenn ihr Euch unsrer Absicht fügsam zeigt,
Die gegen Euch sehr sanft ist, findet Ihr
Gewinn in diesem Tausch. Doch wenn *Ihr* sucht,
Auf mich den Schein der Grausamkeit zu werfen,
Antonius' Bahn betretend, raubt Ihr Euch,
Was ich Euch zugedacht: stürzt Eure Kinder
In den Ruin, vor dem ich gern sie schützte,
Wenn Ihr auf mich vertraut. — So geh ich nun.
Cleopatra. Das könnt Ihr durch alle Welt! Sie ist Euer,
Und uns, Schildzeichen und Trophäen gleich,
Hängt auf, wo's Euch gefällt. Hier, edler Herr ...
Cäsar. Ihr selbst sollt für Cleopatra mir raten.
Cleopatra.
Hier steht an Geld, Gerät und Schmuck verzeichnet,
Was mein Besitz: es ist genau verfaßt,
Nur Kleinigkeiten fehlen; wo ist Seleucus?
Seleucus. Hier, Fürstin.
Cleopatra. Dies ist mein Schatzverwalter; fragt ihn, Herr,
Daß ich Euch nichts entzog, laßt ihn versichern
Bei seiner Pflicht. — Seleucus, sprich die Wahrheit! —
Seleucus. Eh schließt den Mund mir, als daß ich auf Pflicht
Versichre, was nicht wahr.
Cleopatra. Was denn verhehlt ich?
Seleucus. Genug, damit zu kaufen, was Ihr hergabt.
Cäsar. Errötet nicht, Cleopatra! Ich lob Euch
Für Eure Klugheit.
Cleopatra. Seht, o Cäsar, lernt
Des Siegers Macht! Die Meinen werden Euer
Und, tauschen wir das Glück, die Euern mein.
Dieses Seleucus' schnöder Undank macht
Ganz wütend mich. O Sklav! Nicht treuer du
Als feile Liebe! schleichst du fort? Du sollst
Fortschleichen, glaub mir's! Doch dein Aug erhasch ich,
Und hätt es Flügel. Hund! Sklav! Fühllos Tier! —
O Niederträchtiger! —
Cäsar. Fürstin, mäßigt Euch! —
Cleopatra. O Cäsar, wie verwundet diese Schmach!

Daß, während du geruhst mich zu besuchen,
Die Ehre gönnend Deiner Fürstlichkeit
Der Tiefgebeugten – daß mein eigner Knecht
Vermehrt die große Summe meines Unglücks
Durch Zutat seiner Bosheit. – Gesetzt auch, Cäsar,
Daß ich behielt ein wenig Frauentand,
Unwichtig Spielwerk, Dinge solches Werts,
Wie man sie leichten Freunden schenkt; – gesetzt,
Ein edles Kleinod hätt ich aufgespart,
Für Livia und Octavia, ihr Vermitteln
Mir zu gewinnen; – mußte mich verraten
Ein Mensch, den ich genährt? O Gott, das stürzt mich
Noch tiefer als mein Fall. Du weilst noch? – Fort! –
Sonst sollen Funken meines Geistes sprühn
Aus meines Unglücks Asche. Wärst du menschlich,
Du hättst Mitleid für mich.
Cäsar. Geh fort, Seleucus.
(Seleucus geht.)
Cleopatra. Ihr wißt, uns Größte trifft sooft Verdacht
Um das, was andre taten; fallen wir,
So kommt auf unser Haupt die fremde Schuld
Statt Mitleid, das uns ziemte.
Cäsar. Königin,
Nicht was Ihr angezeigt, noch was verhehlt,
Wolln wir als Beute ansehn; Euch verbleib es.
Schaltet damit nach Willkür. Denkt auch nicht,
Cäsar sei Handelsmann, mit Euch zu dingen
Um Kaufmannswaren: deshalb seid getrost,
Macht Euren Wahn zum Kerker nicht. Nein, Teure,
Wir wollen so mit Euch verfügen, wie
Ihr selbst uns raten werdet: eßt und schlaft;
So sehr gehört Euch unsre Sorg und Tröstung,
Daß Ihr als Freund uns finden sollt. Lebt wohl.
Cleopatra. Mein Herr mein Sieger!
Cäsar. Nicht also; lebt wohl! –
(Cäsar und sein Gefolge ab.)
Cleopatra. Ha, Worte, Kinder! Worte! Daß ich nur

Nicht edel an mir handle! – Horch du, Charmion. –
(*Spricht leise mit Charmion.*)
Iras. Zu Ende denn! der klare Tag ist hin
Das Dunkel wartet uns!
Cleopatra. Komm schnell zurück;
Ich hab es schon bestellt, es ist besorgt.
Geh, daß man's eilig bringe.
Charmion. Ja, so sei's.
Dolabella kommt.
Dolabella. Wo ist die Fürstin?
Charmion. Hier. (*Geht ab.*)
Cleopatra. Nun, Dolabella ...
Dolabella. Auf Eures königlichen Worts Geheiß,
Dem meine Lieb als heilig treu gehorcht,
Meld ich Euch dies: durch Syrien denkt nun Cäsar
Den Marsch zu lenken; innerhalb drei Tagen
Schickt er mit Euern Kindern Euch voraus.
Nutzt diese Frist, so gut Ihr könnt: ich tat
Nach Euerm Wunsch und meinem Wort.
Cleopatra. Ich bleib Euch
Verpflichtet, Dolabella.
Dolabella. Ich Eur Knecht.
Lebt, Fürstin, wohl, ich muß dem Cäsar folgen.
Cleopatra. Lebt wohl! ich dank Euch.
(*Dolabella geht ab.*)
Nun, was denkst du, Iras?
Du, als fein ägyptisch Püppchen, stehst
In Rom zur Schau wie ich: Handwerkervolk,
Mit schmutzgem Schurzfell, Maß und Hammer, hebt
Uns auf, uns zu besehn; ihr dicker Hauch,
Widrig von ekler Speis, umwölkt uns dampfend
Und zwingt zu atmen ihren Dunst.
Iras. Verhüten's
Die Götter! –
Cleopatra. O ganz unfehlbar, Iras! Freche Liktorn
Packen uns an wie Huren; schreiend singt uns
Der Bänkelsänger; aus dem Stegreif spielen

Uns selbst und Alexandriens Gelage
Die lustgen Histrionen: Mark Anton
Tritt auf im Weinrausch; und ein quäkender Junge
Wird als Cleopatra meine Majestät
In einer Metze Stellung höhnen! –
Iras. Götter! –
Cleopatra. Ja, ganz gewiß!
Iras. Das seh ich nimmer. Meine Nägel, weiß ich,
Sind stärker als mein Auge.
Cleopatra. Freilich, so nur
Höhnen wir ihren Anschlag und vernichten
Den aberwitzgen Plan.

Charmion kommt zurück.

Nun, Charmion? Nun?
Schmückt mich als Königin, ihr Fraun; geht, holt
Mein schönstes Kleid; ich will zum Cydnus wieder
Und Mark Anton begegnen. Hurtig, Iras! –
Nun, edle Charmion, wirklich enden wir,
Und tatst du heut dein Amt, dann magst du spielen
Bis an den Jüngsten Tag. Bringt Kron und alles. –
Was für ein Lärm?

(Iras geht. Lärm hinter der Szene.)
Ein Soldat tritt auf.

Soldat. Es steht ein Bauer draußen,
Der will durchaus mit Eurer Hoheit reden:
Er bringt Euch Feigen.
Cleopatra.
Laßt ihn herein. *(Soldat ab.)* Welch armes Werkzeug oft
Das Edelste vollführt! Er bringt mir Freiheit!
Mein Vorsatz wanket nicht; nichts fühl ich mehr
Vom Weib in mir: vom Kopf zu Fuß ganz bin ich
Nun marmorfest; der unbeständge Mond
Ist mein Planet nicht mehr.

Der Soldat kommt zurück mit einem Bauer, welcher einen Korb trägt.
Soldat. Dies ist der Mann.
Cleopatra. Geh fort und laß ihn hier.

(Soldat ab.)

Hast du den artgen Nilwurm mitgebracht,
Der tötet ohne Schmerz?

Bauer. Ja, freilich; aber ich möchte nicht der Mann sein, der's
Euch riete, Euch mit ihm abzugeben, denn sein Beißen ist
ganz unsterblich[1]: die welche daran verscheiden, kommen
selten oder nie wieder auf.

Cleopatra. Weißt du von einem, der daran gestorben?

Bauer. Sehr viele; Mannsleute und Frauensleute dazu! Ich hörte
ganz kürzlich, noch gestern, von einer, ein recht braves Weib,
nur etwas dem Lügen ergeben (und das sollte eine Frau nie
sein, außer in redlicher Art und Weise), die erzählte, wie sie
an seinem Biß gestorben war, was sie für Schmerzen ge-
fühlt. Mein Seel, sie sagt' viel Gutes von dem Wurm; aber
wer den Leuten alles glauben will, was sie sagen, dem hilft
nicht die Hälfte von dem, was sie tun. Das ist aber auf jeden
Fall eine inkomplette Wahrheit[2]: der Wurm ist ein kurioser
Wurm.

Cleopatra. Geh, mach dich fort, leb wohl!

Bauer. Ich wünsche Euch viel Zeitvertreib von dem Wurm.

Cleopatra. Leb wohl!

Bauer. Das müßt Ihr bedenken, seht Ihr, daß der Wurm nicht
von Art läßt.

Cleopatra. Ja, ja, leb wohl!

Bauer. Seht Ihr, dem Wurm ist nicht zu trauen, außer in ge-
scheiter Leute Händen; denn, mein Seel, es steckt nichts
Gutes in dem Wurm.

Cleopatra. Sei unbesorgt, wir wolln ihn hüten! –

Bauer. Recht schön. Gebt ihm nichts, ich bitt Euch; er ist sein
Futter nicht wert.

Cleopatra. Wird er mich fressen?

Bauer. Denkt doch nicht, ich wäre so dumm, daß ich nicht
wissen sollte, der Teufel selbst werde kein Weibsbild fressen.
Ich weiß, ein Weibsbild ist ein Gericht für die Götter, wenn's
der Teufel nicht zugerichtet hat; aber, mein Seel, diese ver-

---

[1]. Schnitzer des Bauern für «sterblich» (tödlich)
[2]. «komplette»

fluchten Kerle von Teufeln machen den Göttern viel Verdruß mit den Weibern: denn von jedem Dutzend, das sie erschaffen, verderben ihnen die Teufel sechse.

Cleopatra. Nun geh nur, geh! leb wohl.

Bauer. Ja wahrhaftig, ich wünsch Euch viel Zeitvertreib von dem Wurm. (*Ab.*)

      Iras kommt zurück mit Krone und Kleid.

Cleopatra. Den Mantel gib, setz mir die Krone auf,
Ich fühl ein Sehnen nach Unsterblichkeit!
Nun netzt kein Traubensaft die Lippe mehr. –
Rasch, gute Iras! Schnell! mich dünkt, ich höre
Antonius' Ruf: ich seh ihn sich erheben,
Mein edles Tun zu preisen; er verspottet
Des Cäsar Glück, das Zeus nur als Entschuldigung
Zukünftgen Zorns verleiht. Gemahl, ich komme. –
Jetzt schafft mein Mut ein Recht mir zu dem Titel!
Ganz Feur und Luft, geb ich dem niedern Leben
Die andern Elemente. – Seid ihr fertig,
So kommt, nehmt meiner Lippen letzte Wärme! –
Leb wohl, du gute Charmion! liebste Iras!
Ein langes Lebewohl!
      (*Küßt sie. Iras fällt hin und stirbt.*)
Hab ich die Natter auf der Lippe? Fällst du?
Kann sich Natur so freundlich von dir trennen?
So trifft uns Tod wie Händedruck des Liebsten,
Schmerzlich und doch ersehnt. Liegst du so still?
Wenn du so hinscheidst, meldest du der Welt,
Sie sei nicht wert des Abschieds.

Charmion. Schmilz, trübe Wolke, regne, und ich sage,
Daß selbst die Götter weinen.

Cleopatra. Dies beschämt mich! –
Sieht sie zuerst Antonius' lockig Haupt,
Wird er sie fragen und den Kuß verschwenden,
Der mir *ein* Himmel ist. – Komm, tödlich Ding,
      (*Setzt die Schlange an ihre Brust.*)
Dein scharfer Zahn löse mit eins des Lebens
Verwirrten Knoten. Armer, giftger Narr!

Sei zornig, mach ein End! O könntst du reden,
So hört ich dich den großen Cäsar schelten
Kurzsichtgen Tropf.
Charmion. O Stern des Ostens!
Cleopatra. Still,
Siehst du den Säugling nicht an meiner Brust
In Schlaf die Amme saugen?
Charmion. Brich, mein Herz!
Cleopatra. So süß wie Tau! so mild wie Luft! so lieblich —
O mein Antonius! — Ja, dich nehm ich auch,
         (*Setzt eine zweite Schlange an ihren Arm.*)
Was wart ich noch ... (*Fällt zurück und stirbt.*)
Charmion. ... in dieser öden Welt? so fahre wohl!
Nun triumphiere, Tod! du führtest heim
Das schönste Fraunbild. Schließt euch, weiche Fenster!
Den goldnen Phöbus schaun hinfort nicht mehr
So königliche Augen. Deine Krone
Sitzt schief; ich richte sie; dann will ich spielen. — —
         Wache stürzt herein.
Erste Wache. Wo ist die Königin?
Charmion. Still, weckt sie nicht! —
Erste Wache. Cäsar schickt ...
Charmion. Viel zu langsam seine Boten! —
         (*Setzt sich die Schlange an.*)
O komm! Nun schnell! Mach fort! Dich fühl ich kaum!
Erste Wache.
Kommt her; hier steht es schlimm, sie täuschten Cäsarn.
Zweite Wache. Ruft Dolabella, Cäsar sandt ihn her!
Erste Wache.
Was gibt's hier? Charmion, ist das wohlgetan? —
Charmion. Ja, wohlgetan; und wohl ziemt's einer Fürstin,
Die soviel hohen Königen entstammt —
Ah, Krieger! — — (*Stirbt.*)
         Dolabella tritt auf.
Dolabella. Wie steht's hier?
Zweite Wache. Alle tot.
Dolabella. Cäsar, dein Sorgen

Verfehlte nicht sein Ziel. Du selber kommst
Erfüllt zu sehn die grause Tat, die du
Gern hindern wolltest.
>(*Hinter der Szene:* «Platz für Cäsar! Platz!»).
>*Cäsar tritt auf mit Gefolge.*

Dolabella. O Herr! Ihr wart ein allzu sichrer Augur,
Was Ihr besorgt, geschah.
Cäsar. Ihr End erhaben! –
Sie riet, was wir gewollt, und königlich
Ging sie den eignen Weg. Wie starben sie?
Ich seh kein Blut.
Dolabella. Wer war zuletzt mit ihnen?
Erste Wache.
Ein schlichter Landmann der ihr Feigen brachte;
Dies war sein Korb.
Cäsar. Gift also! –
Erste Wache. Eben noch,
O Cäsar, lebte Charmion, stand und sprach
Und ordnet' an dem Königsdiadem
Der toten Herrin; zitternd stand sie da,
Und plötzlich sank sie nieder.
Cäsar. Edle Schwachheit!
Hätten sie Gift geschluckt, so fände sich
Geschwulst von außen; doch sie liegt wie schlafend,
Als wollt im starken Netze ihrer Anmut
Sie fangen einen zweiten Mark Anton.
Dolabella. Aus ihrer Brust floß Blut; sie ist geschwollen,
Und ebenso ihr Arm.
Erste Wache.
Dann war's 'ne Schlange; auf den Feigenblättern
Ist Schleim zu sehn, so wie die Schlang ihn läßt
In Höhlungen des Nils.
Cäsar. Sehr zu vermuten,
Daß so sie starb: denn mir erzählt' ihr Arzt,
Wie oft und wiederholt sie nachgeforscht
Schmerzlosen Todesarten. Nehmt ihr Bett
Und tragt die Dienerinnen fort von hier;

Bei ihrem Mark Anton laßt sie bestatten! –
Kein Grab der Erde schließt je wieder ein
Solch hohes Paar. Der ernste Ausgang rührt
Selbst den, der ihn veranlaßt, und ihr Schicksal
Wirbt so viel Leid für sie, als Ruhm für den,
Der sie gestürzt. Laßt unsre Kriegerscharen
In Feierpracht begleiten diese Bahren.
Und dann nach Rom. – Komm, Dolabella, dir
Vertraun wir der Bestattung große Zier.
    (*Alle gehn ab.*)

CORIOLANUS

Wahrscheinlich zwischen 1607 und 1610 entstanden.
Übersetzt von Dorothea Tieck,
unter der Redaktion von Ludwig Tieck

PERSONEN

CAJUS MARCIUS CORIOLANUS, *ein edler Römer*
TITUS LARTIUS \} *Anführer gegen die Volsker*
COMINIUS
MENENIUS AGRIPPA, *Coriolans Freund*
SICINIUS VELUTUS \} *Volkstribunen*
JUNIUS BRUTUS
MARCIUS, *Coriolans kleiner Sohn*
Ein römischer Herold
TULLUS AUFIDIUS, *Anführer der Volsker*
Ein Unterfeldherr des Aufidius
Verschworene
Ein Bürger von Antium
Zwei volskische Wachen
VOLUMNIA, *Coriolans Mutter*
VIRGILIA, *Coriolans Gemahlin*
VALERIA, *Virgilias Freundin*
Dieneriunen der Virgilia

Römer und Volsker. Senatoren, Patrizier, Ädilen,
Liktoren, Krieger, Bürger, Boten

ERSTER AUFZUG

Erste Szene

Rom, eine Straße
Es tritt auf ein Haufe aufrührerischer Bürger mit Stäben,
Knütteln und anderen Waffen

Erster Bürger. Ehe wir irgend weitergehn, hört mich sprechen.
Zweiter Bürger. Sprich! sprich! —
Erster Bürger. Ihr alle seid entschlossen, lieber zu sterben als
Alle Bürger. Entschlossen! entschlossen! — [zu verhungern?
Erster Bürger. Erstlich wißt ihr: Cajus Marcius ist der Haupt-
Alle Bürger. Wir wissen's! Wir wissen's! — [feind des Volkes.
Erster Bürger. Laßt uns ihn umbringen, so können wir die
 Kornpreise selbst machen. Ist das ein Wahrspruch¹?
Alle Bürger. Kein Geschwätz mehr darüber. Wir wollen's tun.
 Fort! fort!
Zweiter Bürger. Noch ein Wort, meine guten Bürger!
Erster Bürger. Wir werden für die armen Bürger gehalten, die
 Patrizier für die guten. Das, wovon der Adel schwelgt, würde
 uns nähren. Gäben sie uns nur das Überflüssige, ehe es ver-
 dirbt, so könnten wir glauben, sie nährten uns auf mensch-
 liche Weise; aber sie denken, soviel sind wir nicht wert.
 Der Hunger, der uns ausgemergelt, der Anblick unsers Elends
 ist gleichsam ein Verzeichnis, in welchem postenweise ihr
 Überfluß aufgeführt wird. Unser Leiden ist ihnen ein Gewinn. Dies wollen wir mit unsern Spießen rächen, ehe wir
 selbst Spießgerten² werden. Denn das wissen die Götter! ich
 rede so aus Hunger nach Brot, und nicht aus Durst nach
 Rache.
Zweiter Bürger. Wollt ihr besonders auf den Cajus Marcius los-
 gehen?

---

1. Sinn: Sind wir in diesem Punkt einig?
2. Im Original: Rechen; erklärt sich aus der Redensart: mager wie ein Rechen.

Alle. Auf ihn zuerst, er ist ein wahrer Hund gegen das Volk.
Zweiter Bürger. Bedenkt ihr auch, welche Dienste er dem Vaterlande getan hat?
Erster Bürger. Sehr wohl! und man könnte ihn auch recht gern dafür loben; aber er belohnt sich selbst dadurch, daß er so stolz ist.
Zweiter Bürger. Nein, rede nicht so boshaft.
Erster Bürger. Ich sage euch, was er rühmlich getan hat, tat er nur deshalb. Wenn auch zu gewissenhafte Menschen so billig sind, zu sagen, es war für sein Vaterland, so tat er's doch nur, seiner Mutter Freude zu machen und zum Teil, um stolz zu sein; denn sein Stolz ist ebenso groß als sein Verdienst.
Zweiter Bürger. Was er an seiner Natur nicht ändern kann, das rechnet Ihr ihm für ein Laster. Das dürft Ihr wenigstens nicht sagen, daß er habsüchtig ist.
Erster Bürger. Wenn ich das auch nicht darf, werden mir doch die Anklagen nicht ausgehen. Er hat Fehler so überlei, daß die Aufzählung ermüdet. (*Geschrei hinter der Szene.*) Welch Geschrei ist das? Die andre Seite der Stadt ist in Aufruhr. Was stehn wir hier und schwatzen? Aufs Kapitol!
Alle. Kommt! Kommt! –
Erster Bürger. Still! Wer kommt hier?

Menenius Agrippa tritt auf.

Zweiter Bürger. Der würdige Menenius Agrippa, einer, der das Volk immer geliebt hat.
Erster Bürger. Der ist noch ehrlich genug. Wären nur die übrigen alle so!
Menenius. Was habt ihr vor, Landsleute? wohin geht ihr
Mit Stangen, Knütteln? Sprecht, was gibt's? Ich bitt euch!
Erster Bürger. Unsre Sache ist dem Senat nicht unbekannt; sie haben davon munkeln hören seit vierzehn Tagen, was wir vorhaben und das wollen wir ihnen nun durch Taten zeigen. Sie sagen, arme Klienten[1] haben schlimmen Atem: sie sollen erfahren, daß wir auch schlimme Arme haben[2].

---

1. Bittsteller   2. Wortspiel: starker (übler) Atem – starker Arm

Menenius. Ei, Leute! gute Freund' und liebe Nachbarn,
Wollt ihr euch selbst zugrunde richten?
Erster Bürger. Nicht möglich, wir sind schon zugrund gerichtet.
Menenius. Ich sag euch, Freund', es sorgt mit wahrer Liebe
Für euch der Adel. Eure Not betreffend,
Die jetzge Teurung, könntet ihr so gut
Dem Himmel dräun mit Knütteln, als sie schwingen
Gegen den Staat von Rom, des Lauf sich bricht
So grade Bahn, daß es zehntausend Zügel
Von härtrem Erz[1] zerreißt, als jemals ihm
Nur eure Hemmung bietet. Diese Teurung,
Die Götter machen sie, nicht die Patrizier;
Gebeugte Knie, nicht Arme müssen helfen.
Ach! durch das Elend werdet ihr verlockt
Dahin, wo größres euch umfängt. Ihr lästert
Roms Lenker, die wie Väter für euch sorgen,
Wenn ihr wie Feinde sie verflucht.
Erster Bürger. Für uns sorgen! – nun, wahrhaftig! – Sie sorgten noch nie für uns. Uns verhungern lassen, und ihre Vorratshäuser sind vollgestopft mit Korn. Verordnungen machen gegen den Wucher, um die Wucherer zu unterstützen. Täglich irgendein heilsames Gesetz gegen die Reichen widerrufen und täglich schärfere Verordnungen ersinnen, die Armen zu fesseln und einzuzwängen. Wenn der Krieg uns nicht auffrißt, tun sie's: das ist ihre ganze Liebe für uns.
Menenius. Entweder müßt ihr selbst
Als ungewöhnlich tückisch euch bekennen,
Sonst schelt ich euch als töricht. Ich erzähl euch
Ein hübsches Märchen; möglich, daß ihr's kennt;
Doch, da's hier eben herpaßt, will ich wagen,
Es nochmals aufzuwärmen.
Erster Bürger. Gut, wir wollen's anhören, Herr. Ihr müßt aber nicht glauben, unser Unglück mit einem Märchen wegfoppen zu können; doch, wenn Ihr wollt, her damit.

---

1. Wörtlich: von stärkern Gliedern

Menenius. Einstmals geschah's, daß alle Leibesglieder,
Dem Bauch rebellisch, also ihn verklagten:
Daß er allein nur wie ein Schlund verharre
In Leibes Mitte, arbeitslos und müßig,
Die Speisen stets verschlingend, niemals tätig,
So wie die andern all, wo jene Kräfte
Sähn, hörten, sprächen, dächten, gingen, fühlten
Und, wechselseitig unterstützt, dem Willen
Und allgemeinen Wohl und Nutzen dienten
Des ganzen Leibs. Der Bauch erwiderte –
Erster Bürger. Gut, Herr, was hat der Bauch denn nun erwidert?
Menenius. Ich sag es gleich. – Mit einer Art von Lächeln,
Das nicht von Herzen ging, nur gleichsam so –
(Denn seht, ich kann den Bauch ja lächeln lassen
So gut als sprechen) gab er höhnisch Antwort
Den mißvergnügten Gliedern, die rebellisch
Die Einkünft ihm nicht gönnten; ganz so passend
Wie ihr auf unsre Senatoren scheltet,
Weil sie nicht sind wie ihr.
Erster Bürger. Des Bauches Antwort. Wie!
Das fürstlich hohe Haupt; das wache Auge;
Das Herz: der kluge Rat; der Arm: der Krieger;
Das Bein: das Roß; die Zunge: der Trompeter;
Nebst andern Ämtern noch und kleinern Hilfen
In diesem unserm Bau, wenn sie –
Menenius. Was denn,
Mein Treu! der Mensch da schwatzt! Was denn? Was denn?
Erster Bürger. So würden eingezwängt vom Fresser Bauch,
Der nur des Leibes Abfluß –
Menenius. Gut, was denn?
Erster Bürger. Die andern Kräfte, wenn sie nun so klagten,
Der Bauch, was könnt er sagen?
Menenius. Ihr sollt's hören.
Schenkt ihr ein bißchen, was ihr wenig habt,
Geduld, so sag ich euch des Bauches Antwort.
Erster Bürger. Ihr macht es lang.
Menenius. Jetzt paßt wohl auf, mein Freund!

ERSTER AUFZUG · ERSTE SZENE

Eur höchst verständger Bauch, er war bedächtig,
Nicht rasch, gleich den Beschuldgern, und sprach so:
«Wahr ist's, ihr einverleibten Freunde», sagt' er,
«Zuerst nehm ich die ganze Nahrung auf,
Von der ihr alle lebt; und das ist recht,
Weil ich das Vorratshaus, die Werkstatt bin
Des ganzen Körpers. Doch bedenkt es wohl;
Durch eures Blutes Ströme send ich sie
Bis an den Hof, das Herz – den Thron, das Hirn,
Und durch des Körpers Gäng und Windungen
Empfängt der stärkste Nerv, die feinste Ader
Von mir den angemeßnen Unterhalt,
Wovon sie leben. Und obwohl ihr alle –».
Ihr guten Freund' (habt acht), dies sagt der Bauch.
Erster Bürger. Gut. Weiter!
Menenius. «Seht ihr auch nicht all auf eins,
Was jeder Einzelne von mir empfängt,
Doch kann ich Rechnung legen, daß ich allen
Das feinste Mehl von allem wieder gebe,
Und nur die Klei' mir bleibt.» Wie meint ihr nun?
Erster Bürger. Das war 'ne Antwort. Doch wie paßt das hier?
Menenius. Roms Senatoren sind der gute Bauch,
Ihr die empörten Glieder; denn erwägt
Ihr Mühn, ihr Sorgen. Wohl bedenkt, was alles
Des Staates Vorteil heischt; so seht ihr ein,
Kein allgemeines Gut, was ihr empfangt,
Das nicht entsprang und kam zu euch von ihnen,
Durchaus nicht von euch selbst. Was denkt ihr nun?
Du, große Zeh, in dieser Ratsversammlung.
Erster Bürger. Ich, die große Zehe? Warum die große Zehe?
Menenius. Weil du, der Niedrigst, Ärmst, Erbärmlichste
Von dieser weisen Rebellion, vorantrittst.
Du, Schwächling ohne Kraft und Ansehen, läufst
Voran und führst, dir Vorteil zu erjagen. –
Doch schwenkt nur eure Stäb und dürren Knüttel,
Rom und sein Rattenvolk zieht aus zur Schlacht,
Der eine Teil muß Tod sich fressen.

Cajus Marcius tritt auf.

Heil! edler Marcius.

Marcius. Dank Euch! Was gibt es hier? Rebellsche Schurken,
Die ihr das Jucken eurer Einsicht kratzt,
Bis ihr zu Aussatz werdet.

Erster Bürger. Von Euch bekommen wir doch immer gute

Marcius. Ein gutes Wort dir geben, hieße schmeicheln [Worte.
Jenseits des Abscheus. Was verlangt ihr, Hunde,
Die Krieg nicht wollt noch Frieden? Jener schreckt euch,
Und dieser macht euch frech. Wer euch vertraut,
Find't euch als Hasen, wo er Löwen hofft,
Wo Füchse, Gäns. Ihr seid nicht sichrer, nein!
Als glühnde Feuerkohlen auf dem Eis,
Schnee in der Sonne. Eure Tugend ist,
Den adeln, den Verbrechen niedertreten,
Dem Recht zu fluchen, das ihn schlägt. Wer Größe
Verdient, verdient auch euern Haß; und eure Liebe
Ist eines Kranken Gier, der heftig wünscht,
Was nur sein Übel mehrt. Wer sich verläßt
Auf eure Gunst, der schwimmt mit blei'rnen Flossen,
Und haut mit Binsen Eichen nieder. Hängt euch!
Euch traun?
Ein Augenblick, so ändert ihr den Sinn,
Und nennt den edel, den ihr eben haßtet,
Den schlecht, der euer Abgott war. Was gibt's?
Daß ihr, auf jedem Platz der Stadt gedrängt,
Schreit gegen den Senat, der doch allein,
Zunächst den Göttern, euch in Furcht erhält;
Ihr fräßt einander sonst. Was wollen sie?

Menenius. Nach eignem Preis das Korn, das, wie sie sagen
Im Überfluß daliegt.

Marcius. Hängt sie! Sie sagen's?
Beim Feuer sitzend, wissen sie genau,
Was auf dem Kapitol geschieht; wer steigt,
Wer gilt, wer fällt; da stiften sie Faktionen
Und schließen Ehen; stärken die Partei
Und beugen die, die nicht nach ihrem Sinn,

Noch unter ihre Nägelschuh. Sie sagen,
Korn sei genug vorhanden?
Wenn sich der Adel doch der Mild entschlüge,
Daß ich mein Schwert ziehn dürft. Ich häufte Berge
Von Leichen der zerhaunen Sklaven, höher,
Als meine Lanze fliegt.

Menenius. Nein, diese sind fast gänzlich schon beruhigt;
Denn, fehlt im Überfluß auch der Verstand,
So sind sie doch ausbündig feig. Doch sagt mir,
Was macht der andre Trupp?

Marcius. Schon ganz zerstreut.
Die Schurken!
Sie hungern, sagten sie, und ächzten Sprüchlein,
Als: «Not bricht Eisen; Hunde müssen fressen;
Das Brot ist für den Mund; die Götter senden
Nicht bloß den Reichen Korn.» Mit solchen Fetzen
Macht sich ihr Klagen Luft; man hört sie gütig,
Bewilligt eine Fordrung – eine starke –
(Des Adels Herz zu brechen, jede Kraft
Zu töten[1]) und nun schmeißen sie die Mützen,
Als sollten auf des Mondes Horn sie hängen,
Frech laut und lauter jauchzend.

Menenius. Und was ward zugestanden?

Marcius. Fünf Tribunen,
Um ihre Pöbelweisheit zu vertreten,
Aus eigner Wahl: der ein ist Junius Brutus,
Sicinius und – was weiß ich – Tod und Pest!
Die Lumpen sollten eh die Stadt abdecken,
Als mich so weit zu bringen. Nächstens nun
Gewinnen sie noch mehr und fordern Größres
Mit Androhn der Empörung.

Menenius. Das ist seltsam.

Marcius. Geht, fort mit euch, ihr Überbleibsel!

Ein Bote tritt auf.

Bote. Ist Cajus Marcius hier?

---

1. Im Original: kühne Kraft bleich zu machen

Marcius. Nun ja! was soll's?
Bote. Ich meld Euch, Herr, die Volsker sind in Waffen.
Marcius. Mich freut's! So werden wir am besten los
Den Überfluß, der schimmlicht wird. — Seht da,
Die würdgen Väter.

Es treten auf Cominius, Titus Lartius und andre Senatoren, Junius Brutus und Sicinius Velutus.

Erster Senator. Marcius, was Ihr uns sagtet, ist geschehn:
Die Volsker sind in Waffen.
Marcius. Ja, sie führt
Tullus Aufidius, der macht euch zu schaffen.
Ich sündge, seinen Adel ihm zu neiden,
Und wär ich etwas andres als ich bin,
So wünscht ich, er zu sein.
Cominius. Ihr fochtet miteinander.
Marcius. Wenn, halb und halb geteilt, die Welt sich zauste,
Und er auf meiner Seit, ich fiele ab,
Nur daß ich ihn bekämpft'. — Er ist ein Löwe,
Den ich zu jagen stolz bin.
Erster Senator. Darum, Marcius,
Magst du Cominius folgen in den Krieg.
Cominius. Ihr habt es einst versprochen.
Marcius. Herr, das hab ich,
Und halte Wort. Du, Titus Lartius, siehst
Noch einmal Tullus, mich ins Antlitz schlagen.
Wie — bist du krank[1]? bleibst aus?
Titus. Nein, Cajus Marcius.
Ich lehn auf eine Krück und schlage mit der andern,
Eh ich dies' Werk versäum.
Marcius. O edles Blut!
Erster Senator. Begleitet uns zum Kapitol, dort harren
Die treusten Freunde unser.
Titus. Geht voran —
Cominius, folgt ihm nach, wir folgen euch,
Ihr seid des Vorrangs würdig.

---

1. Im Original: steif (vor Alter)

Cominius. Edler Marcius!
Erster Senator (zu den Bürgern).
  Geht, macht euch fort! – nach Haus!
Marcius. Nein, laßt sie folgen.
  Die Volsker haben Korn; dahin ihr Ratten,
  Die Scheuren freßt. – Hochadlige Rebellen,
  Eur Mut schlägt herrlich aus. Ich bitte, folgt.
(Senatoren, Cominius, Marcius, Titus Lartius und Menenius gehn ab;
  die Bürger schleichen sich fort.)
Sicinius. War je ein Mensch so stolz wie dieser Marcius?
Brutus. Er hat nicht seinesgleichen.
Sicinius. Als wir ernannt zu Volkstribunen wurden –
Brutus. Saht Ihr sein Aug, den Mund?
Sicinius. Ja, und sein Höhnen!
Brutus. Gereizt schont nicht sein Spott die Götter selbst.
Sicinius. Den keuschen Mond auch würd er lästern.
Brutus. Verschling ihn dieser Krieg; er ward zu stolz,
  So tapfer wie er ist.
Sicinius. Solch ein Gemüt,
  Gekitzelt noch vom Glück, verschmäht den Schatten,
  Auf den er mittags tritt. Doch wundert's mich,
  Wie nur sein Hochmut es erträgt, zu stehn
  Unter Cominius.
Brutus. Ruhm, nach dem er zielt,
  Und der schon reich ihn schmückt, wird besser nicht
  Erhalten und erhöht, als auf dem Platz
  Zunächst dem ersten; denn was nun mißlingt,
  Das ist des Feldherrn Schuld, tut er auch alles,
  Was Menschenkraft vermag; und schwindelnd[1] Urteil
  Ruft dann vom Marcius aus: O hätte dieser
  Den Krieg geführt!
Sicinius. Gewiß, und geht es gut,
  So raubt das Vorurteil, am Marcius hängend,
  Cominius jegliches Verdienst.
Brutus. Jawohl. –

---

1. Sinn: unbesonnen, gedankenlos

Cominius' halben Ruhm hat Marcius schon,
Erwarb er ihn auch nicht; und jenes Fehler,
Sie werden Marcius' Ruhm, tat er auch selbst
Nichts Großes mehr.

Sicinius. Kommt, laßt uns hin und hören
Die Ausfert'gung, und was in Art und Weise
Er, außer seiner Einzigkeit, nun geht
In diesen jetzgen Kampf.

Brutus. So gehn wir denn.

(*Beide ab.*)

Zweite Szene

Corioli, das Staatsgebäude
Tullus Aufidius tritt auf mit einigen Senatoren

Erster Senator. So glaubt Ihr wirklich denn, Aufidius,
Daß die von Rom erforschten unsern Plan,
Und wissen, was wir tun?

Aufidius. Glaubt ihr's denn nicht?
Was ward wohl je gedacht in unserm Staat,
Das nicht, eh's körperliche Tat geworden,
Rom ausgeforscht? Noch sind's vier Tage nicht,
Daß man von dort mir schrieb; so, denk ich, lautet's –
Ich hab den Brief wohl hier; – ja, dieser ist's.

(*Er liest.*) «Geworben wird ein Heer; doch niemand weiß,
Ob für den Ost, den West. Groß ist die Teurung,
Das Volk im Aufruhr, und man raunt sich zu,
Cominius, Marcius, Euer alter Feind
(Der mehr in Rom gehaßt wird als von Euch),
Und Titus Lartius, ein sehr tapfrer Römer:
Daß diesen drei'n die Rüstung ward vertraut.
Wohin's auch geht, wahrscheinlich trifft es Euch;
Drum seht Euch vor.»

Erster Senator. Im Feld stehn unsre Scharen;
Wir zweifeln nie, daß Rom, uns zu begegnen,
Stets sei bereit.

Aufidius. Und Ihr habt klug gehandelt,
Zu bergen Euern großen Plan, bis er
Sich zeigen mußte; doch im Brüten schon
Erkannt ihn Rom, so scheint's; durch die Entdeckung
Wird unser Ziel geschmälert, welches war,
Zu nehmen manche Stadt, eh selbst die Römer
Bemerkt, daß wir im Gang.
Zweiter Senator. Edler Aufidius,
Nehmt Eure Vollmacht, eilt zu Euren Scharen,
Laßt uns zurück, Corioli zu schützen;
Belagern sie uns hier, kommt zum Entsatz
Mit Eurem Heer zurück; doch sollt Ihr sehn,
Die Rüstung gilt nicht uns.
Aufidius. O! zweifelt nicht;
Ich sprech aus sichrer Nachricht. Ja – noch mehr,
Schon rückten einge Römerhaufen aus,
Und nur hieherwärts. Ich verlass euch, Väter.
Wenn wir und Cajus Marcius uns begegnen,
So ist geschworen, daß der Kampf nicht endet,
Bis einer fällt.
Alle Senatoren. Die Götter sein mit Euch!
Aufidius. Sie schirmen eure Ehren.
Erster Senator. Lebt wohl!
Zweiter Senator. Lebt wohl!
Aufidius. Lebt wohl!

(*Alle ab.*)

DRITTE SZENE

Rom, im Hause des Marcius
Volumnia und Virgilia sitzen und nähen

Volumnia. Ich bitte dich, Tochter, sing, oder sprich wenigstens trostreicher; wenn mein Sohn mein Gemahl wäre, ich würde mich lieber seiner Abwesenheit erfreuen, durch die er Ehre erwirbt, als der Umarmungen seines Bettes, in denen ich seine Liebe erkennte. Da er noch ein zarter Knabe war und das einzige Kind meines Schoßes, da Jugend und Anmut gewaltsam alle Blicke auf ihn zogen, als die tagelangen Bitten eines Königs einer Mutter nicht eine einzige Stunde seines Anblicks abgekauft hätten, schon damals – wenn ich bedachte, wie Ehre solch ein Wesen zieren würde, und daß es nicht besser sei als ein Gemälde, das an der Wand hängt, wenn Ruhmbegier es nicht belebte – war ich erfreut, ihn da Gefahren suchen zu sehn, wo er hoffen konnte, Ruhm zu finden. In einen grausamen Krieg sandte ich ihn, aus dem er zurückkehrte, die Stirn mit Eichenlaub umwunden. Glaube mir, Tochter, mein Herz hüpfte nicht mehr vor Freuden, als ich zuerst hörte, es sei ein Knabe, als jetzt, da ich zuerst sah, er sei ein Mann geworden.

Virgilia. Aber wäre er nun in der Schlacht geblieben, teure Mutter, wie dann?

Volumnia. Dann wäre sein Nachruhm mein Sohn gewesen; in ihm hätte ich mein Geschlecht gesehn. Höre mein offenherziges Bekenntnis: hätte ich zwölf Söhne, jeder meinem Herzen gleich lieb, und keiner mir weniger teuer als dein und mein guter Marcius, ich wollte lieber elf für ihr Vaterland edel sterben sehn, als einen einzigen in wollüstigem Müßiggang schwelgen.

Es tritt eine Dienerin auf.

Dienerin. Edle Frau, Valeria wünscht Euch zu sehn.

Virgilia. Ich bitte, erlaubt mir, mich zurückzuziehn.

Volumnia. O nein! das sollst du nicht.
Mich dünkt, bis hier tönt deines Gatten Trommel,
Er reißt Aufidius bei den Haaren nieder;
Wie Kinder vor dem Bären fliehn die Volsker.
Mich dünkt, ich seh's! So stampft er und ruft aus:
«Memmen, heran! In Furcht seid ihr gezeugt;
Obwohl in Rom geboren.» Und er trocknet
Die blutge Stirn mit ehrner Hand, und schreitet
So wie ein Schnitter, der sich vorgesetzt,
Alles zu mähn, wo nicht, den Lohn zu missen.

Virgilia. Die blutge Stirn! – o Jupiter! kein Blut.

Volumnia. O schweig, du Törin! schöner ziert's den Mann
Als Goldtrophäen. Die Brust der Hekuba

War schöner nicht, da sie den Hektor säugte,
Als Hektors Stirn, die Blut entgegenspritzte
Im Kampf den Griechenschwertern. – Sagt Valerien,
Wir sind bereit, sie zu empfangen. (*Dienerin ab.*)

Virgilia. Himmel!
Schütz meinen Mann vorm grimmigen Aufidius.

Volumnia. Er schlägt Aufidius' Haupt sich unters Knie
Und tritt auf seinen Hals.

Valeria tritt auf.

Valeria. Ihr edlen Frauen, euch beiden guten Tag!

Volumnia. Liebe Freundin –

Virgilia. Ich bin erfreut, Euch zu sehn, verehrte Frau.

Valeria. Was macht ihr beide? Ihr seid ausgemachte Haushälterinnen. Wie! – Ihr sitzt hier und näht? – Ein hübsches Muster, das muß ich gestehn. – Was macht Euer kleiner Sohn?

Virgilia. Ich danke Euch, edle Frau, er ist wohl.

Volumnia. Er mag lieber Schwerter sehn und die Trommel hören, als auf seinen Schulmeister acht geben.

Valeria. O! auf mein Wort, ganz der Vater. Ich kann's beschwören, er ist ein allerliebster Knabe. Nein wahrlich, ich beobachtete ihn am Mittwoch eine halbe Stunde ununterbrochen; er hat etwas so Entschloßnes in seinem Benehmen. Ich sah ihn einem glänzenden Schmetterlinge nachlaufen, und als er ihn gefangen hatte, ließ er ihn wieder fliegen, und nun wieder ihm nach, und fiel der Länge nach hin, und wieder aufgesprungen und ihn noch einmal gefangen. Hatte ihn sein Fall böse gemacht, oder was ihm sonst sein mochte, aber er knirschte so mit den Zähnen und zerriß ihn! O! ihr könnt nicht glauben, wie er ihn zerfetzte.

Volumnia. Ganz seines Vaters Art.

Valeria. Ei, wahrhaftig! er ist ein edles Kind.

Virgilia. Ein kleiner Wildfang, Valeria.

Valeria. Kommt, legt Eure Stickerei weg, Ihr müßt heut nachmittag mit mir die müßige Hausfrau machen.

Virgilia. Nein, teure Frau, ich werde nicht ausgehn.

Valeria. Nicht ausgehn?

Volumnia. Sie wird, sie wird.

Virgilia. Nein, gewiß nicht; erlaubt es mir. Ich will nicht über die Schwelle schreiten, eh mein Gemahl aus dem Kriege heimgekehrt ist.

Valeria. Pfui! wollt Ihr so wider alle Vernunft Euch einsperren? Kommt mit, Ihr müßt eine gute Freundin besuchen, die im Kindbette liegt.

Virgilia. Ich will ihr eine schnelle Genesung wünschen und sie mit meinem Gebet besuchen, aber hingehn kann ich nicht.

Volumnia. Nun, warum denn nicht?

Virgilia. Es ist gewiß nicht Trägheit oder Mangel an Liebe.

Valeria. Ihr wäret gern eine zweite Penelope; und doch sagt man, alles Garn, das sie in Ulysses' Abwesenheit spann, füllte Ithaka nur mit Motten. Kommt, ich wollte, Eure Leinwand wäre so empfindlich wie Euer Finger, so würdet Ihr aus Mitleid aufhören, sie zu stechen. Kommt, Ihr müßt mitgehn.

Virgilia. Nein, Liebe, verzeiht mir; im Ernst, ich werde nicht ausgehn.

Valeria. Ei wahrhaftig! Ihr müßt mitgehn; dann will ich Euch auch herrliche Neuigkeiten von Eurem Gemahl erzählen.

Virgilia. O, liebe Valeria! es können noch keine gekommen sein.

Valeria. Wahrlich! ich scherze nicht mit Euch; es kam gestern abend Nachricht von ihm.

Virgilia. In der Tat?

Valeria. Im Ernst, es ist wahr; ich hörte einen Senator davon erzählen. So war es: – Die Volsker haben ein Heer ausrücken lassen, welchem Cominius, der Feldherr, mit einem Teil der römischen Macht entgegengegangen ist. Euer Gemahl und Titus Lartius belagern ihre Stadt Corioli; sie zweifeln nicht daran, sie zu erobern und den Krieg bald zu beendigen. – Dies ist wahr, bei meiner Ehre! Und nun bitte ich Euch, geht mit uns.

Virgilia. Verzeiht mir, gute Valeria; künftig will ich Euch in allem andern gehorchen.

Volumnia. Ei, laßt sie, Liebe. Wie sie jetzt ist, würde sie nur unser Vergnügen stören.

Valeria. Wirklich, das glaube ich auch. So lebt denn wohl. Kommt, liebe, teure Frau. Ich bitte dich, Virgilia, wirf deine Feierlichkeit zur Tür hinaus und geh noch mit.
Virgilia. Nein, auf mein Wort, Valeria. In der Tat, ich darf nicht; ich wünsche Euch viel Vergnügen.
Valeria. Gut, so lebt denn wohl!

(*Alle ab.*)

VIERTE SZENE

Vor Corioli

Mit Trommeln und Fahnen treten auf Marcius, Titus, Lartius, Anführer, Krieger. Zu ihnen ein Bote

Marcius. Ein Bote kommt. Ich wett, es gab ein Treffen.
Titus. Mein Pferd an Eures: nein.
Marcius. Es gilt.
Titus. Es gilt.
Marcius. Sprich du. Traf unser Feldherr auf den Feind?
Bote. Sie schaun sich an, doch sprachen sich noch nicht.
Titus. Das gute Pferd ist mein.
Marcius. Ich kauf's Euch ab.
Titus. Nein, ich verkauf und geb's nicht; doch Euch borg ich's Für fünfzig Jahr. – Die Stadt nun fordert auf.
Marcius. Wie weit ab stehn die Heere?
Bote. Kaum drei Stunden[1].
Marcius. So hören wir ihr Feldgeschrei, sie unsers. –
Nun, Mars, dir fleh ich, mach uns rasch im Werk,
Daß wir mit dampfendem Schwert von hinnen ziehn,
Den kampfgescharten Freunden schnell zu helfen.
Komm, blas nun deinen Aufruf.
Es wird geblasen, auf den Mauern erscheinen Senatoren und andre.
Tullus Aufidius, ist er in der Stadt?
Erster Senator. Nein, doch gleich ihm hält jeder Euch gering Und kleiner als das Kleinste. Horcht die Trommeln

(*Kriegsmusik aus der Ferne.*)

---

1. Im Original: anderthalb Meilen

Von unsrer Jugend Schar. Wir brechen eh die Mauern,
Als daß sie uns einhemmten. Unsre Tore,
Zum Schein geschlossen, riegeln Binsen nur,
Sie öffnen sich von selbst. Horcht, weit her tönt's.
    (*Kriegsgeschrei.*)
Das ist Aufidius. Merkt, wie er hantiert
Dort im gespaltnen Heer.
Marcius. Ha! Sie sind dran!
Titus. Der Lärm sei unsre Weisung. Leitern her!
    Die Volsker kommen aus der Stadt.
Marcius. Sie scheun uns nicht; nein, dringen aus der Stadt.
Werft vor das Herz den Schild und kämpft mit Herzen,
Gestählter als die Schild'. Auf, wackrer Titus!
Sie höhnen uns weit mehr, als wir gedacht;
Das macht vor Zorn mich schwitzen. Fort, Kamraden!
Wenn einer weicht, den halt ich für 'nen Volsker,
Und fühlen soll er meinen Stahl.
*Römer und Volsker gehn kämpfend ab. Die Römer werden zurück-
    geschlagen. Marcius kommt wieder.*
Marcius. Die ganze Pest des Südens fall auf euch!
Schandflecke Roms ihr! – Schwär' und Beulen zahllos
Vergiften[1] euch, daß ihr ein Abscheu seid,
Eh noch gesehn, und gegen Windeshauch
Euch ansteckt meilenweit! Ihr Gänseseelen
In menschlicher Gestalt! Vor Sklaven lauft ihr,
Die Affen schlagen würden? Höll und Pluto!
Wund rücklings, Nacken rot, Gesichter bleich
Vor Furcht und Fieberfrost. Kehrt um! Greift an!
Sonst, bei des Himmels Blitz! lass' ich den Feind
Und stürz auf euch. Besinnt euch denn, voran!
Steht, und wir schlagen sie zu ihren Weibern,
Wie sie zu unsern Schanzen uns gefolgt!
*Ein neuer Angriff, Volsker und Römer kämpfen. Die Volsker
    flüchten in die Stadt. Marcius verfolgt sie.*
Auf geht das Tor, nun zeigt euch, wackre Helfer!

---

1. Im Original: überpflastern

Für die Verfolger hat's das Glück geöffnet,
Nicht für die Flüchtgen. Nach! und tut wie ich.
(*Er stürzt in die Stadt und das Tor wird hinter ihm geschlossen.*)
Erster Soldat. Tolldreist! ich nicht —
Zweiter Soldat. Noch ich.
Dritter Soldat. Da seht! sie haben
  Ihn eingesperrt.
Alle. Nun geht er drauf, das glaubt nur.
                Titus Lartius tritt auf.
Titus. Was ward aus Marcius?
Alle. Tot, Herr, ganz gewiß.
Erster Soldat. Den Flüchtgen folgt' er auf den Fersen nach
  Und mit hinein; sie augenblicks die Tore
  Nun zugesperrt: drin ist er, ganz allein,
  Der ganzen Stadt zu trotzen.
Titus. Edler Freund!
  Du, fühlend kühner als dein fühllos Schwert,
  Feststehend, wenn dies beugt, verloren bist du, Marcius!
  Der reinste Diamant, so groß wie du,
  Wär nicht ein solch Juwel; du warst ein Krieger
  Nach Catos Sinn, nicht wild und fürchterlich
  In Streichen nur; nein, deinem grimmen Blick
  Und deiner Stimme donnergleichem Schmettern
  Erbebten deine Feind', als ob die Welt
  Im Fieber zitterte.
        Marcius kommt zurück, blutend, von den Feinden verfolgt.
Erster Soldat. Seht, Herr!
Titus. O! da ist Marcius!
  Laßt uns ihn retten, oder mit ihm fallen.
          (*Gefecht. Alle dringen in die Stadt.*)

FÜNFTE SZENE

In Corioli, eine Straße
Römer kommen mit Beute

Erster Römer. Das will ich mit nach Rom nehmen.
Zweiter Römer. Und ich dies.

Dritter Römer. Hol's der Henker! ich hielt das für Silber.
Marcius und Titus treten auf mit einem Trompeter.
Marcius. Seht diese Trödler[1], die die Stunden schätzen
Nach rostgen[2] Drachmen. Kissen, bleierne Löffel,
Blechstückchen, Wämser, die der Henker selbst
Verscharrte mit dem Leichnam, stiehlt die Brut,
Eh noch die Schlacht zu Ende. – Haut sie nieder! –
O, hört des Feldherrn Schlachtruf! Fort zu ihm!
Dort kämpft, den meine Seele haßt, Aufidius,
Und mordet unsre Römer. Drum, mein Titus,
Nimm eine Anzahl Volks, die Stadt zu halten;
Mit denen, die der Mut befeuert, eil ich,
Cominius beizustehn.
Titus. Du blutest, edler Freund!
Die Arbeit war zu schwer, sie zu erneun
In einem zweiten Gang.
Marcius. Herr, rühmt mich nicht.
Dies Werk hat kaum mich warm gemacht. Lebt wohl!
Das Blut, das ich verzapft, ist mehr Arznei
Als mir gefährlich. Vor Aufidius so
Tret ich zum Kampf.
Titus. Fortunas holde Gottheit
Sei jetzt in dich verliebt; ihr starker Zauber
Entwaffne deines Feindes Schwert. O Held!
Dein Knappe sei das Glück!
Marcius. Dein Freund nicht minder,
Als derer, die zuhöchst sie stellt! Leb wohl! (*Geht ab.*)
Titus. Ruhmwürdger Marcius! –
Geh du, blas auf dem Marktplatz die Trompete
Und ruf der Stadt Beamte dort zusammen,
Daß sie vernehmen unseren Willen. Fort! (*Ab.*)

---

1. Im Original: sich drückenden Feiglinge
2. Im Original: rißgen

Sechste Szene

In der Nähe von Cominius' Lager
Cominius und sein Heer auf dem Rückzuge

Cominius. Erfrischt euch, Freunde. Gut gekämpft! Wir hielten
Wie Römer uns; nicht tollkühn dreist im Stehn,
Noch feig im Rückzug. Auf mein Wort, ihr Krieger,
Der Angriff wird erneut. Indem wir kämpften,
Erklang, vom Wind geführt, in Zwischenräumen
Der Freunde Schlachtruf. O! ihr Götter Roms!
Führt sie zum Ruhm und Sieg, so wie uns selbst
Daß unsre Heere, lächelnd sich begegnend,
Euch dankbar Opfer bringen.
Ein Bote tritt auf.
Deine Botschaft?
Bote. Die Mannschaft von Corioli brach aus
Und fiel den Marcius und den Lartius an.
Ich sah die Unsern zu den Schanzen fliehn,
Da eilt ich fort.
Cominius. Mich dünkt, sprichst du auch wahr,
So sprichst du doch nicht gut. Wie lang ist's her?
Bote. Mehr als 'ne Stunde, Herr.
Cominius. 's ist keine Meil, wir hörten noch die Trommeln.
Wie – gingst du eine Stund auf diese Meile?
Und bringst so spät Bericht?
Bote. Der Volsker Späher
Verfolgten mich, so lief ich einen Umweg
Von drei, vier Meilen; sonst bekamt Ihr, Herr,
Vor einer halben Stunde schon die Botschaft.
Marcius tritt auf.
Cominius. Doch, wer ist jener,
Der aussieht wie geschunden? O! ihr Götter!
Er trägt des Marcius Bildung, und schon sonst
Hab ich ihn so gesehn.
Marcius. Komm ich zu spät?
Cominius. Der Schäfer unterscheidet nicht so gut

Schalmei[1] und Donner, wie ich Marcius' Stimme
Von jedem schwächern Laut.

Marcius. Komm ich zu spät?

Cominius. Ja, wenn du nicht in fremdem Blut gekleidet,
Im eignen kommst.

Marcius. O! laßt mich Euch umschlingen:
Mit kräftgen Armen, wie als Bräutigam,
Mit freudgem Herzen, wie am Hochzeitstag,
Als Kerzen mir zu Bett geleuchtet.

Cominius. O!
Mein Kriegsheld, wie geht's dem Titus Lartius?

Marcius. Wie einem, der geschäftig Urteil spricht,
Zum Tode den verdammt, den zur Verbannung,
Den frei läßt, den beklagt, dem andern droht.
Er hält Corioli im Namen Roms
So wie ein schmeichelnd Windspiel an der Leine,
Die er nach Willkür löst.

Cominius. Wo ist der Sklav,
Der sprach, sie schlügen Euch zurück ins Lager?
Wo ist er? Ruft ihn her.

Marcius. Nein, laßt ihn nur.
Die Wahrheit sprach er; doch die edlen Herrn,
Das niedre Volk (verdammt: für sie Tribunen!),
Die Maus läuft vor der Katze nicht, wie sie
Vor Schuften rannten, schlechter als sie selbst.

Cominius. Wie aber drangt Ihr durch?

Marcius. Ist zum Erzählen Zeit? Ich denke nicht –
Wo ist der Feind? Seid Ihr des Feldes Herr?
Wo nicht, was ruht Ihr, bis Ihr's seid?

Cominius. O Marcius!
Wir fochten mit Verlust und zogen uns
Zurück, den Vorteil zu erspähn.

Marcius. Wie steht ihr Heer? Wißt Ihr, auf welcher Seite
Die beste Mannschaft ist?

---

[1] Im Original: Tabor (Trommel, die mit einem Stock geschlagen wird)

Cominius. Ich glaube, Marcius,
　Im Vordertreffen kämpfen die Antiaten,
　Ihr bestes Volk; Aufidius führt sie an,
　Der ihrer Hoffnung Seel und Herz.
Marcius. Ich bitt dich,
　Bei jeder Schlacht, in der vereint wir fochten,
　Bei dem vereint vergoßnen Blut, den Schwüren,
　Uns ewig treu zu lieben: stell mich grade
　Vor die Antiaten und Aufidius hin;
　Und säumt nicht länger. Nein, im Augenblick
　Erfülle Speer- und Schwertgetön die Luft,
　Und proben wir die Stunde.
Cominius. Wünscht ich gleich,
　Du würdest in ein laues Bad geführt,
　Dir Balsam aufgelegt: doch wag ich nie
　Dir etwas zu verweigern. Wähl dir selbst
　Für diesen Kampf die Besten.
Marcius. Das sind nur
　Die Willigsten. Ist irgendeiner hier
　(Und Sünde wär's, zu zweifeln), dem die Schminke
　Gefällt, mit der er hier mich sieht gemalt,
　Der üblen Ruf mehr fürchtet als den Tod,
　Und schön zu sterben wählt statt schlechten Lebens,
　Sein Vaterland mehr als sich selber liebt:
　Wer so gesinnt, ob einer oder viele,
　Der schwing die Hand, um mir sein Ja zu sagen,
　Und folge Marcius.
　(*Alle jauchzen, schwingen die Schwerter, drängen sich um ihn und
　　　　　　heben ihn auf ihren Armen empor.*)
　Wie? Alle eins? Macht ihr ein Schwert aus mir?
　Ist dies kein äußrer Schein, wer von euch allen
　Ist nicht vier Volsker wert? Ein jeder kann
　Aufidius einen Schild entgegentragen,
　So hart wie seiner. Eine Anzahl nur,
　Dank ich schon allen, wähl ich: und den andern
　Spar ich die Arbeit für den nächsten Kampf,
　Wie er sich bieten mag. Voran, ihr Freunde!

Vier meiner Leute mögen die erwählen,
Die mir am liebsten folgen.

Cominius. Kommt, Gefährten,
Beweist, daß ihr nicht prahltet, und ihr sollt
Uns gleich in allem sein.

(*Alle ab.*)

SIEBENTE SZENE

Das Tor vor Corioli

Titus Lartius, eine Besatzung in Corioli zurücklassend, geht dem Marcius und Cominius mit Trommeln und Trompeten entgegen, ihm folgt ein Anführer mit Kriegern

Titus. Besetzt die Tore wohl, tut eure Pflicht,
Wie ich's euch vorschrieb. Send ich, schickt zur Hilfe
Uns die Zenturien nach; der Rest genügt
Für kurze Deckung. Geht die Schlacht verloren,
So bleibt die Stadt uns doch nicht.

Anführer. Traut auf uns.

Titus. Fort! und verschließet hinter uns die Tore.
Du, Bote, komm; führ uns ins römsche Lager.

(*Alle ab.*)

ACHTE SZENE

Schlachtfeld

Kriegsgeschrei, Marcius und Aufidius, die einander begegnen

Marcius. Mit dir nur will ich kämpfen! denn dich haß ich
Mehr als den Meineid.

Aufidius. Ja, so haß ich dich.
Mir ist kein Drache[1] Afrikas so greulich
Und giftig wie dein Ruhm. Setz deinen Fuß.

Marcius. Wer weicht, soll sterben als des andern Sklave,
Dann richten ihn die Götter.

---

1. Im Original: Schlange

Aufidius. Flieh ich, Marcius,
  So hetz mich gleich dem Hasen.
Marcius. Noch vor drei Stunden, Tullus,
  Focht ich allein in Eurer Stadt Corioli
  Und hauste ganz nach Willkür. Nicht mein Blut
  Hat so mich übertüncht; drum spann die Kraft
  Aufs höchste, dich zu rächen!
Aufidius. Wärst du Hektor,
  Die Geißel eurer prahlerischen Ahnen,
  Du kämst mir nicht von hier.

  (*Sie fechten; einige Volsker kommen dem Aufidius zu Hilfe.*)

  Dienstwillig und nicht tapfer! Ihr beschimpft mich
  Durch so verhaßten Beistand.

  (*Alle fechtend ab.*)

NEUNTE SZENE

Das römische Lager
*Man bläst zum Rückzug; Trompeten. Von einer Seite tritt auf
Cominius mit seinem Heer, von der andern Marcius, den Arm in der
Binde, und andre Römer*

Cominius. Erzählt ich dir dein Werk des heutgen Tages,
  Du glaubtest nicht dein Tun; doch will ich's melden,
  Wo Senatoren Trän' und Lächeln mischen,
  Wo die Patrizier horchen und erbeben[1],
  Zuletzt bewundern; wo sich Fraun entsetzen
  Und, froh erschreckt, mehr hören; wo der plumpe
  Tribun, der, dem Plebejer gleich, dich haßt,
  Ausruft, dem eignen Groll zum Trotz: «Dank, Götter,
  Daß unserm Rom ihr solche Helden schenktet!»
  Doch kamst du nur zum Nachtisch dieses Festes,
  Vorher schon voll gesättigt.

  Titus Lartius kommt mit seinen Kriegern.
Titus. O mein Feldherr!

---

1. Im Original: die Achseln zucken (Verächtlichkeit ausdrückend)

Hier ist das Streitroß, wir sind das Geschirr.
Hättst du gesehn –
Marcius. Still, bitt ich. Meine Mutter,
Die einen Freibrief hat, ihr Blut zu preisen,
Kränkt mich, wenn sie mich rühmt. Ich tat ja nur,
Was ihr: das ist, soviel ich kann, erregt,
Wie ihr es waret, für mein Vaterland.
Wer heut den guten Willen nur erfüllte,
Hat meine Taten überholt.
Cominius. Nicht darfst du
Das Grab sein deines Werts. Rom muß erkennen,
Wie köstlich sein Besitz. Es wär ein Hehl,
Ärger als Raub, nicht minder als Verleumdung,
Zu decken deine Tat, von dem zu schweigen,
Was durch des Preises höchsten Flug erhoben,
Bescheiden noch sich zeigt. Drum bitt ich dich,
Zum Zeichen, was du bist, und nicht als Lohn
Für all dein Tun, laß vor dem Heer mich reden.
Marcius. Ich hab so Wunden hier und da, die schmerzt es,
Sich so erwähnt zu hören.
Cominius. Geschäh's nicht,
Der Undank müßte sie zum Schwären bringen
Und bis zum Tod verpesten[1]. Von den Pferden
(Wir fingen viel und treffliche) und allen
Den Schätzen, in der Stadt, im Feld erbeutet,
Sei dir der zehnte Teil; ihn auszusuchen
Noch vor der allgemeinen Teilung, ganz
Nach deiner eignen Wahl.
Marcius. Ich dank dir, Feldherr;
Doch sträubt mein Herz sich, einen Lohn zu nehmen
Als Zahlung meines Schwerts. Ich schlag es aus
Und will nur soviel aus gemeiner Teilung,
Wie alle, die nur ansahn, was geschah.
(*Ein langer Trompetenstoß. Alle rufen « Marcius! Marcius! »,
werfen Mützen und Speere in die Höhe.*)

---

[1]. Im Original: und sie wären nur durch Tod zu heilen

Daß die Drommeten, die ihr so entweiht,
Nie wieder tönen! Wenn Posaun und Trommel
Im Lager Schmeichler sind, mag Hof und Stadt
Ganz Lüge sein und Gleisnerei. Wird Stahl
Weich wie Schmarotzerseide, bleibe Erz
Kein Schirm im Kriege mehr! Genug, sag ich. —
Weil ich die blutge Nase mir nicht wusch
Und einen Schwächling niederwarf, was mancher
Hier unbemerkt getan, schreit ihr mich aus
Mit übertriebnem, unverständgem Zuruf,
Als säh ich gern mein kleines Selbst gefüttert
Mit Lob, gewürzt durch Lügen.
Cominius. Zu bescheiden!
Ihr seid mehr grausam eignem Ruhm, als dankbar
Uns, die ihn redlich spenden; drum erlaubt:
Wenn gegen Euch Ihr wütet, legen wir
(Wie einem, der sich schadet) Euch in Fesseln
Und sprechen sichrer dann. Drum sei es kund
Wie uns der ganzen Welt, daß Cajus Marcius
Des Krieges Kranz erwarb. Und des zum Zeichen
Nehm er mein edles Roß, bekannt dem Lager,
Mit allem Schmuck; und heiß er von heut an,
Für das, was vor Corioli er tat,
Mit vollem Beifallsruf des ganzen Heeres:
Cajus Marcius Coriolanus. — Führe
Den zugefügten Namen allzeit edel! (*Trompetenstoß.*)
Alle. Cajus Marcius Coriolanus!
Coriolanus. Ich geh, um mich zu waschen;
Und ist mein Antlitz rein, so könnt Ihr sehn,
Ob ich erröte. Wie's auch sei, ich dank Euch —
Ich denk Eur Pferd zu reiten und allzeit
Mich wert des edlen Namensschmucks zu zeigen,
Nach meiner besten Kraft.
Cominius. Nun zu den Zelten,
Wo, eh wir noch geruht, wir schreiben wollen
Nach Rom von unserm Glück. Ihr, Titus Lartius,
Müßt nach Corioli. Schickt uns nach Rom

Die Besten, daß wir dort mit ihnen handeln
Um ihr und unser Wohl.
Titus. Ich tu es, Feldherr.
Coriolanus. Die Götter spotten mein. Kaum schlug ich aus
Höchst fürstliche Geschenk' und muß nun betteln
Bei meinem Feldherrn.
Cominius. Was es sei: gewährt.
Coriolanus. Ich wohnt einmal hier in Corioli
Bei einem armen Mann, er war mir freundlich;
Er rief mich an: ich sah ihn als Gefangnen;
Doch da hatt ich Aufidius im Gesicht,
Und Wut besiegte Mitleid. Gebt, ich bitt Euch,
Frei meinen armen Wirt.
Cominius. O schöne Bitte!
Wär er der Schlächter meines Sohns, er sollte
Frei sein, so wie der Wind. Entlaßt ihn, Titus.
Titus. Marcius, sein Nam?
Coriolanus. Bei Jupiter! Vergessen –
Ich bin erschöpft. – Ja – mein Gedächtnis schwindet.
Ist hier nicht Wein?
Cominius. Gehn wir zu unsern Zelten.
Das Blut auf Eurem Antlitz trocknet. Schnell
Müßt Ihr verbunden werden. Kommt.

(*Alle ab.*)

ZEHNTE SZENE

Das Lager der Volsker
*Trompetenstoß. Tullus Aufidius tritt auf, blutend, zwei Krieger
mit ihm*

Aufidius. Die Stadt ist eingenommen.
Erster Krieger. Sie geben auf Bedingung sie zurück.
Aufidius. Bedingung! –
Ich wollt, ich wär ein Römer, denn als Volsker
Kann ich nicht sein das, was ich bin. – Bedingung! –
Was für Bedingung kann wohl der erwarten,

Der sich auf Gnad ergab? Marcius, fünfmal
Focht ich mit dir, so oft auch schlugst du mich,
Und wirst es, denk ich, träfen wir uns auch,
So oft wir speisen. – Bei den Elementen!
Wenn ich je wieder, Bart an Bart, ihm stehe,
Muß ich ihn ganz, muß er mich ganz vernichten;
Nicht mehr, wie sonst, ist ehrenvoll mein Neid;
Denn, dacht ich ihn mit gleicher Kraft zu tilgen
Ehrlich im Kampf, hau ich ihn jetzt, wie's kommt;
Wut oder List vernicht ihn.
Erster Krieger. 's ist der Teufel.
Aufidius. Kühner, doch nicht so schlau. Vergiftet ist
Mein Mut, weil er von ihm den Flecken duldet,
Verleugnet eignen Wert. Nicht Schlaf noch Tempel,
Ob nackt, ob krank; nicht Kapitol noch Altar,
Der Priester Beten, noch des Opfers Stunde,
Vor denen jede Wut sich legt[1], erheben
Ihr abgenutztes Vorrecht gegen mich
Und meinen Haß auf ihn. Wo ich ihn finde,
Daheim, in meines Bruders Schutz, selbst da,
Dem gastlichen Gebot zuwider, wüsch ich
Die wilde Hand in seinem Herzblut. Geht –
Erforscht, wie man die Stadt bewahrt, und wer
Als Geisel muß nach Rom.
Erster Krieger. Wollt Ihr nicht gehn?
Aufidius. Man wartet meiner im Zypressenwald,
Südwärts der Mühlen; dahin bringt mir Nachricht,
Wie die Welt geht, daß ich nach ihrem Schritt
Ansporne meinen Lauf.
Erster Krieger. Das will ich, Herr.
　　　　　　(*Alle ab.*)

---

1. Wahrscheinlich: wo jede Wut gehemmt wird

ZWEITER AUFZUG

Erste Szene

Rom, ein öffentlicher Platz
Es treten auf Menenius, Sicinius und Brutus

Menenius. Der Augur sagte mir, wir würden heut Nachricht erhalten.

Brutus. Gute oder schlimme?

Menenius. Nicht nach dem Wunsch des Volks; denn sie lieben den Marcius nicht.

Sicinius. Natur lehrt die Tiere selbst ihre Freunde kennen.

Menenius. Sagt mir: Wen liebt der Wolf?

Sicinius. Das Lamm.

Menenius. Es zu verschlingen, wie die hungrigen Plebejer den edlen Marcius möchten.

Brutus. Nun, der ist wahrhaftig ein Lamm, das wie ein Bär blökt.

Menenius. Er ist wahrhaftig ein Bär, der wie ein Lamm lebt. – Ihr seid zwei alte Männer: sagt mir nur eins, was ich euch fragen will.

Brutus. Gut, Herr.

Menenius. In welchem Unfug ist Marcius arm, in welchem ihr beide nicht reich seid?

Brutus. Er ist nicht arm an irgendeinem Fehler, sondern mit allen ausgestattet.

Sicinius. Vorzüglich mit Stolz.

Brutus. Und im Prahlen übertrifft er jeden andern.

Menenius. Das ist doch seltsam! Wißt ihr beide wohl, wie ihr in der Stadt beurteilt werdet? Ich meine, von uns, aus den höheren Ständen. Wißt ihr?

Brutus. Nun, wie werden wir denn beurteilt?

Menenius. Weil ihr doch eben vom Stolz sprachet – wollt ihr nicht böse werden?

Brutus. Nur weiter, Herr, weiter.

Menenius. Nun, es ist auch gleichgültig; denn ein sehr kleiner

Dieb von Gelegenheit raubt euch wohl einen sehr großen Vorrat von Geduld. Laßt eurer Gemütsart den Zügel schießen und werdet böse, soviel ihr Lust habt; wenigstens, wenn es euch Vergnügen macht, es zu sein. Ihr tadelt Marcius wegen seines Stolzes?
Brutus. Wir tun es nicht allein, Herr.
Menenius. Das weiß ich wohl. Ihr könnt sehr wenig allein tun; denn eurer Helfer sind viele, sonst würden auch eure Taten außerordentlich einfältig herauskommen; eure Fähigkeiten sind allzu kindermäßig, um vieles allein zu tun. Ihr sprecht von Stolz. – O! könntet ihr den Sack auf eurem Rücken sehn[1] und eine glückliche Überschau eures eignen edlen Selbst anstellen. – O! könntet ihr das! –
Brutus. Und was dann?
Menenius. Ei! dann entdecktet ihr ein paar so verdienstlose, stolze, gewaltsame, hartköpfige Magistratspersonen (alias Narren), als nur irgendwelche in Rom.
Sicinius. Menenius, Ihr seid auch bekannt genug.
Menenius. Ich bin bekannt als ein lustiger Patrizier und einer, der einen Becher heißen Weins liebt, mit keinem Tropfen Tiberwasser gemischt. Man sagt, ich sei etwas schwach darin, immer den ersten Kläger zu begünstigen; hastig und entzündbar bei zu kleinen Veranlassungen; einer, der mit dem Hinterteil der Nacht mehr Verkehr hat als mit der Stirn des Morgens. Was ich denke, sag ich, und verbrauche meine Bosheit in meinem Atem. Wenn ich zwei solchen Staatsmännern begegne, wie ihr seid (Lykurgusse kann ich euch nimmermehr nennen), und das Getränk, das ihr mir bietet, meinem Gaumen widerwärtig schmeckt, so mache ich ein krauses Gesicht dazu. Ich kann nicht sagen: «Euer Edlen haben die Sache sehr gut vorgetragen», wenn ich den Esel aus jedem eurer Worte herausgucken sehe; und obwohl ich mit denen Geduld haben muß,

---

1. Im Original: Könntet ihr eure Augen gegen eure Nacken drehen. Anspielung auf die Fabel, die erzählt, jeder habe einen Sack vor sich hängen, in den er die Fehler der Nachbarn stecke, und einen hinter sich, in dem er die eigenen versorge.

welche sagen, ihr seid ehrwürdige, ernste Männer, so lügen doch die ganz abscheulich, welche behaupten, ihr hättet gute Gesichter. Wenn ihr dies auf der Landkarte meines Mikrokosmus entdeckt, folgt daraus, daß ich auch bekannt genug bin? Welch Unheil lesen eure blinden Scharfsichtigkeiten aus diesem Charakter heraus, um sagen zu können, daß ich auch bekannt genug bin?

Brutus. Geht, Herr, geht! Wir kennen Euch gut genug.

Menenius. Ihr kennt weder mich, euch selbst, noch irgend etwas. Ihr seid nach der armen Schelmen Mützen und Kratzfüßen ehrgeizig. Ihr bringt einen ganzen, ausgeschlagenen Vormittag damit zu, einen Zank zwischen einem Pomeranzenweibe und einem Kneipschenken abzuhören, und vertagt dann die Streitfrage über drei Pfennig auf den nächsten Gerichtstag. – Wenn ihr das Verhör über irgendeine Angelegenheit zwischen zwei Parteien habt, und es trifft sich, daß ihr von der Kolik gezwickt werdet, so macht ihr Gesichter wie die Possenreißer; steckt die blutige Fahne gegen alle Geduld auf und verlaßt, nach einem Nachttopf brüllend, den Prozeß blutend, nur noch verwickelter durch euer Verhör. Ihr stiftet keinen andern Frieden in dem Handel, als daß ihr beide Parteien Schurken nennt. Ihr seid ein paar seltsame Kreaturen!

Brutus. Geht, geht! man weiß recht gut von Euch, daß Ihr ein beßrer Spaßmacher bei der Tafel seid als ein unentbehrlicher Beisitzer auf dem Kapitol.

Menenius. Selbst unsre Priester müssen Spötter werden, wenn ihnen so lächerliche Geschöpfe aufstoßen wie ihr. Wenn ihr auch am zweckmäßigsten sprecht, so ist es doch das Wakkeln eurer Bärte nicht wert; und für eure Bärte wäre es ein zu ehrenvolles Grab, das Kissen eines Flickschneiders zu stopfen oder in eines Esels Packsattel eingesargt zu werden. Und doch müßt ihr sagen: «Marcius ist stolz!» der, billig gerechnet, mehr wert ist als alle eure Vorfahren seit Deukalion; wenn auch vielleicht einige der Besten von ihnen erbliche Henkersknechte waren. Ich wünsch Euer Gnaden einen guten Abend; längere Unterhaltung mit euch würde mein Gehirn anstecken, denn ihr seid ja die Hirten des

Plebejerviehes. Ich bin so dreist, mich von euch zu beurlauben.

Brutus und Sicinius ziehen sich in den Hintergrund zurück.
Volumnia, Virgilia und Valeria kommen.

Wie geht's, meine ebenso schönen als ehrenwerten Damen? Luna selbst, wandelte sie auf Erden, wäre nicht edler. Wohin folgt ihr euren Augen so schnell?

Volumnia. Ehrenwerter Menenius, mein Sohn Marcius kommt. Um der Juno willen, halt uns nicht auf.

Menenius. Wie! Marcius kommt zurück?

Volumnia. Ja, teurer Menenius, und mit der herrlichsten Auszeichnung.

Menenius. Da hast du meine Mütze, Jupiter, und meinen Dank. Ha! Marcius kommt!

Beide Frauen. Ja, es ist wahr.

Volumnia. Seht, hier ist ein Brief von ihm; der Senat hat auch einen, seine Frau einen, und ich glaube, zu Hause ist noch einer für Euch.

Menenius. Mein ganzes Haus muß heut nacht herumtanzen. Ein Brief an mich?

Virgilia. Ja, gewiß, es ist ein Brief für Euch da, ich habe ihn gesehn.

Menenius. Ein Brief an mich! Das macht mich für sieben Jahre gesund; in der ganzen Zeit will ich dem Arzt ein Gesicht ziehen. Das herrlichste Rezept im Galen ist nur Quacksalbsudelei und gegen dies Bewahrungsmittel nicht besser als ein Pferdetrank. Ist er nicht verwundet? Sonst pflegte er verwundet zurückzukommen.

Virgilia. O! nein, nein, nein!

Volumnia. O, er ist verwundet, ich danke den Göttern dafür.

Menenius. Das tue ich auch, wenn es nicht zu arg ist. Bringt er Sieg in der Tasche mit? – Die Wunden stehn ihm gut.

Volumnia. Auf der Stirn, Menenius. Er kommt zum drittenmal mit dem Eichenkranz heim.

Menenius. Hat er den Aufidius tüchtig in die Lehre genommen?

Volumnia. Titus Lartius schrieb: «Sie fochten miteinander, aber Aufidius entkam.»

Menenius. Und es war Zeit für ihn, das kann ich ihm versichern. Hätte er ihm standgehalten, so hätte ich nicht mögen so gefidiust werden für alle Kisten in Corioli und das Gold, das in ihnen ist. Ist das dem Senat gemeldet?

Volumnia. Liebe Frauen, laßt uns gehn. – Ja, ja, ja! – Der Senat hat Briefe vom Feldherrn, der meinem Sohn allein den Ruhm dieses Krieges zugesteht. Er hat in diesem Feldzuge alle seine frühern Taten übertroffen.

Valeria. Gewiß, es werden wunderbare Dinge von ihm erzählt.

Menenius. Wunderbar? Ja, ich stehe Euch dafür, nicht ohne sein wahres Verdienst.

Virgilia. Geben die Götter, daß sie wahr seien!

Volumnia. Wahr! Pah!

Menenius. Wahr? Ich schwöre, daß sie wahr sind. – Wo ist er verwundet? (*Zu den Tribunen.*) Gott schütze Euer liebwertesten Gnaden, Marcius kommt nach Hause und hat nun noch mehr Ursach, stolz zu sein. – Wo ist er verwundet?

Volumnia. In der Schulter und am linken Arm. Das wird große Narben geben, sie dem Volk zu zeigen, wenn er um seine Stelle sich bewirbt. Als Tarquin zurückgeschlagen wurde, bekam er sieben Wunden an seinem Leib.

Menenius. Eine im Nacken und zwei im Schenkel, es sind neun, soviel ich weiß.

Volumnia. Vor diesem letzten Feldzuge hatte er fünfundzwanzig Wunden.

Menenius. Nun sind es siebenundzwanzig, und jeder Riß war eines Feindes Grab. (*Trompeten und Freudengeschrei.*) Hört die Trompeten!

Volumnia. Sie sind des Marcius Führer! Vor sich trägt er Gejauchz der Lust, läßt Tränen hinter sich.
Der finstre Tod liegt ihm im nervgen Arm;
Erhebt er ihn, so stürzt der Feinde Schwarm.

Trompeten.

Es treten auf Cominius und Titus Lartius, zwischen ihnen Coriolanus mit einem Eichenkranz geschmückt, Anführer, Krieger, ein Herold.

Herold. Kund sei dir, Rom, daß Marcius ganz allein
 Focht in Corioli und mit Ruhm erwarb
 Zu Cajus Marcius einen Namen: diesen
 Folgt ruhmvoll: Cajus Marcius Coriolanus.
 Gegrüßt in Rom, berühmter Coriolanus! (*Trompeten.*)
Alle. Gegrüßt in Rom, berühmter Coriolanus!
Coriolanus. Laßt's nun genug sein, denn es kränkt mein Herz.
 Genug, ich bitte!
Cominius. Sieh, Freund, deine Mutter.
Coriolanus. O!
 Ich weiß, zu allen Göttern flehtest du
 Für mein Gelingen. (*Er kniet vor ihr nieder.*)
Volumnia. Nein; auf, mein wackrer Krieger,
 Mein edler Marcius, würdger Cajus, und
 Durch taterkaufte Ehren neu benannt;
 Wie war's doch? Coriolan muß ich dich nennen?
 Doch sieh, dein Weib.
Coriolanus. Mein lieblich Schweigen, Heil!
 Hättst du gelacht, käm auf der Bahr ich heim,
 Da weinend meinen Sieg du schaust? O, Liebe!
 So in Corioli sind der Witwen Augen,
 Der Mütter, Söhne klagend.
Menenius. Die Götter krönen dich!
Coriolanus.
 Ei, lebst du noch? (*Zu Valeria.*) O! edle Frau, verzeiht!
Volumnia. Wohin nur wend ich mich? Willkommen heim!
 Willkommen, Feldherr! Alle sind willkommen!
Menenius. Willkommen tausendmal. Ich könnte weinen
 Und lachen; ich bin leicht und schwer. Willkommen!
 Es treff ein Fluch im tiefsten Herzen den,
 Der nicht mit Freuden dich erblickt. Euch drei
 Sollt Rom vergöttern. – Doch, auf Treu und Glauben,
 Holzäpfel, alte, stehn noch hier, die niemals
 Durch Pfropfen sich veredeln. Heil euch, Krieger!
 Die Nessel nennen wir nur Nessel, und
 Der Narren Fehler Narrheit.
Cominius. Stets der Alte!

Coriolanus. Immer Menenius, immer.
Herold. Platz da! Weiter!
Coriolanus (zu Frau und Mutter). Deine Hand, und deine,
 Eh noch mein eignes Haus mein Haupt beschattet.
 Besuch ich erst die trefflichen Patrizier,
 Von denen ich nicht Grüße nur empfing,
 Auch mannigfache Ehren.
Volumnia. Ich erlebt es,
 Erfüllt zu sehn den allerhöchsten Wunsch,
 Den kühnsten Bau der Einbildung. Nur *eins*
 Fehlt noch, und das, ich zweifle nicht,
 Wird unser Rom dir schenken.
Coriolanus. Gute Mutter,
 Ich bin auf meine Art ihr Sklave lieber,
 Als auf die ihrige mit ihnen Herrscher.
Cominius. Zum Kapitol.
*(Trompeten, Hörner. Sie gehn alle im feierlichen Zuge ab, wie sie
 kamen. Die Tribunen bleiben.)*
Brutus. Von ihm spricht jeder Mund; das blöde Auge
 Trägt Brillen, ihn zu sehn. Die Amme, schwatzend
 Läßt ihren Säugling sich in Krämpfe schrein,
 Von ihm herplappernd. Seht[1], die Küchenmagd
 Knüpft um den rauchgen Hals ihr bestes Leinen,
 Die Wand erkletternd; Buden, Bänk und Fenster
 Gefüllt; das Dach besetzt, der First beritten
 Mit vielerlei Gestaltung: alle einig
 In Gier, nur ihn zu schaun. Es drängen sich
 Fast nie gesehne Priester durch den Schwarm
 Und stoßen, um beim Pöbel Platz zu finden;
 Verhüllte Fraun ergeben Weiß und Rot
 Auf zartgeschoner Wang dem wilden Raub
 Von Phöbus' Feuerküssen. Solch ein Wirrwarr,
 Als wenn ein fremder Gott, der mit ihm ist,
 Sich still in seine Menschenform geschlichen
 Und ihm der Anmut Zauber mitgeteilt.

---

1. Im Original: klettert auf die Mauer, um ihn zu beäugeln

Sicinius. Im Umsehn, glaub mir, wird er Konsul sein.
Brutus. Dann schlafe unser Amt, solang er herrscht.
Sicinius. Er kann nicht mäßgen Schritts die Würden tragen
  Vom Anfang bis zum Ziel; er wird vielmehr
  Verlieren den Gewinn.
Brutus. Das ist noch Trost.
Sicinius. O, zweifelt nicht: das Volk, für das wir stehn,
  Vergißt, nach angeborner Bosheit[1], leicht
  Auf kleinsten Anlaß diesen neuen Glanz;
  Und daß er Anlaß gibt, ist so gewiß,
  Als ihn sein Hochmut spornt.
Brutus. Ich hört ihn schwören,
  Würb er um's Konsulat, so wollt er nicht
  Erscheinen auf dem Marktplatz, noch sich hüllen
  Ins abgetragne, schlichte Kleid der Demut;
  Noch, wie die Sitt ist, seine Wunden zeigend
  Dem Volk, um ihren übeln Atem betteln.
Sicinius. Gut!
Brutus. So war sein Wort. Eh gibt er's auf, als daß
  Er's nimmt, wenn nicht der Adel ganz allein
  Es durchsetzt mit den Vätern[2].
Sicinius. Höchst erwünscht!
  Bleib er nur bei dem Vorsatz und erfüll ihn,
  Kommt's zur Entscheidung[3].
Brutus. Glaubt's, er wird es tun.
Sicinius. Dann bringt es ihm, wie's unser Vorteil heischt,
  Den sichern Untergang.
Brutus. Der muß erfolgen,
  Sonst fallen wir. Zu diesem Endzweck[4] denn
  Bereden wir das Volk, daß er sie stets

---

1. Oder: vergißt infolge seines alten Grolls
2. Im Original: wenn ihn nicht die Ritterschaft ersucht, es anzunehmen, und der Adel es wünscht
3. Im Original: ich wünsche nichts besseres, als daß er bei diesem Vorsatz bleibt und ihn ausführt
4. Im Original: *for an end* – kurzum

Gehaßt; und, hätt er Macht, zu Eseln sie
Umschafft', verstummen hieße ihre Sprecher
Und ihre Freiheit bräche, schätze sie,
In Fähigkeit des Geists und Kraft zu handeln,
Von nicht mehr Seel und Nutzen für die Welt
Als das Kamel im Krieg, das nur sein Futter
Erhält, um Last zu tragen; herbe Schläge,
Wenn's unter ihr erliegt.

Sicinius. Dies eingeblasen,
Wenn seine Frechheit einst im höchsten Flug
Das Volk erreicht[1] (woran's nicht fehlen wird,
Bringt man ihn auf, und das ist leichter noch
Als Hund auf Schafe hetzen), wird zur Glut,
Ihr dürr Gestrüpp zu zünden, dessen Dampf
Ihn schwärzen wird auf ewig.

Ein Bote tritt auf.

Brutus. Nun, was gibt's?

Bote. Ihr seid aufs Kapitol geladen. Sicher
Glaubt man, daß Marcius Konsul wird. Ich sah
Die Stummen drängen, ihn zu sehn, die Blinden,
Ihn zu vernehmen, Frauen warfen Handschuh',
Jungfraun und Mädchen Bänder hin und Tücher,
Wo er vorbeiging; die Patrizier neigten
Wie vor des Jovis Bild. Das Volk erregte
Mit Schrein und Mützenwerfen Donnerschauer.
So etwas sah ich nie.

Brutus. Zum Kapitol!
Habt Ohr und Auge, wie's die Zeit erheischt,
Und Herz für die Entscheidung –

Sicinius. Nehmt mich mit.

(*Alle ab.*)

---

1. Wahrscheinlich richtiger: das Volk lehrt, seinen Fehler einsehen

Zweite Szene

Das Kapitol
Zwei Ratsdiener, welche Polster legen

Erster Ratsdiener. Komm, komm. Sie werden gleich hier sein. Wie viele werben um das Konsulat?

Zweiter Ratsdiener. Drei, heißt es; aber jedermann glaubt, daß Coriolanus es erhalten wird.

Erster Ratsdiener. Das ist ein wackrer Gesell; aber er ist verzweifelt stolz und liebt das gemeine Volk nicht.

Zweiter Ratsdiener. Ei! es hat viele große Männer gegeben, die dem Volk schmeichelten und es doch nicht liebten. Und es gibt manche, die das Volk geliebt hat, ohne zu wissen, warum? Also, wenn sie lieben, so wissen sie nicht, weshalb, und sie hassen aus keinem besseren Grunde; darum, weil es den Coriolanus nicht kümmert, ob sie ihn lieben oder hassen, beweist er die richtige Einsicht, die er von ihrer Gemütsart hat; und seine edle Sorglosigkeit zeigt ihnen dies deutlich.

Erster Ratsdiener. Wenn er sich nicht darum kümmerte, ob sie ihn lieben oder nicht, so würde er sich unparteiisch in der Mitte halten und ihnen weder Gutes noch Böses tun; aber er sucht ihren Haß mit größerm Eifer, als sie ihm erwidern können, und unterläßt nichts, was ihn vollständig als ihren Gegner zeigt. Nun, sich die Miene geben, daß man nach dem Haß und dem Mißvergnügen des Volkes strebt, ist so schlecht, wie das, was er verschmäht: ihnen um ihrer Liebe willen zu schmeicheln.

Zweiter Ratsdiener. Er hat sich um sein Vaterland sehr verdient gemacht. Und sein Aufsteigen ist nicht auf so bequemen Staffeln wie jener, welche geschmeidig und höflich gegen das Volk, mit geschwenkten Mützen, ohne weitre Tat, Achtung und Ruhm einfingen. Er aber hat seine Verdienste ihren Augen und seine Taten ihren Herzen so eingepflanzt, daß wenn ihre Zungen schweigen wollten und dies nicht eingestehn, es eine Art von undankbarer Beschimpfung sein würde; es zu leugnen, wäre eine Bosheit, die, indem sie sich selbst

Lügen strafte, von jedem Ohr, das sie hörte, Vorwurf und
Tadel erzwingen müßte.

Erster Ratsdiener. Nichts mehr von ihm, er ist ein würdiger
Mann. Mach Platz, sie kommen.

> *Trompeten. Es treten auf der Konsul Cominius, dem die Liktoren
> vorausgehen, Menenius, Coriolanus, mehrere Senatoren, Sicinius
> und Brutus. Senatoren und Tribunen nehmen ihre Plätze.*

Menenius. Da ein Beschluß gefaßt, der Volsker wegen,
Und wir den Titus Lartius heimberufen,
Bleibt noch als Hauptpunkt dieser zweiten Sitzung,
Des Helden edlen Dienst zu lohnen, der
So für sein Vaterland gekämpft. – Geruht dann,
Ehrwürdge, ernste Väter, und erlaubt
Ihm, der jetzt Konsul ist und Feldherr war
In unserm wohlbeschloßnen Krieg, ein wenig
Zu sagen von dem edlen Werk, vollführt
Durch Cajus Marcius Coriolanus, der
Hier mit uns ist, um dankbar ihn zu grüßen
Durch Ehre, seiner wert.

Erster Senator. Cominius, sprich.
Laß, als zu lang, nichts aus. Wir glauben eh[1],
Daß unserm Staat die Macht zu lohnen fehlt,
Als uns der weiteste Wille. Volksvertreter,
Wir bitten euer freundlich Ohr und dann
Eur günstig Fürwort beim gemeinen Volk,
Daß gelte, was wir wünschen.

Sicinius. Wir sind hier
Zu freundlichem Vergleiche; unsre Herzen
Nicht abgeneigt zu ehren, zu befördern
Ihn, der uns hier versammelt.

Brutus. Um so lieber
Tun wir dies freudgen Muts, gedenkt er auch
Des Volks mit beßrem Sinn, als er bisher
Es hat geschätzt.

---

[1]. Sinn: macht uns lieber glauben

Menenius. Das paßt nicht, paßt hier nicht.
 Ihr hättet lieber schweigen sollen. Gefällt's euch,
 Cominius anzuhören?
Brutus. Herzlich gern.
 Doch war mein Warnen besser hier am Platz
 Als der Verweis.
Menenius. Er liebt ja euer Volk;
 Doch zwingt ihn nicht, ihr Schlafgesell zu sein.
 Edler Cominius, sprich!
  (*Coriolanus steht auf und will gehn.*)
 Nein, bleib nur sitzen.
Erster Senator. Bleib, Coriolanus, schäm dich nicht, zu hören,
 Was edel du getan.
Coriolanus. Verzeiht mir, Väter,
 Eh will ich noch einmal die Wunden heilen,
 Als hören, wie ich dazu kam.
Brutus. Ich hoffe,
 Mein Wort vertrieb Euch nicht.
Coriolanus. O nein! doch oft
 Hielt ich den Streichen stand und floh vor Worten.
 Nicht schmeichelt und drum kränkt Ihr nicht. Eur Volk,
 Das lieb ich nach Verdienst.
Menenius. Setzt Euch.
Coriolanus. Eh ließ ich
 Im warmen Sonnenschein den Kopf mir kratzen,
 Wenn man zum Angriff bläst, als, müßig sitzend,
 Mein Nichts zum Fabelwerk vergrößert hören. (*Geht ab.*)
Menenius. Volksvertreter!
 Wie könnt er euer scheckgen Brut[1] wohl schmeicheln,
 Wo *einer* gut im Tausend? wenn ihr seht,
 Er wagt eh alle Glieder für den Ruhm,
 Als eins von seinen Ohren, ihn zu hören?
 Cominius, fahre fort.
Cominius. Mir fehlt's an Stimme. Coriolanus' Taten
 Soll man nicht schwach verkünden. Wie man sagt,

---

1. Sinn: eurem wimmelnden Schwarm

Ist Mut die erste Tugend und erhebt
Zumeist den Eigner; ist es so, dann wiegt
Den Mann, von dem ich sprech, in aller Welt
Kein andrer auf. Mit sechzehn Jahren schon,
Da, als Tarquin Rom überzog, da focht er
Voraus den Besten. Der Diktator, hoch
Und groß gepriesen stets, sah seinen Kampf;
Wie mit dem Kinn der Amazon er jagte
Die bärtgen Lippen; zog aus dem Gedränge
Den hingestürzten Römer; schlug drei Feinde
Im Angesicht des Konsuls; traf Tarquin
Und stürzt' ihn auf das Knie. An jenem Tag,
Als er ein Weib konnt auf der Bühne spielen,
Zeigt' er sich ganz als Mann im Kampf; zum Lohn
Ward ihm der Eichenkranz. Sein zartes Alter
Gereift zum Manne[1], wuchs er, gleich dem Meer,
Und seit der Zeit, im Sturm von siebzehn Schlachten,
Streift' er den Kranz von jedem Schwert. Sein Letztes,
Erst vor, dann in Corioli, ist so,
Daß jedes Lob verarmt. Die Fliehnden hemmt' er,
Und durch sein hohes Beispiel ward dem Feigsten
Zum Spiel das Schrecknis. So wie Binsen tauchen
Dem Schiff im Segeln, wichen ihm die Menschen
Und schwanden seinem Streich. Sein Schwert, Todstempel,
Schnitt, wo es fiel, von Haupt zu Füßen nieder.
Vernichtung war er; jeglicher Bewegung
Hallt Sterberöcheln nach. Allein betrat er
Das Todestor der Stadt, das er bemalt
Mit unentrinnbarm Weh, und ohne Beistand
Entkommt er, trifft mit plötzlicher Verstärkung
Die Stadt, wie 'n Meteor; und sein ist alles,
Da plötzlich weckt ihm Schlachtgetöse rufend
Den wachen Sinn, und schnell den Mut verdoppelnd
Belebt sich frisch sein arbeitmüder Leib:

---

1. Im Original: nachdem er sein Knabenalter in einer Weise begonnen, die einem Manne angestanden hätte

Er stürzt in neuen Kampf und schreitet nun
Blutdampfend über Menschenleben hin,
Als folg ihm Mord und Tod. Und bis wir Stadt
Und Schlachtfeld unser nannten, ruht' er nicht,
Um Atem nur zu schöpfen.
Menenius. Würdger Mann!
Erster Senator. Im vollsten Maß ist er der Ehre wert,
Die seiner harrt.
Cominius. Die Beute stieß er weg.
Kostbare Dinge sah er an, als wär's
Gemeiner Staub und Kehricht; wen'ger nimmt er,
Als selbst der Geiz ihm gäbe. Ihm ist Lohn
Für Großtat, sie zu tun. Zufrieden ist er,
Sein Leben so zu opfern ohne Zweck.
Menenius. Er ist von wahrem Adel. Ruft ihn her.
Erster Senator. Ruft Coriolanus.
Erster Ratsdiener. Er tritt schon herein.

Coriolanus kommt zurück.

Menenius. Mit Freud ernennt dich, Coriolan, zum Konsul
Der sämtliche Senat.
Coriolanus. Stets weih ich ihm
Mein Leben, meinen Dienst.
Menenius. Jetzt bleibt nur noch,
Daß du das Volk anredest.
Coriolanus. Ich ersuch euch,
Erlaßt mir diesen Brauch; denn ich kann nicht
Das Kleid[1] antun, entblößt stehn und sie bitten,
Um ihre Stimmen, meiner Wunden wegen.
Erlaubt, die Sitte zu umgehn.
Sicinius. Das Volk, Herr,
Muß Euer Werben haben, läßt nicht fahren
Den kleinsten Punkt des Herkomms.
Menenius. Reizt es nicht.
Nein, bitte! fügt Euch dem Gebrauch und nehmt,
Wie es bisher die Konsuln all getan,

---

1. Ein Oberkleid, ohne Tunica

Die Würd in ihrer Form.
Coriolanus. 's ist eine Rolle,
Die ich errötend spiel; auch wär es gut,
Dem Volk dies zu nehmen.
Brutus. Hört ihr das?
Coriolanus. Vor ihnen prahlen: dies tat ich und das;
Geheilte Schmarren zeigen, die ich bergen sollte,
Als hätt ich sie um ihres Atems Lohn
Allein bekommen[1]. –
Menenius. Nein, du mußt dich fügen.
Ihr Volkstribunen, euch empfehlen wir:
Macht den Entschluß bekannt. Dem edlen Konsul
Sei alle Freud und Ehre!
Senatoren. Den Coriolanus kröne Freud und Ehre!
(*Trompeten. Die Senatoren gehn.*)
Brutus. Ihr seht, wie er das Volk behandeln will.
Sicinius. Wenn sie's nur merkten. Er wird sie ersuchen,
Als wie zum Hohn, daß er von ihnen bittet,
Was sie gewähren müssen.
Brutus. Doch sogleich
Erfahren sie, was hier geschah. Ich weiß,
Sie warten unser auf dem Markt.
(*Sie gehn ab.*)

Dritte Szene

Das Forum
Mehrere Bürger treten auf

Erster Bürger. Ein und für allemal: wenn er unsre Stimmen verlangt, können wir sie ihm nicht abschlagen.
Zweiter Bürger. Wir können, Freund, wenn wir wollen.
Dritter Bürger. Wir haben freilich die Gewalt; aber es ist eine Gewalt, die wir nicht Gewalt haben, zu gebrauchen. Denn wenn er uns seine Wunden zeigt und seine Taten erzählt, so müssen wir unsre Zungen in diese Wunden legen und für

---

1. Sinn: nur um ihre Stimmen zu kaufen

ihn sprechen; ebenso, wenn er uns seine edlen Taten mitteilt, so müssen wir ihm unsre edle Anerkennung derselben mitteilen. Undankbarkeit ist ungeheuer; wenn die Menge nun undankbar wäre, das hieße, aus der Menge ein Ungeheuer machen; wir, die wir Glieder derselben sind, würden ja dadurch Ungeheuerglieder werden.

Erster Bürger. Und es fehlt wenig, daß wir für nichts besser gehalten werden; denn dazumal, als wir wegen des Korns einen Aufstand machten, scheute er sich nicht, uns die vielköpfige Menge zu nennen.

Dritter Bürger. So hat uns schon mancher genannt. Nicht, weil von unsern Köpfen einige braun, einige schwarz, einige scheckig[1] und einige kahl sind, sondern weil unser Witz so vielfarbig ist; und das glaube ich wahrhaftig, auch wenn alle unsre Witze aus einem und demselben Schädel herausgelassen würden, so flögen sie nach Ost, West, Nord und Süd; und verständigten sie sich, einen graden Weg zu suchen, so würden sie zugleich auf allen Punkten des Kompasses sein.

Zweiter Bürger. Glaubst du das? Wohin, denkst du, würde dann mein Witz fliegen?

Dritter Bürger. O! dein Witz kann nicht so schnell heraus, als der von andern Leuten; denn er ist zu fest in einen Klotzkopf eingekeilt; aber wenn er seine Freiheit hätte, so würde er gewiß südwärts fliegen.

Zweiter Bürger. Warum dahin?

Dritter Bürger. Um sich in einem Nebel zu verlieren; wären nun drei Viertel davon in faulem Dunst weggeschmolzen, so würde der letzte Teil aus Gewissenhaftigkeit zurückkommen, um dir zu einer Frau zu verhelfen.

Zweiter Bürger. Du hast immer deine Schwänke im Kopf. Schon gut, schon gut!

Dritter Bürger. Seid ihr alle entschlossen, eure Stimmen zu geben? Aber das macht nichts; die größere Zahl setzt es durch. Ich bleibe dabei: wenn er dem Volke geneigter wäre, so gab es nie einen bessern Mann.

---

1. Wahrscheinlich: flachsfarben

Coriolanus und Menenius treten auf.

Hier kommt er! und zwar in dem Gewand der Demut. Gebt acht auf sein Betragen. — Wir müssen nicht so beisammen bleiben, sondern zu ihm gehn, wo er steht, einzeln oder zu zweien und dreien. Er muß jedem besonders eine Bitte vortragen, dadurch erlangt der einzelne die Ehre, ihm seine eigne Stimme mit seiner eignen Zunge zu geben. Darum folgt mir, und ich will euch anweisen, wie ihr zu ihm gehn sollt.

Alle. Recht so, recht so!

(*Sie gehn ab.*)

Menenius.
Nein, Freund, Ihr habt nicht recht. Wißt Ihr denn nicht,
Die größten Männer taten's.

Coriolanus. Was nur sag ich?
Ich bitte! — Herr. — Verdammt! ich kann die Zunge
In diesen Gang nicht bringen. Seht die Wunden —
Im Dienst des Vaterlands empfing ich sie,
Als ein'ge Euer Brüder brüllend liefen
Vor unsern eignen Trommeln.

Menenius. Nein. — Ihr Götter!
Nicht davon müßt Ihr reden. Nein, sie bitten,
An Euch zu denken.

Coriolanus. An mich denken! Hängt sie!
Vergäßen sie mich lieber, wie die Tugend,
Umsonst von Priestern eingeschärft.

Menenius. Ich bitte!
Verderbt nicht alles, sprecht sie an[1]; doch, bitt ich,
Anständger Weis.

Es kommen zwei Bürger.

Coriolanus. Heißt ihr Gesicht sie waschen
Und ihre Zähne rein'gen. Ach! da kommt so'n Paar!
Ihr wißt den Grund, weshalb ich hier bin, Freund.

Erster Bürger. Jawohl; doch sagt, was Euch dazu gebracht?

Coriolanus. Mein eigner Wert.

Zweiter Bürger. Euer eigner Wert?

---

1. Im Original: Ihr verderbt noch alles. Ich gehe nun. Bitte, sprecht sie an.

Coriolanus. Ja, Nicht
  Mein eigner Wunsch.
Erster Bürger. Wie? Nicht Euer eigner Wunsch?
Coriolanus.
  Nein, Freund! nie war's mein eigner Wunsch, mit Betteln
  Den Armen zu belästigen.
Erster Bürger. Ihr müßt denken,
  Wenn wir Euch etwas geben, ist's in Hoffnung,
  Durch Euch auch zu gewinnen.
Coriolanus. Gut, sagt mir den Preis des Konsulats.
Erster Bürger. Der Preis ist: freundlich drum zu bitten.
Coriolanus. Freundlich?
  Ich bitte, gönnt mir's. Wunden kann ich zeigen,
  Wenn wir allein sind – Eure Stimme, Herr!
  Was sagt Ihr?
Zweiter Bürger. Würdger Mann, Ihr sollt sie haben.
Coriolanus. Geschloßner Kauf!
  Zwei edle Stimmen also schon erbettelt.
  Eur Almosen hab ich! – Geht!
Erster Bürger. Doch das ist seltsam.
Zweiter Bürger.
  Müßt ich sie nochmals geben – doch – meinthalb.

(*Sie gehn ab.*)

Zwei andere Bürger kommen.

Coriolanus. Ich bitt euch nun, wenn sich's zu dem Tone eurer Stimmen paßt, daß ich Konsul werde; ich habe hier den üblichen Rock an.
Dritter Bürger. Ihr habt Euch edel um Euer Vaterland verdient gemacht und habt Euch auch nicht edel verdient gemacht.
Coriolanus. Euer Rätsel?
Dritter Bürger. Ihr waret eine Geißel für seine Feinde; Ihr waret eine Rute für seine Freunde. Ihr habt, die Wahrheit zu sagen, das gemeine Volk nicht geliebt.
Coriolanus. Ihr solltet mich für um so tugendhafter halten, da ich meine Liebe nicht gemein gemacht habe. Freund, ich will meinem geschwornen Bruder, dem Volk, schmeicheln, um

eine beßre Meinung von ihm zu ernten: es ist ja eine Eigenschaft, die sie hoch anrechnen. Und da der Weisheit ihrer Wahl mein Hut lieber ist als mein Herz, so will ich mich auf die einschmeichelnde Verbeugung üben und mich mit ihnen abfinden auf ganz nachäffende Art. Das heißt, Freund, ich will die Bezauberungskünste irgendeines Volksfreundes nachäffen und den Verlangenden höchst freigebig mitteilen. Deshalb bitt ich euch: laßt mich Konsul werden.

Vierter Bürger. Wir hoffen, uns in Euch einen Freund zu erwerben, und geben Euch darum unsre Stimmen herzlich gern.

Dritter Bürger. Ihr habt auch mehrere Wunden für das Vaterland empfangen.

Coriolanus. Ich will eure Kenntnis nicht dadurch besiegeln, daß ich sie euch zeige. Ich will eure Stimmen sehr hoch schätzen und euch nun nicht länger zur Last fallen.

Beide Bürger. Die Götter geben Euch Freude: das wünschen wir aufrichtig. (*Die Bürger gehn ab.*)

Coriolanus. O süße Stimmen!
Lieber verhungert, lieber gleich gestorben,
Als Lohn erbetteln, den wir schon erworben.
Warum soll hier im Narrenkleid ich stehn,
Um Hinz und Kunz und jeden anzuflehn
Um nutzlos Fürwort? Weil's der Brauch verfügt.
Doch wenn sich alles vor Gebräuchen schmiegt,
Wird nie der Staub des Alters abgestreift,
Berghoher Irrtum wird so aufgehäuft,
Daß Wahrheit nie ihn überragt. Eh zahm,
Noch Narr ich bin, sei aller Ehrenkram
Dem, den's gelüstet. – Halb ist's schon geschehn,
Viel überstanden, mag's nun weitergehn.

Drei andre Bürger kommen.

Mehr Stimmen noch! –
Eure Stimmen! denn für eure Stimmen focht ich,
Für eure Stimmen wacht ich, für eure Stimmen
Hab ich zwei Dutzend Narben; achtzehn Schlachten

Hab ich gesehn, gehört; für eure Stimmen
Getan sehr vieles, minder, mehr. Eure Stimmen!
Gewiß, gern wär ich Konsul.
Fünfter Bürger. Er hat edel gehandelt, und kein redlicher Mann
kann ihm seine Stimme versagen.
Sechster Bürger. Darum laßt ihn Konsul werden. Die Götter verleihen ihm Glück und machen ihn zum Freund des Volkes.
Alle. Amen! Amen!
Gott schütz dich, edler Konsul!
Coriolanus. Würdge Stimmen!

(Die Bürger gehn ab.)

Menenius, Sicinius und Brutus treten auf.

Menenius. Ihr gnügtet jetzt der Vorschrift. Die Tribunen
Erhöhen Euch durch Volkesstimm, es bleibt nur,
Daß im Gewand der Würde Ihr alsbald
Nun den Senat besucht.
Coriolanus. Ist dies nun aus?
Sicinius. Genügt habt Ihr dem Brauche des Ersuchens,
Das Volk bestätigt Euch, Ihr seid geladen
Zur Sitzung, um ernannt sogleich zu werden.
Coriolanus. Wo? Im Senat?
Sicinius. Ja, Coriolanus, dort.
Coriolanus. Darf ich die Kleider wechseln?
Sicinius. Ja, Ihr dürft es.
Coriolanus.
Das will ich gleich; und kenn ich selbst mich wieder,
Mich zum Senat verfügen.
Menenius. Ich geh mit Euch. Wollt ihr uns nicht begleiten?
Brutus. Wir harren hier des Volks.
Sicinius. Gehabt euch wohl!

(Coriolan und Menenius gehn ab.)

Er hat's nun, und, mich dünkt, sein Blick verriet,
Wie's ihm am Herzen liegt.
Brutus. Mit stolzem Herzen trug er
Der Demut Kleid. Wollt Ihr das Volk entlassen?

Die Bürger kommen zurück.

Sicinius. Nun, Freunde, habt ihr diesen Mann erwählt?
Erster Bürger. Ja, unsre Stimmen hat er.
Brutus. Die Götter machen wert ihn eurer Liebe.
Zweiter Bürger.
  Amen! Nach meiner armen, schwachen Einsicht
  Verlacht' er uns, um unsre Stimmen bittend.
Dritter Bürger. Gewiß, er höhnt' uns gradezu.
Erster Bürger. Nein, das ist seine Art; er höhnt' uns nicht.
Zweiter Bürger. Du bist der einzge, welcher sagt, er habe
  Uns schmählich nicht behandelt; zeigen sollt er
  Die Ehrenmal', fürs Vaterland die Wunden.
Sicinius. Nun, und das tat er doch?
Mehrere Bürger. Nein, keiner sah sie.
Dritter Bürger. Er habe Wunden, insgeheim zu zeigen,
  Sprach er, uns so den Hut verächtlich schwenkend:
  Ich möchte Konsul sein; – doch, alter Brauch
  Erlaubt es nicht, als nur durch eure Stimmen.
  Drum eure Stimmen! – Als wir eingewilligt,
  Da hieß es: Dank für eure Stimmen, dank euch!
  O süße Stimmen! nun ihr gabt die Stimmen,
  Stör ich euch länger nicht. – War das kein Hohn?
Sicinius. Ihr waret blöde, scheint's, dies nicht zu sehn;
  Und, saht ihr's, allzu kindisch, freundlich doch
  Die Stimmen ihm zu leihn.
Brutus. Was? Spracht ihr nicht
  Nach Anweisung? Als er noch ohne Macht
  Und nur des Vaterlands geringer Diener,
  Da war er euer Feind, sprach stets der Freiheit
  Entgegen und den Rechten, die ihr habt
  Im Körper unsers Staats; und nun erhoben
  Zu mächtgem Einfluß und Regierung selbst –
  Wenn er auch da mit bösem Sinn verharrt,
  Feind der Plebejer, könnten eure Stimmen
  Zum Fluch euch werden. Konntet ihr nicht sagen:
  Gebühr auch seinem edlen Tun nichts mindres,
  Als was er suche, mög er doch mit Huld,
  Zum Lohn für eure Stimmen, euer denken,

Verwandelnd seinen Haß für euch in Liebe,
Euch Freund und Gönner sein?

Sicinius. Spracht ihr nun so,
Wie man euch riet, so ward sein Geist erregt,
Sein Sinn geprüft; so ward ihm abgelockt
Ein gütiges Versprechen, woran ihr,
Wenn Ursach sich ergab, ihn mahnen konntet.
Wo nicht, so ward sein trotzig Herz erbittert,
Das keinem Punkt sich leicht bequemt, der irgend
Ihn binden kann; so, wenn in Wut gebracht,
Nahmt ihr den Vorteil seines Zornes wahr,
Und er blieb unerwählt.

Brutus. Bemerktet ihr,
Wie er euch frech verhöhnt', indem er bat,
Da eure Lieb er brauchte? Wie – und glaubt ihr,
Es wird euch nicht sein Hohn zermalmend treffen,
Wenn ihm die Macht wird? War in all den Körpern
Denn nicht *ein* Herz? Habt ihr nur deshalb Zungen,
Weisheit, Vernunft zu überschrein?

Sicinius. Habt ihr
Nicht Bitten sonst versagt? und jetzo ihm,
Der euch nicht bat, nein, höhnte, wollt ihr schenken
Die Stimmen, die sonst jeder ehrt?

Dritter Bürger.
Noch ward er nicht ernannt, wir können's weigern.

Zweiter Bürger. Und wollen's weigern.
Fünfhundert Stimmen schaff ich von dem Klang.

Erster Bürger. Ich dopple das und ihre Freund' als Zutat.

Brutus. So macht euch eilig fort. Sagt diesen Freunden,
Sie wählen einen Konsul, der der Freiheit
Sie wird berauben, uns so stimmlos machen
Wie Hunde, die man für ihr Kläffen schlägt
Und doch zum Kläffen hält.

Sicinius. Versammelt sie
Und widerruft, nach reiferm Urteil, alle
Die rasche Wahl. An seinen Stolz erinnert,
An seinen alten Groll auf euch. Vergeßt nicht,

Wie er mit Hoffart trug der Demut Kleid,
Wie flehend er euch höhnt'. Nur eure Liebe,
Gedenkend seiner Dienste, hindert' euch,
Zu sehn, wie sein Benehmen jetzt erschien,
Das achtungslos und spöttisch er gestaltet
Nach eingefleischtem Haß.

Brutus. Legt alle Schuld
Uns, den Tribunen, bei und sprecht: wir drängten
Euch, keines Einwurfs achtend, so, daß ihr
Ihn wählen mußtet.

Sicinius. Sagt, ihr stimmtet bei
Mehr, weil wir's euch befohlen als geleitet
Von eigner, wahrer Lieb; und eur Gemüt
Erfüllt von dem mehr, was ihr solltet tun,
Als was ihr wolltet, gabt ihr eure Stimmen
Ganz gegen euern Sinn. Gebt uns die Schuld.

Brutus. Ja, schont uns nicht; sagt, daß wir euch gepredigt,
Wie jung er schon dem Vaterland gedient,
Wie lang seitdem; aus welchem Stamm er sproßt,
Dem edlen Haus der Marcier; daher kam
Auch Ancus Marcius, Numas Tochtersohn,
Der nach Hostilius hier als König herrschte;
Das Haus gab uns auch Publius und Quintus,
Die uns durch Röhren gutes Wasser schafften;
Auch Censorinus, er, des Volkes Liebling,
Den, zweimal Censor, dieser Name schmückte,
Der war sein großer Ahn.

Sicinius. Ein so Entsproßner,
Der außerdem durch eignen Wert verdiente
Den hohen Platz; wir schärften stets euch ein,
Sein zu gedenken; doch da ihr erwägt
(Messend sein jetzges Tun mit dem vergangnen),
Er werd euch ewig Feind sein, widerruft ihr
Den übereilten Schluß.

Brutus. Sagt, nimmer wär's geschehn
(Darauf kommt stets zurück) ohn unsern Antrieb.

Und eilt, wenn ihr die Stimmzahl gezogen[1],
Aufs Kapitol.
Mehrere Bürger. Das wolln wir. Alle fast
Bereun schon ihre Wahl. (*Die Bürger gehn ab.*)
Brutus. So geh's nun fort;
Denn besser ist's, den Aufstand jetzt zu wagen,
Der später noch gefährlicher sich zeigte.
Wann er, nach seiner Art, in Wut gerät
Durch ihr Verweigern, so bemerkt und nützt
Den Vorteil seines Zorns.
Sicinius. Zum Kapitol!
Kommt, laßt uns dort sein vor dem Strom des Volks;
Dies soll, wie's teilweis ist, ihr Wille scheinen,
Was unser Treiben war.
(*Sie gehn ab.*)

DRITTER AUFZUG

Erste Szene

Rom. Eine Straße

Hörner. Es treten auf Coriolanus, Menenius, Cominius, Titus Lartius, Senatoren und Patrizier

Coriolanus. Tullus Aufidius drohte denn von neuem?
Titus. Er tat's; und das war auch die Ursach, schneller
Den Frieden abzuschließen.
Coriolanus. So stehn die Volsker, wie sie früher standen,
Bereit, wenn sich der Anlaß beut, uns wieder
Zu überziehn.
Cominius. Sie sind so matt, o Konsul!
Daß wir wohl kaum in unserm Lebensalter
Ihr Banner fliegen sehn.
Coriolanus. Saht ihr Aufidius?
Titus. Ich gab ihm Sicherheit; er kam und fluchte

---

1. Sinn: wenn ihr eure Anhänger zusammengezogen

Ergrimmt den Volskern, die so niederträchtig
Die Stadt geräumt. Er lebt in Antium jetzt.
Coriolanus. Sprach er von mir?
Titus. Das tat er, Freund.
Coriolanus. Wie? Was?
Titus. Wie oft er, Schwert an Schwert, Euch angerannt;
Daß er von allen Dingen auf der Welt
Euch haß zumeist; sein Gut woll er verpfänden
Ohn Hoffnung des Ersatzes, könn er nur
Eur Sieger heißen.
Coriolanus. Dort in Antium lebt er?
Titus. In Antium.
Coriolanus. O! hätt ich Ursach, dort ihn aufzusuchen,
Zu trotzen seinem Haß! Willkommen hier!
         Sicinius und Brutus treten auf.
Ha! seht, das da sind unsre Volkstribunen,
Zungen des großen Mundes; mir verächtlich,
Weil sie ihrer Amtsgewalt sich brüsten,
Mehr als der Adel dulden kann.
Sicinius. Nicht weiter!
Coriolanus. Ha! was ist das?
Brutus. Es ist gefährlich, geht Ihr –
Zurück!
Coriolanus. Woher der Wechsel?
Menenius. Was geschah?
Cominius. Ward er vom Adel nicht und Volk bestätigt?
Brutus. Cominius, nein!
Coriolanus. Hatt ich von Kindern Stimmen?
Erster Senator. Macht Platz, Tribunen, er soll auf den Markt.
Brutus. Das Volk ist gegen ihn empört.
Sicinius. Halt ein!
Sonst Unheil überall.
Coriolanus. Dies eure Herde?
Die müssen Stimmen haben, jetzt zum Ja
Und gleich zum Nein? – Und ihr, was schafft denn ihr?
Seid ihr das Maul, regiert nicht ihre Zähne?
Habt ihr sie nicht gehetzt?

Menenius. Seid ruhig, ruhig!
Coriolanus. Das ist nur ein Komplott und abgekartet,
 Um die Gewalt des Adels zu zerbrechen.
 Duldet's – und lebt mit Volk, das nicht kann herrschen
 Und nicht beherrscht sein.
Brutus. Nennt es nicht Komplott.
 Das Volk schreit, ihr verhöhntet es, und neulich,
 Als Korn umsonst verteilt ward, murrtet Ihr,
 Schmähtet die Volkesfreunde, schaltet sie
 Des Adels Feinde, Schmeichler, Zeitendiener.
Coriolanus. Nun, dies war längst bekannt.
Brutus. Allein nicht allen.
Coriolanus. Gabt ihr die Weisung ihnen jetzt?
Brutus. Ich, Weisung?
Coriolanus. Solch Tun sieht Euch schon ähnlich.
Brutus. Nicht unähnlich[1],
 Und jedenfalls doch besser als das Eure.
Coriolanus.
 Warum denn ward ich Konsul? Ha! beim Himmel!
 Nichtswürdig will ich sein wie ihr, dann macht mich
 Zu euerm Mittribun.
Sicinius. Zuviel schon tut Ihr
 Zur Aufreizung des Volks. Wollt Ihr die Bahn,
 Die Ihr begannt, vollenden, sucht den Weg,
 Den Ihr verloren habt, mit sanfterm Geist.
 Sonst könnt Ihr nimmermehr als Konsul herrschen,
 Noch als Tribun zur Seit ihm stehn.
Menenius. Nur ruhig!
Cominius.
 Man täuscht das Volk, verhetzt es. – Solche Falschheit
 Ziemt Römern nicht. Verdient hat Coriolan
 Nicht, daß man ehrlos diesen Stein ihm lege
 In seine Ehrenbahn.
Coriolanus. Vom Korn mir sprechen?

---

1. Wortspiel zwischen *like* (gleich, ähnlich) und *not unlike* (nicht unwahrscheinlich).

Dies war mein Wort, und ich will's wiederholen.
Menenius. Nicht jetzt, nicht jetzt!
Erster Senator. Nicht jetzt in dieser Hitze.
Coriolanus. Bei meinem Leben! jetzt laßt mich gewähren,
Ihr Freunde! Ihr vom Adel!
Fest schau die schmutzge wankelmütge Menge
Mich an, der ich nicht schmeichle, und bespiegle
Sich selbst in mir. — Ich sag es wiederum:
Wir ziehn, sie hätschelnd, gegen den Senat
Unkraut der Rebellion, Frechheit, Empörung,
Wofür wir selbst gepflügt, den Samen streuten,
Da wir mit uns, der edlern Zahl, sie mengten,
Die keine andre Macht und Tugend missen,
Als die sie selbst an Bettler weggeschenkt.
Menenius. Nun gut, nichts mehr!
Erster Senator. Kein Wort mehr, laßt Euch bitten!
Coriolanus. Wie? nicht mehr?
Hab ich mein Blut fürs Vaterland vergossen,
Furchtlos dem fremden Dräun, so soll die Brust
Laut schelten, bis sie bricht[1] auf diesen Aussatz,
Vor dessen Pest wir graun, und tun doch alles,
Um von ihm angesteckt zu sein.
Brutus. Ihr sprecht vom Volk,
Als wäret Ihr ein Gott, gesandt zu strafen,
Und nicht ein Mensch, so schwach wie sie.
Sicinius. Gut wär es,
Wir sagten dies dem Volk.
Menenius. Wie! seinen Zorn?
Coriolanus. Zorn!
Wär ich so sanft wie mitternächtger Schlaf,
Beim Jupiter! dies wäre meine Meinung.
Sicinius. Und diese Meinung
Soll bleiben in sich selbst verschloßnes Gift,
Nicht andre mehr vergiften noch.
Coriolanus. Soll bleiben?

---

1. Im Original: die Lunge bis an ihr Ende

Hört ihr der Gründlinge Triton? Bemerkt ihr
Sein herrschend «Soll»?
Cominius. 's war ungesetzlich.
Coriolanus. Soll!
  Du guter, aber höchst unkluger Adel!
  Ehrbare, doch achtlose Senatoren!
  Wie gebt ihr so der Hydra nach, zu wählen
  Den Diener, der mit eigenmächtgem «Soll»
  (Er nur Trompet und Klang des Ungeheuers),
  Frech euern Strom in sumpfgen Teich will leiten
  Und eure Macht auf sich¹. – Hat er Gewalt,
  Neigt euch als blödgesinnt; wenn keine, weckt
  Die Langmut, die Gefahr bringt. Seid ihr weise,
  Gleicht nicht gemeinen Toren; seid ihr's nicht,
  Legt ihnen Polster hin. – Ihr seid Plebejer,
  Wenn Senatoren sie; sie sind nichts mindres,
  Wenn durch der Stimmen Mischung nur nach ihnen
  Das Ganze schmeckt. Sie wählten sich Beamte –
  Wie diesen, der sein «Soll» entgegensetzt,
  Sein pöbelhaftes «Soll», weit würdgerm Rat,
  Als Griechenland nur je verehrt. Beim Zeus!
  Beschimpft wird so der Konsul, und mein Herz weint,
  Zu sehn, wie, wenn zwei Mächte sich erheben
  Und keine herrscht, Verderben, ungesäumt,
  Dringt in die Lücke zwischen beid und stürzt
  Die eine durch die andre.
Cominius. Gut, zum Marktplatz!
Coriolanus. Wer immer riet, das Korn der Vorratshäuser
  Zu geben unentgeltlich, wie's gebräuchlich
  Manchmal in Griechenland –
Menenius. Genug! Nicht weiter!
Coriolanus. (Obgleich das Volk dort freie Macht besaß)
  Der, sag ich, nährt Empörung, führt herbei
  Den Untergang des Staats.
Brutus. Wie kann das Volk

---

1. Im Original: um selber euer Flußbett einzunehmen

Dem seine Stimme geben, der so spricht?
Coriolanus. Ich geb euch Gründe,
Mehr wert als ihre Stimmen: Korn, sie wissen's,
War nicht von uns ein Dank; sie waren sicher,
Sie taten nichts dafür; zum Krieg gepreßt,
Als selbst des Vaterlandes Herz erkrankte[1],
Da wollte keiner aus dem Tor: *der* Eifer
Verdient nicht Korn umsonst; hernach im Krieg
Ihr Meutern und Empören, ihres Mutes
Erhabne Proben, sprachen schlecht ihr Lob. –
Die Klage,
Womit sie oftmals den Senat beschuldigt,
Aus ungebornem Grund, kann nie erzeugen[2]
Ein Recht auf freie Schenkung. Nun – was weiter?
Wie mag so vielgeteilter Schlund[3] verdaun
Die Güte des Senats? Die Taten sprechen,
Was Worte sagen möchten. Wir verlangten's,
Wir sind der größre Hauf; und sie, recht furchtsam,
Sie gaben, was wir heischten. – So erniedern
Wir unser hohes Amt, sind schuld, daß Pöbel
Furcht unsre Sorgfalt schilt. Dies bricht dereinst
Die Schranken des Senats und läßt die Krähen
Hinein, daß sie die Adler hacken.
Menenius. Kommt! Genug.
Brutus. Genug im Übermaß!
Coriolanus. Nein! nehmt noch mehr:
Was nur den Schwur, sei's göttlich, menschlich, heiligt,
Besiegle meinen Schluß. Die Doppelherrschaft,
Wo dieser Teil mit Grund verachtet, jener
Ohn Grund frohlockt, wo Adel, Macht und Weisheit
Nichts tun kann ohne jenes Ja und Nein
Des großen Unverstands – dies muß verdrängen,

---

1. Im Original: als es um den Bestand des Staates ging
2. Im Original: kann nicht der Anlaß unserer so freigebigen Schenkung sein
3. Nicht mit Sicherheit zu deutende Stelle des Originals

Was wahrhaftig nötig ist, um Raum zu geben
Dem haltlos Nichtgen. – Hemmt man so den Zweck,
So folgt, daß nichts dem Zweck gemäß geschieht –
Darum beschwör ich euch!
Ihr, die ihr wen'ger zaghaft seid als weise,
Die ihr mehr liebt des Staates feste Gründung
Als Änderung scheut, die höher stets geachtet
Ein edles Leben als ein langes, die
Nicht fürchten, durch gewagte Kur zu retten
Den Leib vom sichern Tod – mit *eins* reißt aus
Die vielgespaltne Zung, laßt sie nicht lecken
Dies Süß, was ihnen Gift ist. Eur Entehrung
Verstümmelt das gesunde Urteil und
Beraubt den Staat der Einheit, die ihm ziemt,
So daß ihm Macht fehlt, Gutes, das er möchte,
Zu tun, weil ihn das Böse stets verhindert.
Brutus. Er sprach genug.
Sicinius. Er sprach als Hochverräter
Und soll es büßen, wie's Verräter tun.
Coriolanus. Elender du! Schmach sei dein Grab! Was soll das
Was soll's mit den kahlköpfigen Tribunen?   [Volk,
Anhangend ihnen weigert's den Gehorsam
Der höhern Obrigkeit. In einem Aufruhr,
Da nicht das Recht, nein, da die Not Gesetz war,
Da wurden sie gewählt – Zu beßrer Zeit
Sagt von dem Recht nun kühn: Dies ist das Recht,
Und schleudert in den Staub hin ihre Macht.
Brutus. Offner Verrat!
Sicinius. Der da ein Konsul? Nein.
Brutus. He! die Ädilen her! laßt ihn verhaften.
Sicinius. Geht, ruft das Volk.
               (*Brutus geht ab.*)
Ich selbst, in seinem Namen,
Ergreife dich als Neurer und Empörer
Und Feind des Staats. – Folg, ich befehl es dir,
Um Rechenschaft zu stehn.
Coriolanus. Fort, alter Bock!

Senatoren und Patrizier. Wir schützen ihn.
Menenius. Die Hand weg, alter Mann!
Coriolanus. Fort, morsches Ding, sonst schüttl ich deine Knochen
  Dir aus den Kleidern.
Sicinius. Helft! ihr Bürger, helft!
  Brutus kommt zurück mit den Ädilen und einer Schar Bürger.
Menenius. Mehr Achtung beiderseits.
Sicinius. Hier ist er, welcher euch
  Ganz machtlos machen will.
Brutus. Greift ihn, Ädilen.
Die Bürger. Nieder mit ihm! zu Boden! (*Geschrei von allen Seiten.*)
  Waffen! Waffen!
      (*Alle drängen sich um Coriolanus.*)
Zweiter Senator. Tribunen! Edle! Bürger! Haltet! Ha!
  Sicinius! Brutus! Coriolanus! Bürger!
Die Bürger. Den Frieden haltet! Frieden! Haltet alle[1]!
Menenius. Was wird draus werden? Ich bin außer Atem,
  Es droht uns Untergang! Ich kann nicht, sprecht,
  Tribunen, ihr, zum Volk. Coriolanus, ruhig!
  Sprich, Freund Sicinius.
Sicinius. Hört mich, Bürger. Ruhig!
Die Bürger. Hört den Tribun. Still! Rede, rede, rede!
Sicinius. Ihr seid daran, die Freiheit zu verlieren.
  Marcius will alles von euch nehmen, Marcius,
  Den eben ihr zum Konsul wähltet.
Menenius. Pfui!
  Dies ist der Weg zu zünden, nicht zu löschen.
Erster Senator. Die Stadt zu schleifen, alles zu zerstören.
Sicinius. Was ist die Stadt wohl, als das Volk?
Die Bürger. Ganz recht!
  Das Volk nur ist die Stadt.
Brutus. Durch aller Einstimmung sind wir erwählt
  Als Obrigkeit des Volks.
Die Bürger. Und sollt es bleiben.

---

1. Die Repliken in dieser Tumultszene werden von den verschiedenen Herausgebern verschieden verteilt.

Menenius. Ja, so sieht's aus.
Cominius. Dies ist der Weg, um alles zu zerstören,
 Das Dach zu stürzen auf das Fundament
 Und zu begraben jede Rangordnung
 In Trümmerhaufen! –
Sicinius. Dies verdient den Tod!
Brutus. Jetzt gilt's, daß unser Ansehn wir behaupten
 Oder verlieren. Wir erklären hier
 Im Namen dieses Volks, durch dessen Macht
 Wir sind erwählt für sie: Marcius verdient
 Sogleich den Tod.
Sicinius. Deshalb legt Hand an ihn,
 Bringt zum Tarpejschen Felsen und von dort
 Stürzt in Vernichtung ihn.
Brutus. Ädilen, greift ihn!
Die Bürger. Ergib dich, Marcius!
Menenius. Hört ein einzig Wort!
 Tribunen, hört! ich bitt euch, nur ein Wort.
Ädilen. Still, still!
Menenius. Seid, was ihr scheint, Freunde des Vaterlands.
 Ergreift mit weiser Mäßgung, was gewaltsam
 Ihr herzustellen strebt.
Brutus. Die kalten Mittel,
 Sie scheinen kluge Hilf und sind nur Gift,
 Wenn so die Krankheit rast. Legt Hand an ihn
 Und schleppt ihn auf den Fels!
Coriolanus. Nein, gleich hier sterb ich.
  (Er zieht sein Schwert.)
 Es sah wohl mancher unter euch mich kämpfen;
 Kommt und versucht nun selbst, was ihr nur saht.
Menenius. Fort mit dem Schwert. Tribunen, steht zurück.
Brutus. Legt Hand an ihn.
Menenius. Helft! helft dem Marcius! helft!
 Ihr hier vom Adel, helft ihm, jung und alt.
Die Bürger. Nieder mit ihm! Nieder mit ihm!
 *(Handgemenge, die Tribunen, die Ädilen und das Volk werden
  hinausgetrieben.)*

Menenius. Geh! fort, nach deinem Haus! enteile schnell!
   Zugrund geht alles sonst.
Zweiter Senator. Fort!
Coriolanus. Haltet stand!
   Wir haben ebensoviel Freund als Feinde.
Menenius. Soll's dahin kommen?
Erster Senator. Das verhütet, Götter!
   Mein edler Freund, ich bitte, geh nach Haus.
   Laß uns des Schadens Kur.
Menenius. Denn unsre Wund ist's:
   Du kannst nicht selbst dich heilen. Fort, ich bitte.
Cominius. Freund, geh hinweg mit uns.
Coriolanus. O! wären sie Barbaren! (und sie sind's,
   Obwohl Roms Brut) nicht Römer! (und sie sind's nicht,
   Obwohl geworfen vor dem Kapitol).
Menenius. Komm!
   Nimm deinen edlen Zorn nicht auf die Zunge;
   Einst kommt uns beßre Zeit.
Coriolanus. Auf ebnem Boden
   Schlüg ich wohl ihrer vierzig.
Menenius. Ich auch nehm es
   Mit zwei der besten auf, ja, den Tribunen.
Cominius. Doch hier ist Übermacht nicht zu berechnen;
   Und Mannheit wird zur Torheit, stemmt sie sich
   Entgegen stürzendem Gebäu. Entfernt Euch,
   Eh dieser Schwarm zurückkehrt, dessen Wut
   Rast wie gehemmter Strom, und übersteigt,
   Was sonst ihn niederhielt.
Menenius. Ich bitte, geh!
   So seh ich, ob mein alter Witz noch anschlägt
   Bei Leuten, die nur wenig haben. Flicken
   Muß man den Riß mit Lappen jeder Farbe.
Coriolanus. Nun komm!
         (*Coriolanus, Cominius und andere gehn ab.*)
Erster Patrizier. Der Mann hat ganz sein Glück zerstört.
Menenius. Sein Sinn ist viel zu edel für die Welt.
   Er kann Neptun nicht um den Dreizack schmeicheln,

Nicht Zeus um seine Donner: Mund und Herz ist eins.
Was seine Brust nur schafft, kommt auf die Zunge,
Und ist er zornig, so vergißt er gleich,
Daß man den Tod je nannte.
    (*Geräusch hinter der Szene.*)
Ein schöner Lärm.
Zweiter Patrizier. O! wären sie im Bett!
Menenius. Wären sie in der Tiber! Was, zum Henker,
Konnt er nicht freundlich sprechen!
   Brutus, Sicinius, Bürger kommen zurück.
Sicinius. Wo ist die Viper,
Die unsre Stadt entvölkern möcht, um alles
In allem drin zu sein?
Menenius. Würdge Tribunen –
Sicinius. Wir stürzen ihn von dem Tarpejschen Fels
Mit strenger Hand; er trotzet dem Gesetz,
Drum weigert das Gesetz ihm das Verhör;
Die Macht der bürgerlichen Strenge fühl er,
Die ihm so nichtig dünkt.
Erster Bürger. Er soll erfahren,
Des Volkes edler Mund sind die Tribunen,
Wir seine Hand.
Mehrere Bürger. Er soll! er soll!
Menenius. Freund –
Sicinius. Still!
Menenius. Schreit nicht Vertilgung, wo ein mäßges Jagen
Zum Ziel euch führen mag.
Sicinius. Wie kommt's, daß Ihr
Ihm halft, sich fort zu machen?
Menenius. Hört mich an:
Wie ich den Wert des Konsuls kenne, kann ich
Auch seine Fehler nennen.
Sicinius. Konsul? welcher Konsul?
Menenius. Der Konsul Coriolan.
Brutus. Er, Konsul?
Die Bürger. Nein, nein, nein, nein, nein!
Menenius. Vergönnt, ihr, gutes Volk, und ihr, Tribunen,

Gehör, so möcht ich ein, zwei Worte sagen,
Die euch kein weitres Opfer kosten sollen
Als diese kurze Zeit.
Sicinius. So faßt Euch kurz,
Denn wir sind fest entschlossen, abzutun
Den giftgen Staatsverräter; ihn verbannen
Läßt die Gefahr bestehn; ihn hier behalten
Ist sichrer Tod. Drum wird ihm zuerkannt:
Er sterb noch heut.
Menenius. Verhüten das die Götter!
Soll unser hohes Rom, des Dankbarkeit
Für die verdienten Kinder steht verzeichnet
In Jovis Buch, entmenscht, verworfne Mutter,
Den eignen Sohn verschlingen.
Sicinius. Ein Schad ist er, muß ausgeschnitten werden.
Menenius. Ein Glied ist er, das einen Schaden hat:
Es abzuschneiden tödlich, leicht zu heilen.
Was tat er Rom, wofür er Tod verdiente?
Weil er die Feind' erschlug? Sein Blut, vergossen
(Und das, ich schwör's, ist mehr, als er noch hat,
Und manchen Tropfen), floß nur für sein Land; –
Wird, was ihm bleibt, vergossen durch sein Land,
Das wär uns allen, die es tun und dulden,
Ein ewges Brandmal.
Sicinius. Das ist nur Gewäsch.
Brutus. Gänzlich verkehrt! Als er sein Land geliebt,
Ehrt' es ihn auch.
Menenius. Hat uns der Fuß gedient
Und wird vom Krebs geschädigt, denken wir
Nicht mehr der vor'gen Dienste?
Brutus. Schweigt nur still.
Zu seinem Hause hin! reißt ihn heraus,
Damit die Ansteckung von giftger Art
Nicht weiter fort sich zünde.
Menenius. Nur ein Wort.
So tigerfüßge Wut, sieht sie den Schaden
Der ungehemmten Eile, legt zu spät

Blei an die Sohlen. – Drum verfahrt nach Recht,
Daß nicht, da er beliebt, Partein sich rotten
Und unser hohes Rom durch Römer falle.
Brutus. Wenn das geschäh!
Sicinius. Was schwatzt Ihr da?
Wie er Gesetz' verhöhnte, sahn wir ja.
Ädilen schlagen! Trotz uns bieten! Kommt!
Menenius. Erwägt nur dies: er ist im Krieg erwachsen;
Seit er ein Schwert mocht haben, lernt' er fein
Gesiebte Sprache nicht, wirft Mehl und Kleie
Nun im Gemengsel aus. Bewilligt mir,
Ich geh zu ihm und bring ihn friedlich her,
Wo nach der Form des Rechts er Rede steht
Auf seine äußerste Gefahr.
Erster Senator. Tribunen,
Die Weis ist menschlich; allzu blutig würde
Der andre Weg, und im Beginnen nicht
Der Ausgang zu erkennen.
Sicinius. Edler Menenius,
So handelt Ihr denn als des Volks Beamter; –
Ihr Leute, legt die Waffen ab.
Brutus. Geht nicht nach Haus.
Sicinius. Hin auf den Markt, dort treffen wir Euch wieder,
Und bringt ihr Marcius nicht, so gehn wir weiter
Auf unserm ersten Weg. (*Ab.*)
Menenius. Ich bring ihn euch.
(*Zu den Senatoren.*)
Geht mit mir, ich ersuch euch. Er muß kommen,
Sonst folgt das Schlimmste.
Erster Senator. Laßt uns zu ihm gehn.
(*Alle ab.*)

Zweite Szene

Zimmer in Coriolans Hause
Coriolanus tritt auf mit einigen Patriziern

Coriolanus. Laßt sie mir um die Ohren alles werfen:
Mir drohn mit Tod durch Rad, durch wilde Rosse;
Zehn Berg' auf den Tarpejschen Felsen türmen,
Daß sich der Absturz tiefer reißt, als je
Das Auge sieht: doch bleib ich ihnen stets
Also gesinnt.
Erster Patrizier. Ihr handelt um so edler.

Volumnia tritt auf.

Coriolanus. Mich wundert, wie die Mutter
Mein Tun nicht billigt, die doch lumpge Sklaven
Sie stets genannt; Geschöpfe, nur gemacht,
Daß sie mit Pfennigen schachern; barhaupt stehn
In der Versammlung, gähnen, staunen, schweigen,
Wenn einer meines Ranges sich erhebt,
Redend von Fried und Krieg.
(*Zu Volumnia.*) Ich sprach von Euch.
Weshalb wünscht Ihr mich milder? Soll ich falsch sein
Der eignen Seele? Lieber sagt, ich spiele
Den Mann nur, der ich bin.
Volumnia. O! Sohn, Sohn, Sohn!
Hättst deine Macht du doch erst angelegt,
Eh du sie abgenutzt.
Coriolanus. Sie fahre hin!
Volumnia. Du konntest mehr der Mann sein, der du bist,
Wenn du es wen'ger zeigtest; schwächer waren
Sie deinem Sinn entgegen, hehltest du
Nur etwas mehr, wie du gesinnt, bis ihnen
Die Macht gebrach, um dich zu kreuzen.
Coriolanus. Hängt sie!
Volumnia. Ja, und verbrennt sie!

Menenius kommt mit Senatoren.

Menenius. Kommt! kommt! Ihr wart zu rauh, etwas zu rauh.

Ihr müßt zurück, es bessern.
Erster Senator. Da hilft nichts.
Denn tut Ihr dieses nicht, reißt auseinander
Die Stadt und geht zugrund.
Volumnia. O! laß dir raten.
Ich hab ein Herz, unbeugsam, wie das deine,
Doch auch ein Hirn, das meines Zornes Ausbruch
Zu besserm Vorteil lenkt.
Menenius. Recht, edle Frau.
Eh er sich so der Herde beugt, wenn's nicht
Die Fieberwut der Zeit als Mittel heischte
Dem ganzen Staat, schnallt' ich die Rüstung um,
Die ich kaum tragen kann.
Coriolanus. Was muß ich tun?
Menenius. Zu den Tribunen kehren.
Coriolanus. Was weiter denn?
Menenius. Bereun, was Ihr gesprochen.
Coriolanus. Um ihretwillen?
Nicht kann ich's um der Götter willen tun;
Muß ich's denn ihretwillen tun?
Volumnia. Du bist zu herrisch.
Magst du auch hierin nie zu edel sein,
Gebietet Not doch auch. – Du selbst oft sagtest:
«Wie Ehr und Politik als treue Freunde
Im Krieg zusammen gehn.» Ist's dies, so sprich,
Wie sie im Frieden wohl sich schaden können,
Daß sie in ihm sich trennen?
Coriolanus. Pah!
Menenius. Gut gefragt.
Volumnia. Bringt es im Krieg dir Ehre, der zu scheinen,
Der du nicht bist (und großer Zwecke halb
Gebrauchst du diese Politik), entehrt's nun,
Daß sie im Frieden soll Gemeinschaft halten
Mit Ehre, wie im Krieg, da sie doch beiden
Gleich unentbehrlich ist?
Coriolanus. Was drängst du so?
Volumnia. Weil jetzt dir obliegt, zu dem Volk zu reden,

Nicht nach des eignen Sinnes Unterweisung,
Noch in der Art, wie dir dein Herz befiehlt;
Mit Worten nur, die auf der Zunge wachsen,
Bastardgeburten, Lauten nur und Silben,
Die nicht des Herzens Wahrheit sind verpflichtet.
Dies, wahrlich, kann sowenig dich entehren,
Als eine Stadt durch sanftes Wort erobern,
Wo sonst dein Glück entscheiden müßt und Wagnis
Von vielem Blutvergießen. –
Ich wollte meine Art und Weise bergen,
Wenn Freund' und Glück es in Gefahr verlangten,
Und blieb' in Ehr. – Ich steh hier auf dem Spiel,
Dein Weib, dein Sohn, die Edlen, der Senat,
Und du willst lieber unserm Pöbel zeigen,
Wie du kannst finster sehn, als einmal lächeln,
Um ihre Gunst zu erben und zu schützen,
Was ohne sie zugrund geht.

Menenius. Edle Frau!
Kommt, geht mit uns, sprecht freundlich und errettet
Nicht nur, was jetzt gefährlich, nein, was schon
Verloren war.

Volumnia. Ich bitte dich, mein Sohn,
Geh hin, mit dieser Mütz in deiner Hand,
So streck sie aus, tritt so an sie heran,
Dein Knie berühr die Stein'; in solchem Tun ist
Gebärd ein Redner, und der Einfalt Auge
Gelehrter als ihr Ohr. Den Kopf so wiegend
Und oft auch so[1], dein stolzes Herz bestrafend,
Sei sanft, so wie die Maulbeer überreif,
Die jedem Drucke weicht. Dann sprich zu ihnen:
Du seist ihr Krieger, im Gelärm erwachsen,
Habst nicht die sanfte Art, die, wie du einsähst,
Dir nötig sei, die sie begehren dürften,
Wärbst du um ihre Gunst; doch wolltst du sicher

---

1. Die Stelle wird folgendermaßen aufgefaßt: tu das oft – so –; (Volumnia macht ihm die entsprechenden Bewegungen vor).

Dich künftig wandeln zu dem Ihrigen,
So weit Natur und Kraft in dir nur reichten.
Menenius. Das nur getan,
So wie sie sagt, sind alle Herzen dein,
Denn sie verzeihn so leicht, wenn du sie bittest,
Als sonst sie müßig schwatzen.
Volumnia. O! gib nach!
Laß dir nur diesmal raten. Weiß ich schon,
Du sprängst eh mit dem Feind in Feuerschlünde,
Als daß du ihm in Blumenlauben schmeichelst.
Hier ist Cominius.

Cominius tritt auf.

Cominius. Vom Marktplatz komm ich, Freund, und dringend
Daß Ihr Euch sehr verstärkt, sonst hilft Euch nur [scheint,
Flucht oder Sanftmut. Alles ist in Wut.
Menenius. Nur gutes Wort.
Cominius. Das, glaub ich, dient am besten,
Zwingt er sein Herz dazu.
Volumnia. Er muß und will.
Laß dich erbitten; sag: «Ich will», und geh!
Coriolanus. Muß ich mit bloßem Kopf mich zeigen? Muß ich
Mit niedrer Zunge Lügen strafen so
Mein edles Herz, das hier verstummt? Nun gut, ich tu's.
Doch käm's nur auf das einzge Stück hier an,
Den Marcius, sollten sie zu Staub ihn stampfen
Und in den Wind ihn streun. – Zum Marktplatz nun.
Ihr zwingt mir eine Rolle auf, die ich nie
Natürlich spiele.
Cominius. Kommt, wir helfen Euch.
Volumnia. O! hör mich, holder Sohn. Du sagtest oft,
Daß dich mein Lob zum Krieger erst gemacht.
So spiel, mein Lob zu ernten, eine Rolle,
Die du noch nie geübt.
Coriolanus. Ich muß es tun.
Fort, meine Sinnesart! Komm über mich,
Geist einer Metze. Mein Kriegsschrei sei verwandelt,
Der in die Trommeln rief, jetzt in ein Pfeifchen,

Dünn wie des Hämlings, wie des Mädchens Stimme,
Die Kinder einlullt; eines Buben Lächeln
Wohn auf der Wange mir; Schulknabentränen
Verdunkeln mir den Blick; des Bettlers Zunge
Reg in dem Mund sich; mein bepanzert Knie,
Das nur im Bügel krumm war, beuge sich
Wie des, der Pfennge fleht. – Ich will's nicht tun,
Nicht so der eignen Wahrheit Ehre schlachten,
Und durch des Leibs Gebärdung meinen Sinn
Zu ewger Schand abrichten.

Volumnia. Wie du willst.
Von dir zu betteln ist mir größre Schmach,
Als dir von ihnen. Fall alles denn in Trümmer!
Mag lieber deinen Stolz die Mutter fühlen,
Als stets Gefahr von deinem Starrsinn fürchten.
Den Tod verlach ich, großgeherzt wie du.
Mein ist dein Mut, ja, den sogst du von mir,
Dein Stolz gehört dir selbst.

Coriolanus. Sei ruhig, Mutter,
Ich bitte dich! – Ich gehe auf den Markt;
Schilt mich nicht mehr. Als Taschenspieler nun
Stehl ich jetzt ihre Herzen, kehre heim
Von jeder Zunft geliebt. Siehst du, ich gehe.
Grüß meine Frau. Ich kehr als Konsul wieder;
Sonst glaube nie, daß meine Zung es weit
Im Weg des Schmeichelns bringt.

Volumnia. Tu, was du willst.

(Sie geht ab.)

Cominius. Fort, die Tribunen warten. Rüstet Euch
Mit milder Antwort; denn sie sind bereit,
Hör ich, mit härtern Klagen, als die jetzt
Schon auf Euch lasten.

Coriolanus. «Mild» ist die Losung. Bitte, laßt uns gehn.
Laßt sie mit Falschheit mich beschuldgen, ich
Antworte ehrenvoll.

Menenius. Nur aber milde.

Coriolanus. Gut, milde sei's denn, milde. *(Alle ab.)*

Dritte Szene

Das Forum
Sicinius und Brutus treten auf

Brutus. Das muß der Hauptpunkt sein: daß er erstrebt
 Tyrannische Gewalt; entschlüpft er da,
 Treibt ihn mit seinem Volkshaß in die Enge,
 Und daß er nie verteilen ließ die Beute,
 Die den Antiaten abgenommen ward.
Ein Ädil tritt auf.
 Nun, kommt er?
Ädil. Er kommt.
Brutus. Und wer begleitet ihn?
Ädil. Der alte
 Menenius und die Senatoren, die
 Ihn stets begünstigt.
Brutus. Habt Ihr ein Verzeichnis
 Von allen Stimmen, die wir uns verschafft,
 Geschrieben nach der Ordnung?
Ädil. Ja, hier ist's.
Brutus. Habt Ihr nach Tribus sie gesammelt?
Ädil. Ja.
Sicinius. So ruft nun ungesäumt das Volk hieher,
 Und hören sie mich sagen: «So soll's sein,
 Nach der Gemeinen Fug und Recht,» sei's nun
 Tod, Geldbuß oder Bann: so laß sie schnell
 Tod rufen, sag ich: «Tod!» «Geldbuße», sag ich: «Buße»,
 Auf ihrem alten Vorrecht so bestehn
 Und auf der Kraft in der gerechten Sache.
Ädil. Ich will sie unterweisen.
Brutus. Und haben sie zu schreien erst begonnen,
 Nicht aufgehört, nein, dieser wilde Lärm
 Muß die Vollstreckung augenblicks erzwingen
 Der Strafe, die wir rufen.
Ädil. Wohl, ich gehe.
Sicinius. Und mach sie stark und unserm Wink bereit,

Wann wir ihn immer geben.
Brutus. Macht Euch dran!
    (*Der Ädil geht ab.*)
Reizt ihn sogleich zum Zorn; er ist gewohnt
Zu siegen, und ihm gilt als höchster Ruhm
Der Widerspruch. Einmal in Wut, nie lenkt er
Zur Mäßigung zurück; dann spricht er aus,
Was er im Herzen hat; genug ist dort,
Was uns von selbst hilft, ihm den Hals zu brechen.
 Es treten auf Coriolanus, Menenius, Cominius, Senatoren und
       Patrizier.
Sicinius. Nun seht, hier kommt er.
Menenius. Sanft, das bitt ich dich.
Coriolanus. Ja, wie ein Stallknecht, der für lumpgen Heller
Den Schurken zehnfach einsteckt. – Hohe Götter!
Gebt Rom den Frieden und den Richterstühlen
Biderbe Männer! Pflanzet Lieb uns ein!
Füllt dicht mit Friedensprunk die Tempelhallen,
Und nicht mit Krieg die Straßen.
Erster Senator. Amen! Amen!
Menenius. Ein edler Wunsch.
Sicinius. Ihr Bürger, tretet näher.
   Der Ädil kommt mit den Bürgern.
Ädil. Auf die Tribunen merkt! Gebt acht! Still! still!
Coriolanus. Erst hört mich reden.
Beide Tribunen. Gut, sprecht – ruhig denn.
Coriolanus. Werd ich nicht weiter angeklagt als hier?
Wird alles jetzt gleich ausgemacht?
Sicinius. Ich frage:
Ob Ihr des Volkes Stimm Euch unterwerft,
Die Sprecher anerkennt und willig tragt
Die Strafe des Gesetzes für die Fehler,
Die man Euch dartun wird?
Coriolanus. Ich trage sie.
Menenius. O, Bürger, seht! er sagt, er will sie tragen:
Der Kriegesdienste, die er tat, gedenkt;
Seht an die Wunden, die sein Körper hat,

Sie gleichen Gräbern auf geweihtem Boden.
Coriolanus. Geritzt von Dornen, Schrammen, nur zum Lachen.
Menenius. Erwägt noch ferner:
 Daß, hört ihr ihn nicht gleich dem Bürger sprechen,
 Den Krieger findet ihr in ihm. Nehmt nicht
 Den rauhen Klang für bös gemeintes Wort;
 Nein, wie gesagt, so wie's dem Krieger ziemt,
 Nicht feindlich euch.
Cominius. Gut, gut, nichts mehr.
Coriolanus. Wie kommt's,
 Daß ich, einstimmig anerkannt als Konsul,
 Nun so entehrt bin, daß zur selben Stunde
 Ihr mir die Würde nehmt?
Sicinius. Antwortet uns.
Coriolanus. Sprecht denn, 's ist wahr, so sollt ich ja.
Sicinius. Wir zeihn dich, daß du hast gestrebt, zu stürzen
 Recht und Verfassung Roms und so dich selbst
 Tyrannisch aller Herrschaft anzumaßen,
 Und darum stehst du hier als Volksverräter.
Coriolanus. Verräter! –
Menenius. Still nur, mäßig! – Dein Versprechen.
Coriolanus. Der tiefsten Hölle Glut verschling das Volk!
 Verräter ich! du lästernder Tribun!
 Und säßen tausend Tod' in deinem Auge,
 Und packten Millionen deine Fäuste,
 Wärn doppelt die auf deiner Lügnerzunge:
 Ich, ich sag' dennoch dir, du lügst! – die Brust[1]
 So frei, als wenn ich zu den Göttern bete.
Sicinius. Hörst du dies, Volk?
Die Bürger. Zum Fels mit ihm! Zum Fels mit ihm!
Sicinius. Seid ruhig!
 Wir brauchen neuer Fehl' ihn nicht zu zeihn;
 Was ihr ihn tun saht, reden hörtet,
 Wie er euch fluchte, eure Diener schlug,
 Streiche dem Recht erwidernd, denen trotzte,

---

1. Im Original: Stimme

          Die, machtbegabt, ihn richten sollten: dies
          So frevelhaft, so hochverräterisch,
          Verdient den härtsten Tod.
Brutus. Doch, da er Dienste
          Dem Staat getan –
Coriolanus. Was schwatzt Ihr noch von Diensten?
Brutus. Ich sag es, der ich's weiß.
Coriolanus. Ihr?
Menenius. Ist es dies,
          Was Eurer Mutter Ihr versprach?
Cominius. O hört.
          Ich bitt Euch.
Coriolanus. Nein, ich will nichts weiter hören.
          Laß sie ausrufen: Tod vom steilen Fels,
          Landflüchtges Elend, Schinden, eingekerkert
          Zu schmachten, tags mit *einem* Korn – doch kauft ich
          Nicht für *ein* gutes Wort mir ihre Gnade,
          Nicht zähmt ich mich, für was sie schenken können,
          Bekäm ich's für 'nen «Guten Morgen» schon.
Sicinius. Weil er, soviel er konnt, von Zeit zu Zeit,
          Aus Haß zum Volke Mittel hat gesucht,
          Ihm seine Macht zu rauben, und auch jetzt
          Als Feind sich wehrt, nicht nur in Gegenwart
          Erhabnen Rechts, nein, gegen die Beamten,
          Die es verwalten: in des Volkes Namen
          Und unsrer, der Tribunen, Macht verbannen
          Wir augenblicklich ihn aus unsrer Stadt.
          Bei Strafe, vom Tarpejschen Fels gestürzt
          Zu sein, betret er nie die Tore Roms.
          In 's Volkes Namen sag ich: So soll's sein.
Die Bürger. So soll es sein! So soll's sein! Fort mit ihm!
          Er ist verbannt, und also soll es sein.
Cominius. Hört mich, ihr Männer, Freunde hier im Volk.
Sicinius. Er ist verurteilt. Nichts mehr.
Cominius. Laßt mich sprechen.
          Ich war eur Konsul, und Rom kann an mir
          Die Spuren seiner Feinde sehn. Ich liebe

Des Vaterlandes Wohl mit zartrer Ehrfurcht,
Heiliger und tiefer als mein eignes Leben,
Mehr als mein Weib und ihres Leibes Kinder,
Die Schätze meines Bluts. Wollt ich nun sagen – –
Sicinius. Wir wissen, was Ihr wollt. Was könnt Ihr sagen?
Brutus. Zu sagen ist nichts mehr. Er ist verbannt
Als Feind des Volks und seines Vaterlands.
So soll's sein.
Die Bürger. So soll's sein! So soll es sein!
Coriolanus. Du schlechtes Hundepack! des Hauch ich hasse
Wie fauler Sümpfe Dunst; des Gunst mir teuer
Wie unbegrabner Männer totes Aas,
Das mir die Luft vergift't. – Ich banne dich!
Bleibt hier zurück mit eurem Unbestand,
Der schwächste Lärm mach euer Herz erbeben,
Eur Feind mit seines Helmbuschs Nicken fächle
Euch in Verzweiflung; die Gewalt habt immer,
Zu bannen eure Schützer – bis zuletzt
Eur stumpfer Sinn, der glaubt, erst wenn er fühlt,
Der nicht einmal euch selbst erhalten kann,
Stets Feind euch selbst, euch endlich unterwerfe
Als höchst verworfne Sklaven einem Volk
Das ohne Schwertstreich euch gewann. Verachtend
Um euch die Stadt – wend ich so meinen Rücken –
Noch anderswo gibt's eine Welt.
(*Coriolanus, Cominius, Menenius, Senatoren und Patrizier gehn ab.*)
Ädilen. Des Volkes Feind ist fort! ist fort! ist fort!
Die Bürger. Verbannt ist unser Feind! ist fort! Ho! Ho!
      (*Sie jauchzen und werfen ihre Mützen.*)
Sicinius. Geht, seht ihm nach zum Tor hinaus und folgt ihm,
Wie er euch sonst mit bitterm Schmähn verfolgte,
Kränkt ihn, wie er's verdient. – Laßt eine Wache
Uns durch die Stadt begleiten.
Die Bürger.
Kommt, kommt! ihm nach! zum Tor hinaus, so kommt!
Edle Tribunen, euch der Götter Schutz!
      (*Alle ab.*)

VIERTE SZENE[1]

Rom, vor einem Tore der Stadt
*Es treten auf Coriolanus, Volumnia, Virgilia, Menenius, Cominius
und mehrere junge Patrizier*

Coriolanus. Nein, weint nicht mehr. Ein kurz Lebwohl. Das Tier
Mit vielen Köpfen stößt mich weg. Ei, Mutter!
Wo ist dein alter Mut! Du sagtest oft:
Es sei das Unglück Prüfstein der Gemüter,
Gemeine Not trag ein gemeiner Mensch.
Es segl' auf stiller See mit gleicher Kunst
Ein jedes Boot; doch bei den schwersten Schlägen
Des Glücks gelassen bleiben, das erheische
Den höchsten Sinn. – Du ludest oft mir auf
Belehrungen, die unbezwinglich machten
Die Herzen, die sie ganz durchdrangen.

Virgilia. O Himmel! Himmel!

Coriolanus. Nein, ich bitte, Frau –

Volumnia. Die Pestilenz treff alle Zünfte Roms
Und die Gewerke Tod!

Coriolanus. Was, was! Ich werde
Geliebt sein, wenn ich bin gemißt. Nun Mutter!
Wo ist der Geist, der sonst dich sagen machte,
Wärst du das Weib des Herkules gewesen,
Sechs seiner Taten hättest du getan,
Und deinem Mann so vielen Schweiß erspart?
Cominius!
Frisch auf! Gott schütz euch! – Lebt wohl, Frau und [Mutter!
Mir geht's noch gut. – Menenius, alter, treuer,
Salzger als jüngern Manns sind deine Tränen,
Und giftig deinem Aug. Mein weiland Feldherr,
Ich sah dich finster, und oft schautest du
Herzhärtend Schauspiel; sag den bangen Frauen:

---

1. Nach englischen Ausgaben beginnt hier der vierte Akt, der dementsprechend sieben Szenen zählt.

Beweinen Unvermeidliches sei Torheit
Sowohl als drüber lachen. – Weißt du, Mutter,
Mein Wagnis war dein Trost ja immer! und,
Das glaube fest, geh ich auch jetzt allein,
So wie ein Drache einsam, den die Höhle[1]
Gefürchtet macht, besprochen mehr, weil nicht gesehn,
Dein Sohn ragt über dem Gemeinen stets;
Wo nicht, fällt er durch Tück und niedre List.
Volumnia. Mein großer Sohn!
　Wo willst du hin? Nimm für die erste Zeit
Cominius mit, bestimme dir den Lauf,
Statt wild dich jedem Zufall preiszugeben,
Der auf dem Weg dich anfällt.
Coriolanus. O ihr Götter!
Cominius. Den Monat bleib ich bei dir; wir bedenken,
　Wo du magst weilen, daß du von uns hörest
Und wir von dir; daß, wenn die Zeit den Anlaß
Für deine Rückberufung reift, wir nicht
Nach *einem* Mann die Welt durchsuchen müssen,
Die Gunst verlierend, welche stets erkaltet,
Ist jener fern, der sie bedarf.
Coriolanus. Leb wohl!
　Du trägst der Jahre viel, hast übersatt
Kriegsschwelgerei, mit einem umzutreiben,
Des Gier noch frisch. Bringt mich nur aus dem Tor;
Komm, süßes Weib, geliebte Mutter und
Ihr wohlerprobten Freunde. – Bin ich draußen,
Sagt: Lebe wohl! und lächelt. Bitte, kommt –
Solang ich überm Boden bin, sollt ihr
Stets von mir hören und nie etwas andres,
Als was dem frühern Marcius gleicht.
Menenius. So würdig,
　Wie man nur hören kann. Laßt uns nicht weinen.
Könnt ich nur sieben Jahr herunterschütteln
Von diesen alten Gliedern – bei den Göttern!

---

1. Im Original: der Sumpf

Ich wollt auf jedem Schritt dir folgen!
Coriolanus. Kommt!
Deine Hand.   (*Alle ab.*)

Fünfte Szene

Sicinius, Brutus und ein Ädil treten auf

Sicinius. Schickt sie nach Hause, er ist fort. Nicht weiter.
Der Adel ist gekränkt, der, wie wir sahen,
Für ihn Partei ergriff.
Brutus. Da unsre Macht
Wir nun gezeigt, laßt uns demütger scheinen,
Nun es geschehn, als da's im Werden.
Sicinius. Schickt sie heim.
Sagt ihnen, fort sei nun ihr großer Feind
Und neu befestigt ihre Macht.
Brutus. Entlaßt sie.
Hier kommt die Mutter.
Volumnia, Virgilia und Menenius treten auf.
Sicinius. Laßt uns fort!
Brutus. Weshalb?
Sicinius. Man sagt, sie sei verrückt.
Brutus. Sie sah uns schon.
Weicht ihr nicht aus.
Volumnia. Ha, wohlgetroffen!
Der Götter aufgehäufte Strafen lohnen
Euch eure Liebe.
Menenius. Still, seid nicht so laut.
Volumnia. Könnt ich vor Tränen nur, ihr solltet hören –
Doch sollt ihr etwas hören. Wollt Ihr gehn?
Virgilia. Auch Ihr sollt bleiben. Hätt ich doch die Macht,
Das meinem Mann zu sagen.
Sicinius. Seid Ihr männisch?
Volumnia. Ja, Narr. Ist das 'ne Schande? Seht den Narren!
War nicht ein Mann ihr Vater? Warst du fuchsisch,
Zu bannen ihn, der Wunden schlug für Rom,
Mehr als du Worte sprachst?

Sicinius. O gütger Himmel!
Volumnia. Mehr edle Wunden als du kluge Worte,
Und zu Roms Heil. Eins sag ich dir – doch geh.
Nein, bleiben sollst du! Wäre nur mein Sohn,
Sein gutes Schwert in Händen, in Arabien,
Und dort vor ihm dein Stamm.
Sicinius. Was dann?
Virgilia. Was dann?
Er würde dort dein ganz Geschlecht vertilgen.
Volumnia. Bastard' und alles.
O Wackrer! du trägst Wunden viel für Rom.
Menenius. Kommt, kommt! seid ruhig.
Sicinius. Ich wollt, er wär dem Vaterland geblieben,
Was er ihm war, statt selbst den edlen Knoten
Zu lösen, den er schlang.
Brutus. So wünscht ich auch.
Volumnia. «So wünscht ich auch»? Ihr hetztet auf den Pöbel,
Katzen, die seinen Wert begreifen können
Wie die Mysterien ich, die nicht der Himmel
Der Erd enthüllen will.
Brutus. Kommt, laßt uns gehn.
Volumnia. Nun ja, ich bitt euch! geht!
Ihr tatet wackre Tat. – Hört dies noch erst:
So weit das Kapitol hoch überragt
Das kleinste Haus in Rom, so weit mein Sohn,
Der Gatte dieser Frau, hier dieser, seht ihr?
Den ihr verbanntet, überragt euch alle.
Brutus. Genug. Wir gehn.
Sicinius. Was bleiben wir, gehetzt
Von einer, der die Sinne fehlen?
Volumnia. Nehmt
Noch mein Gebet mit euch.
(*Die Tribunen gehn ab.*)
O! hätten doch die Götter nichts zu tun,
Als meine Flüch erfüllen. Träf ich sie
Nur einmal tags, erleichtern würd's mein Herz
Von schwerer Last.

Menenius. Ihr gabt es ihnen derb,
Und habt auch Grund. Speist Ihr mit mir zu Nacht?
Volumnia.
Zorn ist mein Nachtmahl; so mich selbst verzehrend,
Verschmacht ich an der Nahrung. Laßt uns gehn.
Laßt dieses schwache Wimmern, klagt wie ich,
Der Juno gleich im Zorn. – Kommt, kommt!
Menenius. Pfui, pfui!   (*Sie gehn ab.*)

VIERTER AUFZUG

Erste Szene

Landstraße zwischen Rom und Antium
Ein Römer und ein Volsker, die sich begegnen

Römer. Ich kenne Euch recht gut, Freund, und Ihr kennt mich auch. Ich denke, Ihr heißt Adrian?

Volsker. Ganz recht. Wahrhaftig, ich hatte Euch vergessen.

Römer. Ich bin ein Römer und tue jetzt wie Ihr Dienste gegen Rom. Kennt Ihr mich nun?

Volsker. Nikanor? nicht?

Römer. Ganz recht.

Volsker. Ihr hattet mehr Bart, als ich Euch zuletzt sah; aber Euer Gesicht wird mir durch Eure Zunge kenntlich. – Was gibt es Neues in Rom? Ich habe einen Auftrag vom Staat der Volsker, Euch dort auszukundschaften, und Ihr habt mir eine Tagereise erspart.

Römer. In Rom hat es einen seltsamen Aufstand gegeben: das Volk gegen die Senatoren, Patrizier und Edeln.

Volsker. Hat es gegeben? Ist es denn nun vorbei? Unser Staat denkt nicht so; sie machen die stärksten Rüstungen und hoffen, sie in der Hitze der Entzweiung zu überfallen.

Römer. Der große Brand ist gelöscht; aber eine geringe Veranlassung würde ihn wieder in Flammen setzen; denn den Edeln geht die Verbannung des würdigen Coriolan so zu Herzen, daß sie ganz in der Stimmung sind, dem Volk alle Gewalt zu nehmen und ihnen ihre Tribunen auf immer zu entreißen. Dies glimmt unter der Asche, das kann ich Euch versichern, und ist fast reif zum heftigsten Ausbruch.

Volsker. Coriolan verbannt?

Römer. Ja, verbannt.

Volsker. Mit der Nachricht werdet Ihr willkommen sein, Nikanor.

Römer. Das Wetter ist jetzt gut für euch. Man pflegt zu sagen, die beste Zeit, eine Frau zu verführen, sei, wenn sie sich mit ihrem Manne überworfen hat. Euer edler Tullus Aufidius kann sich in diesem Kriege hervortun, da sein großer Gegner Coriolanus jetzt für sein Vaterland nichts tut.

Volsker. Das kann ihm nicht fehlen. Wie glücklich war ich, Euch so unvermutet zu begegnen! Ihr habt meinem Geschäft ein Ende gemacht, und ich will Euch nun freudig nach Hause begleiten.

Römer. Ich kann Euch vor dem Abendessen noch höchst sonderbare Dinge von Rom erzählen, die ihren Feinden sämtlich zum Vorteil gereichen. Habt ihr ein Heer bereit? Wie?

Volsker. Ja, und ein wahrhaft königliches. Die Zenturionen und ihre Mannschaft sind schon förmlich verteilt und stehn im Sold, so daß sie jede Stunde aufbrechen können.

Römer. Es freut mich, daß sie so marschfertig sind, und ich denke, ich bin der Mann, der sie sogleich in Bewegung setzen wird. Also herzlich willkommen, und höchst vergnügt durch Eure Gesellschaft.

Volsker. Ihr nehmt mir die Worte aus dem Munde; ich habe die meiste Ursach, mich dieser Zusammenkunft zu freuen.

Römer. Gut, laßt uns gehn.

(*Sie gehn ab.*)

Zweite Szene

Antium. Vor Aufidius' Haus

Coriolanus tritt auf in geringem Anzuge verkleidet und verhüllt

Coriolanus. Dies Antium ist ein hübscher Ort. O Stadt!
Ich schuf dir deine Witwen. Manche Erben

Der schönen Häuser hört ich in der Schlacht
Stöhnen und sterben. – Kenne mich drum nicht,
Sonst morden mich mit Bratspieß deine Weiber,
In kindscher Schlacht mit Steinen deine Knaben.
Es kommt ein Bürger.
Gott grüß Euch, Herr.
Der Bürger. Und Euch.
Coriolanus. Zeigt mir, ich bitte,
Wo Held Aufidius wohnt. Ist er in Antium?
Bürger. Ja, und bewirtet heut in seinem Haus
Die Ersten unsrer Stadt.
Coriolanus. Wo ist sein Haus?
Bürger. Dies ist's, Ihr steht davor.
Coriolanus. Lebt wohl. Ich dank Euch.
(*Der Bürger geht ab.*)
O Welt! du rollend Rad! Geschworne Freunde,
Die in zwei Busen nur ein Herz getragen,
Die Zeit und Bett und Mahl und Arbeit teilten,
Vereinigt stets, als wie ein Zwillingspaar,
In ungetrennter Liebe, brechen aus
Urplötzlich durch den Hader um ein Nichts
In bittern Haß. – So auch erboste Feinde,
Die Haß und Grimm nicht schlafen ließ vor Planen,
Einander zu vertilgen, durch 'nen Zufall,
Ein Ding, kein Ei wert, werden Herzensfreunde,
Und Doppelgatten ihre Kinder. So auch ich.
Ich hasse den Geburtsort, liebe hier
Die Feindesstadt. – Hinein! Erschlägt er mich,
So übt er gutes Recht; nimmt er mich auf,
So dien ich seinem Land. (*Geht ab.*)

DRITTE SZENE

Halle in Aufidius' Hause
Man hört Musik von innen; es kommt ein Diener

Erster Diener. Wein, Wein! Was ist das für Aufwartung? – Ich
glaube, die Burschen sind alle im Schlaf. (*Geht ab.*)

Ein zweiter Diener kommt.

Zweiter Diener. Wo ist Cotus? Der Herr ruft ihn. Cotus.

(Geht ab.)

Coriolanus tritt auf.

Coriolanus.
Ein hübsches Haus; das Mahl riecht gut. Doch ich
Seh keinem Gaste gleich.

Der erste Diener kommt wieder.

Erster Diener. Was wollt Ihr, Freund? Woher kommt Ihr? Hier ist kein Platz für Euch. Bitte, macht Euch fort.

Coriolanus. Ich habe bessern Willkomm nicht verdient,
Wenn Coriolan ich bin.

Der zweite Diener kommt.

Zweiter Diener. Wo kommst du her, Freund? Hat der Pförtner keine Augen im Kopf, daß er solche Gesellen herein läßt? Bitte, mach dich fort.

Coriolanus. Hinweg!

Zweiter Diener. Hinweg? Geh du hinweg.

Coriolanus. Du bist mir lästig.

Zweiter Diener. Bist du so trotzig? Man wird schon mit dir sprechen.

Der dritte Diener kommt.

Dritter Diener. Was ist das für ein Mensch?

Erster Diener. Ein so wunderlicher, wie ich noch keinen sah. Ich kann ihn nicht aus dem Hause kriegen. Ich bitte, ruf doch mal den Herrn her.

Dritter Diener. Was habt Ihr hier zu suchen, Mensch? Bitte, scher dich aus dem Haus.

Coriolanus. Laßt mich hier stehn, nicht schad ich euerm Herd.

Dritter Diener. Wer seid Ihr?

Coriolanus. Ein Mann von Stande.

Dritter Diener. Ein verwünscht armer.

Coriolanus. Gewiß, das bin ich.

Dritter Diener. Ich bitte Euch, armer Mann von Stande, sucht Euch ein andres Quartier; hier ist kein Platz für Euch. – Ich bitte Euch, packt Euch fort.

Coriolanus. Euerm Berufe folgt. Hinweg! Stopft euch mit kalten Bissen. (*Stößt den Diener weg.*)
Dritter Diener. Was, Ihr wollt nicht? Bitte, sage doch meinem Herrn, was er hier für einen seltsamen Gast hat.
Zweiter Diener. Das will ich. (*Geht ab.*)
Dritter Diener. Wo wohnst du?
Coriolanus. Unter dem Firmament.
Dritter Diener. Unter dem Firmament?
Coriolanus. Ja.
Dritter Diener. Wo ist das?
Coriolanus. In der Stadt der Geier und Krähen.
Dritter Diener. In der Stadt der Geier und Krähen? Was das für ein Esel ist! So wohnst du auch wohl bei den Dohlen?
Coriolanus. Nein, ich diene nicht deinem Herrn.
Erster Diener. Kerl! was hast du mit meinem Herrn zu schaffen?
Coriolanus. Nun, das ist doch schicklicher, als wenn ich mit deiner Frau zu schaffen hätte. Du schwatzest und schwatzest. – Trag deine Teller weg. Marsch! (*Er schlägt ihn hinaus.*)

Aufidius tritt auf.

Aufidius. Wo ist der Mensch?
Zweiter Diener. Hier, Herr. Ich hätte ihn wie einen Hund hinausgeprügelt, ich wollte nur die Herren drinnen nicht stören.
Aufidius. Woher kommst du? Was willst du? Dein Name? Weshalb antwortest du nicht? Sprich, Mensch, wie heißest du?
Coriolanus (*schlägt den Mantel auseinander*). Wenn, Tullus,
Du noch nicht mich erkennst, und, mich beschauend,
Nicht findest, wer ich bin, zwingt mich die Not,
Mich selbst zu nennen.
Aufidius. Und wie ist dein Name?
Coriolanus. Ein Name, schneidend für der Volsker Ohr,
Und rauhen Klangs für dich.
Aufidius. Wie ist dein Name?
Du hast ein grimmig Aussehn, deine Mien ist
Gebieterisch. Ist auch zerfetzt dein Tauwerk,
Zeigst du als wackres Schiff dich. Wie dein Name?
Coriolanus. Zieh deine Stirn in Falten. Kennst micht jetzt?

VIERTER AUFZUG · DRITTE SZENE

Aufidius. Nicht kenn ich dich. Dein Name?
Coriolanus. Mein Nam ist Cajus Marcius, der dich selbst
Vorerst und alle deine Landsgenossen
Sehr schwer verletzt' und elend machte; Zeuge:
Mein dritter Name Coriolan. Die Kriegsmühn,
Die Todsgefahr und all die Tropfen Bluts,
Vergossen für das undankbare Rom,
Das alles wird bezahlt mit diesem Namen,
Er, starkes Mahnwort und Anreiz zu Haß
Und Feindschaft, die du mir mußt hegen. Nur
Der Name bleibt. Die Grausamkeit des Volks,
Ihr Neid, gestattet von dem feigen Adel,
Die alle mich verließen, schlang das andre.
Sie duldeten's, mich durch der Sklaven Stimmen
Aus Rom gezischt zu sehn. – Diese Verruchtheit
Bringt mich an deinen Herd; die Hoffnung nicht,
Versteh mich recht, mein Leben zu erhalten;
Denn fürchtet ich den Tod, so mied' ich wohl
Von allen Menschen dich zumeist; – nein, Haß,
Ganz meinen Neidern alles wettzumachen,
Bringt mich hierher. – Wenn du nun in dir trägst
Ein Herz des Grimms, das Rache heischt für alles,
Was dich als Mann gekränkt, und die Verstümmlung
Und Schmach in deinem ganzen Land will strafen,
Mach dich gleich dran, daß dir mein Elend nütze,
Daß dir mein Rachedienst zur Wohltat werde;
Denn ich bekämpfe
Mein gifterfülltes Land mit aller Wut
Der Höllengeister. Doch fügt es sich so:
Du wagst es nicht und bist ermüdet, höher
Dein Glück zu steigern, dann, mit einem Wort,
Bin ich des Lebens auch höchst überdrüssig;
Dann biet ich dir und deinem alten Haß
Hier meine Gurgel. – Schneidest du sie nicht,
So würdest du nur als ein Tor dich zeigen;
Denn immer hab ich dich mit Grimm verfolgt
Und Tonnen Blutes deinem Land entzapft.

Ich kann nur leben dir zum Hohn, es sei denn,
Um Dienste dir zu tun.
Aufidius. O Marcius, Marcius!
Ein jedes Wort von dir hat eine Wurzel
Des alten Neids mir aus der Brust gejätet.
Wenn Jupiter
Von jener Wolk uns als Orakel riefe:
«Wahr ist's!» nicht mehr als dir würd ich ihm glauben.
Ganz edler Marcius! o! laß mich umwinden
Den Leib mit meinen Armen, gegen den
Mein fester Speer wohl hundertmal zerbrach,
Und traf den Mond mit Splittern. Hier umfang ich
Den Amboß meines Schwerts und ringe nun
So edel und so heiß mit deiner Liebe,
Als je mein eifersüchtger Mut gerungen
Mit deiner Tapferkeit. Laß mich bekennen:
Ich liebte meine Braut, nie seufzt' ein Mann
Mit treurer Seele; doch, dich hier zu sehn,
Du hoher Geist! dem springt mein Herz noch freudger,
Als da mein neuvermähltes Weib zuerst
Mein Haus betrat. Du Mars, ich sage dir,
Ganz fertig steht ein Kriegsheer, und ich wollte
Noch einmal dir den Schild vom Arme hauen,
Wo nicht, den Arm verlieren. Zwölfmal hast du
Mich ausgeklopft, und jede Nacht seitdem
Träumt ich vom Balgen zwischen dir und mir.
Wir waren beid in meinem Schlaf am Boden,
Die Helme reißend, bei der Kehl uns packend:
Halbtot vom Nichts erwacht ich. – Würdger Marcius!
Hätt ich nicht andern Streit mit Rom, als nur,
Daß du von dort verbannt, ich böte auf
Von zwölf zu siebzig alles Volk, um Krieg
Ins Herz des undankbaren Roms zu gießen
Mit überschwellnder Flut. – O komm! tritt ein
Und nimm die Freundeshand der Senatoren,
Die jetzt hier sind, mir Lebewohl zu sagen,
Der eure Länderein angreifen wollte,

Wenn auch nicht Rom selbst.
Coriolanus. Götter, seid gepriesen!
Aufidius. Willst du nun selbst als unumschränkter Herr
Dein eigner Rächer sein, so übernimm
Die Hälfte meiner Macht; bestimme du,
Wie dir gefällt, da du am besten kennst
Des Landes Kraft und Schwäche, deinen Weg,
Sei's, anzuklopfen an die Tore Roms,
Sei's, sie an fernen Grenzen heimzusuchen,
Erst schreckend, dann vernichtend. Doch tritt ein
Und sei empfohlen jenen, daß sie ja
Zu deinen Wünschen sprechen. – Tausend Willkomm!
Und mehr mein Freund als du je Feind gewesen,
Und, Marcius, das ist viel. Komm, deine Hand.
(*Coriolanus und Aufidius gehn ab.*)
Erster Diener. Das ist eine wunderliche Veränderung.
Zweiter Diener. Bei meiner Hand, ich dachte, ihn mit einem Prügel hinauszuschlagen, und doch ahnete mir, seine Kleider machten von ihm eine falsche Aussage.
Erster Diener. Was hat er für einen Arm! Er schwenkte mich herum mit seinem Daum und Finger, wie man einen Kreisel tanzen läßt.
Zweiter Diener. Nun, ich sah gleich an seinem Gesicht, daß was Besonderes in ihm steckte. Er hatte mir eine Art von Gesicht, sag ich – ich weiß nicht, wie ich es nennen soll.
Erster Diener. Das hatte er. Er sah aus, gleichsam – ich will mich hängen lassen, wenn ich nicht dachte, es wäre mehr in ihm, als ich denken konnte.
Zweiter Diener. Das dachte ich auch, mein Seel. Er ist geradezu der herrlichste Mann der Welt.
Erster Diener. Das glaube ich auch. Aber einen besseren Krieger als er kennst du doch wohl.
Zweiter Diener. Wer? mein Herr?
Erster Diener. Ja, das ist keine Frage.
Zweiter Diener. Der wiegt sechs solche auf.
Erster Diener. Nein, das nun auch nicht, doch ich halte ihn für einen bessern Krieger.

Zweiter Diener. Mein Treu! sieh, man kann nicht sagen, was man davon denken soll; was die Verteidigung einer Stadt betrifft, da ist unser Feldherr vorzüglich.

Erster Diener. Ja, und auch für den Angriff.

Der dritte Diener kommt zurück.

Dritter Diener. O, Bursche, ich kann euch Neuigkeiten erzählen, Neuigkeiten, ihr Flegel!

Die beiden andern. Was? was? was? Laß hören.

Dritter Diener. Ich wollte kein Römer sein, lieber alles in der Welt; lieber wäre ich ein verurteilter Mensch.

Erster und zweiter Diener. Warum? Warum?

Dritter Diener. Nun, der ist da, der unsern Feldherrn immer zwackte, der Cajus Marcius.

Erster Diener. Warum sagtest du, unsern Feldherrn zwacken?

Dritter Diener. Ich sage just nicht, unsern Feldherrn zwacken; aber er war ihm doch immer gewachsen.

Zweiter Diener. Kommt, wir sind Freunde und Kameraden. Er war ihm immer zu mächtig, das habe ich ihn selbst sagen hören.

Erster Diener. Er war ihm, kurz und gut, zu mächtig, Vor Corioli hackte und zwackte er ihn wie eine Karbonade.

Zweiter Diener. Und hätte er was von einem Kannibalen gehabt, so hätte er ihn wohl gebraten und aufgegessen dazu.

Erster Diener. Aber dein andres Neues?

Dritter Diener. Nun, da drinnen machen sie soviel Aufhebens von ihm, als wenn er der Sohn und Erbe des Mars wäre. Obenan gesetzt bei Tische, von keinem der Senatoren gefragt, der sich nicht barhäuptig vor ihn hinstellt. Unser Feldherr selbst tut, als wenn er seine Geliebte wäre, segnet sich mit Berührung seiner Hand und dreht das Weiße in den Augen heraus, wenn er spricht. Aber der Grund und Boden meiner Neuigkeit ist: unser Feldherr ist mitten durchgeschnitten und nur noch die Hälfte von dem, was er gestern war; denn der andre hat die Hälfte durch Ansuchen und Genehmigung der ganzen Tafel. Er sagt, er will gehn und den Pförtner von Rom bei den Ohren zerren, er will alles vor sich niedermähen und sich glatten Weg machen.

Zweiter Diener. Und er ist der Mann danach, es zu tun, mehr als irgend jemand, den ich kenne.

Dritter Diener. Es zu tun? Freilich wird er's tun! Denn versteht, Leute, er hat ebensoviel Freunde als Feinde; und diese Freunde, Leute, wagten gleichsam nicht, versteht mich, Leute, sich als seine Freunde, wie man zu sagen pflegt, zu zeigen, solange er in Mißkreditierung war.

Erster Diener. In Mißkreditierung? Was ist das?

Dritter Diener. Aber Leute, wenn sie seinen Kamm wieder hoch sehen werden und den Mann in seiner Kraft, so werden sie aus ihren Höhlen kriechen wie Kaninchen nach dem Regen, und ihm alle nachlaufen.

Erster Diener. Aber wann geht das los?

Dritter Diener. Morgen, heute, sogleich. Ihr werdet die Trommel heute nachmittag schlagen hören, es ist gleichsam noch eine Schüssel zu ihrem Fest, die verzehrt werden muß, ehe sie sich den Mund abwischen.

Zweiter Diener. Nun, so kriegen wir doch wieder eine muntre Welt. Der Friede ist zu nichts gut als Eisen zu rosten, Schneider zu vermehren und Bänkelsänger zu schaffen.

Erster Diener. Ich bin für den Krieg, sage ich, er übertrifft den Frieden wie der Tag die Nacht; er ist lustig, wachsam, gesprächig, immer was Neues; Friede ist Stumpfheit, Schlafsucht, dick, faul, taub, unempfindlich und bringt mehr Bastarde hervor, als der Krieg Menschen erwürgt.

Zweiter Diener. Richtig; und wie man auf gewisse Weise den Krieg Notzucht nennen kann, so macht, ohne Widerrede, der Friede viele Hahnrei'.

Erster Diener. Ja, und er macht, daß die Menschen einander hassen.

Dritter Diener. Und warum? Weil sie dann einander weniger nötig haben. Der Krieg ist mein Mann. – Ich hoffe, Römer sollen noch ebenso wohlfeil werden als Volsker. Sie stehn auf, sie stehn auf!

Alle. Hinein! hinein!

(*Alle ab.*)

Vierte Szene

Rom. Ein öffentlicher Platz
Sicinius und Brutus treten auf

Sicinius. Man hört von ihm nichts, hat ihn nicht zu fürchten.
Was ihn gestärkt, ist zahm, wo Friede jetzt
Und Ruh im Volke, welches sonst empört
Und wild. Wir machen seine Freund' erröten,
Daß alles blieb im ruh'gen Gleis. Sie sähen
Viel lieber, ob sie selbst auch drunter litten,
Aufrührerhaufen unsre Straßen stürmen,
Als daß der Handwerksmann im Laden singt
Und alle freudig an die Arbeit gehn.
Menenius tritt auf.
Brutus. Wir griffen glücklich durch. Ist das Menenius?
Sicinius. Er ist es. O! er wurde sehr geschmeidig
Seit kurzem. – Seid gegrüßt!
Menenius. Ich grüß euch beide.
Sicinius. Euer Coriolanus wird nicht sehr vermißt,
Als von den Freunden nur; der Staat besteht
Und würde stehn, wenn er ihn mehr noch haßte.
Menenius. Gut ist's und könnte noch weit besser sein,
Hätt er sich nur gefügt.
Sicinius. Wo ist er? Wißt Ihr's –
Menenius. Ich hörte nichts; auch seine Frau und Mutter
Vernehmen nichts von ihm.
Es kommen mehrere Bürger.
Die Bürger. Der Himmel schütz euch!
Sicinius. Guten Abend, Nachbarn!
Brutus. Guten Abend allen! Allen guten Abend!
Erster Bürger.
Wir, unsre Fraun und Kinder sind verpflichtet,
Auf Knien für euch zu beten.
Sicinius. Geh's euch wohl.
Brutus. Lebt wohl, ihr Nachbarn. Hätte Coriolanus
Euch so geliebt wie wir!

Die Bürger. Der Himmel segn euch.
Die Tribunen. Lebt wohl! lebt wohl!

(*Die Bürger gehn ab.*)

Sicinius. Dies ist beglückte wohl und liebe Zeit,
  Als da die Burschen durch die Straßen liefen,
  Zerstörung brüllend.
Brutus. Cajus Marcius war
  Im Krieg ein würdger Held, doch unverschämt
  Von Stolz gebläht, ehrgeizig übers Maß,
  Selbstsüchtig –
Sicinius. Unumschränkte Macht erstrebend
  Ohn andern Beistand.
Menenius. Nein, das glaub ich nicht.
Sicinius. Das hätten wir, so daß wir's all' beweinten,
  Empfunden, wär er Konsul nur geblieben.
Brutus. Die Götter wandten's gnädig ab, und Rom
  Ist frei und sicher ohne ihn.

Ein Ädil kommt.

Ädil. Tribunen,
  Da ist ein Sklave, den wir festgesetzt;
  Der sagt: «Es brach mit zwei verschiednen Heeren
  Der Volsker Macht ins römische Gebiet,
  Und mit des Krieges fürchterlichster Wut
  Verwüsten sie das Land.»
Menenius. Das ist Aufidius,
  Der, da er unsers Marcius Bann gehört,
  Die Hörner wieder ausstreckt in die Welt,
  Die er einzog, als Marcius stand für Rom,
  Und nicht ein Blickchen wagte.
Sicinius. Ei, was schwatzt Ihr
  Vom Marcius da.
Brutus. Peitscht diesen Lügner aus. Es kann nicht sein.
  Die Volsker wagen nicht den Bruch.
Menenius. Es kann nicht sein?
  Wohl sagt uns die Erinnrung, daß es sein kann;
  Dreimal bezeugt' er uns dasselbe Beispiel

In meiner Zeit. – Sprecht doch mit dem Gesellen,
Eh ihr ihn straft, fragt ihn, wo er's gehört;
Ihr möchtet sonst wohl eure Warnung peitschen,
Den Boten schlagen, der euch wahren will
Vor dem, was zu befürchten.
Sicinius. Sprecht nicht so!
Ich weiß, es kann nicht sein.
Brutus. Es ist unmöglich.
  Ein Bote kommt.
Bote. In größter Eil versammelt der Senat
Sich auf dem Kapitol. – Sie hörten Botschaft,
Die ihr Gesicht entfärbt.
Sicinius. Das macht der Sklave.
Laßt vor dem Volk ihn peitschen; sein Verhetzen –
Nichts als sein Märchen.
Bote. Nicht doch, würdger Herr.
Des Sklaven Wort bestätigt sich, und weit,
Weit schlimmer, als er aussagt.
Sicinius. Wie, weit schlimmer?
Bote. Es wird von vielen Zungen frei gesprochen,
Ob glaublich, weiß ich nicht, es führe Marcius,
Aufidius zugesellt, ein Heer auf Rom;
So weite Rache schwörend, wie der Anfang
Der Dinge weit vom Jetzt ist.
Sicinius. O! höchst glaublich!
Brutus. Nur ausgestreut, damit der schwächre Teil
Den guten Marcius heim soll wünschen.
Sicinius. Freilich
Ist das der Kniff.
Menenius. Nein, dies ist unwahrscheinlich.
Nicht mehr kann mit Aufidius er sich einen,
Als was am heftigsten sich widerspricht.
  Es kommt ein zweiter Bote.
Bote. Man läßt in Eil aufs Kapitol euch fordern;
Ein furchtbar Heer, geführt von Cajus Marcius,
Aufidius zugesellt, verwüstet rings
Die ganze Landschaft und betritt den Weg

Hierher, durch Feur gebahnt, zerstörend alles,
Was ihrer Wut begegnet.
Cominius tritt auf.
Cominius. Oh! ihr habt Hübsches angerichtet.
Menenius. Nun, was gibt's?
Cominius. Die eignen Töchter helft ihr schänden und
Der Dächer Blei auf eure Schädel schmelzen,
Vor euren Augen eure Fraun entehren.
Menenius. Was gibt es denn? Was gibt's denn?
Cominius. Verbrennen eure Tempel bis zum Grund,
Und eure Recht', auf die ihr pocht, verjagen
Bis in ein Mäuseloch.
Menenius. Ich bitt Euch – sprecht!
Ich fürcht, ihr habt es schön gemacht. O sprecht!
Wenn Marcius sich verband den Volskern – –
Cominius. Wenn?
Er ist ihr All, er führt sie als ein Wesen,
Das nicht Natur erschuf, nein, eine Gottheit,
Die höher ihn begabt. Sie folgen ihm
Her gegen uns Gezücht, so ruhig, sicher,
Wie Knaben bunte Schmetterlinge jagen
Und Schlächter Fliegen töten.
Menenius. Ihr habt's schön gemacht.
Ihr, eure Schürzfellmänner, die so fest
Auf ihre Handwerksstimmen hielten, und
Der Knoblauchfresser Atem.
Cominius. Schütteln wird er
Euch um die Ohren Rom.
Menenius. Wie Herkules
Die reife Frucht abschüttelt'. Schöne Arbeit!
Brutus. So ist es wahr?
Cominius. Ja, und ihr sollt erbleichen,
Bevor ihr's anders findet. Jede Stadt
Fällt lachend ab, und wer sich widersetzt,
Den höhnt man ob der tapfern Dummheit aus,
Der stirbt als treuer Narr. Wer kann ihn tadeln?
Die Feind' ihm sind, sehn jetzo, was er ist.

Menenius. Wir alle sind verloren, wenn der Edle
 Nicht Gnade übt.
Cominius. Wer soll ihn darum bitten?
 Aus Schande können's die Tribunen nicht;
 Das Volk verdient von ihm Erbarmen, wie
 Der Wolf vom Schäfer. – Seine besten Freunde,
 Sagten sie: «Schone Rom!», sie kränkten ihn
 Gleich jenen, welche seinen Haß verdient,
 Und zeigten sich als Feinde.
Menenius. Das ist wahr.
 Wenn er den Brand an meine Schwelle legte,
 Sie zu verzehren, hätt ich nicht die Stirn,
 Zu sagen: «Bitte, laß!» -- Ihr treibt es schön,
 Ihr und das Handwerk. Herrlich Werk der Hand!
Cominius. Ihr brachtet
 Solch Zittern über Rom, daß sich's noch nie
 So hilflos fand.
Die Tribunen. Sagt nicht, daß wir es brachten.
Menenius. So? Waren wir's? Wir liebten ihn, doch tierisch
 Und knechtisch feig, nicht adlig, wichen wir
 Dem Pack, das aus der Stadt ihn zischte.
Cominius. Ich fürchte,
 Sie brüllen wieder ihn herein. Aufidius,
 Der Männer zweiter, folgt nur seinem Wink,
 Als dient' er unter ihm. Verzweiflung nur
 Kann Rom ihm nun statt Kriegskunst und Verteidgung
 Und Macht entgegenstellen.

Es kommt ein Haufen Bürger.

Menenius. Hier kommt das Pack.
 Und ist Aufidius mit ihm? Ja, ihr seid's,
 Die unsre Luft verpestet, als ihr warft
 Die schweißgen Mützen in die Höh und schriet:
 «Verbannt sei Coriolan.» – Nun kommt er wieder,
 Und jedes Haar auf seiner Krieger Haupt
 Wird euch zur Geißel. – Soviel Narrenköpfe,
 Als Mützen flogen, wird er niederstrecken
 Zum Lohn für eure Stimmen. – Nun, was tut's?

Und wenn er all' uns brennt in *eine* Kohle,
Geschieht uns recht.
Die Bürger. Wir hörten böse Zeitung.
Erster Bürger.
Was mich betrifft, als ich gesagt: «Verbannt ihn»,
Da sagt ich: «Schade drum!»
Zweiter Bürger. Das tat ich auch.
Dritter Bürger. Das tat ich auch; und, die Wahrheit zu sagen, das taten viele von uns. Was wir taten, das taten wir zum allgemeinen Besten; und obgleich wir freiwillig in seine Verbannung einwilligten, so war es doch gegen unsern Willen.
Cominius. Ihr seid ein schönes Volk, ihr Stimmen!
Menenius. Ihr machtet's herrlich, ihr und euer Pack.
  Gehn wir aufs Kapitol?
Cominius. Jawohl. Was sonst?
  Cominius und Menenius gehn ab.)
Sicinius. Geht, Freunde, geht nach Haus, seid nicht entmutigt.
Dies ist sein Anhang, der das wünscht bestätigt,
Was er zu fürchten vorgibt. Geht nach Haus.
Seid ohne Furcht.
Erster Bürger. Die Götter seien uns gnädig. Kommt, Nachbarn, laßt uns nach Hause gehn. Ich sagte immer: Wir taten unrecht, als wir ihn verbannten.
Zweiter Bürger. Das taten wir alle. Kommt, laßt uns nach Hause gehn. (*Die Bürger gehn ab.*)
Brutus. Die Neuigkeit gefällt mir nicht.
Sicinius. Mir auch nicht.
Brutus. Aufs Kapitol! Mein halb Vermögen gäb ich,
Könnt ich als Lüge diese Nachricht kaufen.
Sicinius. Kommt, laßt uns gehn. (*Gehn ab.*)

FÜNFTE SZENE

Ein Lager in geringer Entfernung von Rom
Aufidius und ein Hauptmann treten auf

Aufidius. Noch immer laufen sie dem Römer zu?
Hauptmann. Ich weiß nicht, welche Zauberkraft er hat;
Doch dient zum Tischgebet er Euren Kriegern,
Wie zum Gespräch beim Mahl und Dank am Schluß.
Ihr seid in diesem Krieg verdunkelt, Herr,
Selbst von den Eignen.
Aufidius. Jetzt kann ich's nicht ändern,
Als nur durch Mittel, die die Kräfte lähmten
Von unsrer Absicht. Er beträgt sich stolzer,
Selbst gegen mich, als ich es je erwartet,
Da ich zuerst ihn aufnahm. Doch sein Wesen
Bleibt darin sich getreu. Ich muß entschuldgen,
Was nicht zu bessern ist.
Hauptmann. Doch wünscht ich, Herr,
Zu Eurem eignen Heil, Ihr hättet nie
Mit ihm geteilt Eur Ansehn, nein, entweder
Die Führung selbst behalten oder ihm
Allein sie überlassen.
Aufidius. Wohl weiß ich, was du meinst; und, sei versichert,
Wenn's zur Erklärung kommt, so denkt er nicht,
Wes ich ihn kann beschuldgen. Scheint es gleich,
Und glaubt er selbst, und überzeugt sich auch
Das Volk, daß er in allem redlich handelt
Und guten Haushalt für die Volsker führt;
Ficht, gleich dem Drachen, siegt, sobald er nur
Das Schwert gezückt; doch blieb noch ungetan,
Was ihm den Hals soll brechen oder meinen
Gefährden, wenn wir miteinander rechnen.
Hauptmann.
Herr, glaubt Ihr, daß er Roms sich wird bemeistern?
Aufidius. Jedwede Stadt ist sein, eh er belagert,
Und ihm ergeben ist der Adel Roms;

Patrizier lieben ihn und Senatoren.
Den Krieg versteht nicht der Tribun. Das Volk
Wird schnell zurück ihn rufen, wie's ihn eilig
Von dort verstieß. Ich glaub, er ist für Rom,
Was für den Fisch der Meeraar, der ihn fängt
Durch angeborne Macht. Erst war er ihnen
Ein edler Diener; doch er konnte nicht
Die Würden mäßig tragen. Sei's nun Stolz,
Der immer, bleibt das Glück unwandelbar,
Den Glücklichen befleckt; sei's Urteilsmangel,
Wodurch er nicht den Zufall klug genutzt,
Den er beherrschte; oder sei's Natur,
Die ihn aus *einem* Stück schuf – stets derselbe
Im Helme wie im Rat, herrscht' er im Frieden
Mit unbeugsamer Streng und finsterm Ernst,
Wie er dem Krieg gebot. Schon eins von diesen
(Von jedem hat er etwas, keines ganz,
So weit sprech ich ihn frei) macht' ihn gefürchtet,
Gehaßt, verbannt. – Doch so ist sein Verdienst,
Daß es im Übermaß erstirbt[1]. So fällt
Stets unser Wert der Zeiten Deutung heim;
Und Macht, die an sich selbst zu loben ist,
Hat kein so unverkennbar Grab, als wenn
Von Rednerbühnen wird ihr Tun gepriesen.
Der Nagel treibt den Nagel, Brand den Brand,
Kraft sinkt durch Kraft, durch Recht wird Recht verkannt.
Kommt, laßt uns gehn. Ist, Cajus, Rom erst dein,
Dann bist der Ärmste du und dann bald mein.

(Sie gehn ab.)

---

1. Die Übersetzung ist zweifellos falsch, kann aber nicht verbessert werden, da die Stelle des Originals kaum zu deuten ist.

FÜNFTER AUFZUG

Erste Szene

Rom, ein öffentlicher Platz

Es treten auf Menenius, Cominius, Sicinius, Brutus und andere

Menenius.
  Nein, ich geh nicht. – Ihr hört, was dem er sagte,
  Der einst sein Feldherr war; der ihn geliebt
  Aufs allerzärtlichste. Mich nannt er Vater;
  Doch was tut das? – Geht ihr, die ihn verbannt,
  'ne Meile schon vor seinem Zelt fallt nieder
  Und schleicht so kniend in seine Gnade. – Nein:
  Wollt er nichts von Cominius hören, bleib ich
  Zu Haus.
Cominius. Er tat, als kennte er mich nicht,
Menenius. Hört ihr's?
Cominius. Doch einmal nannt er mich bei meinem Namen:
  Die alte Freundschaft macht ich geltend, Blut,
  Gemeinsam sonst vergossen. Coriolan
  Wollt er nicht sein, verbat sich jeden Namen:
  Er sei ein Nichts, ein ungenanntes Wesen,
  Bis er sich einen Namen neu geschmiedet
  Im Brande Roms.
Menenius. Ah! so. Ihr machtet's gut.
  Ein Paar Tribunen, die für Rom sich quälten,
  Wohlfeil zu machen Kohlen. – Edler Ruhm!
Cominius. Ich mahnt ihn, wie so königlich Verzeihung,
  Je minder sie erwartet sei. Er sprach,
  Das sei vom Staat ein kahles Wort an ihn,
  Den selbst der Staat bestraft.
Menenius. Das war ganz recht.
  Was konnt er anders sagen?
Cominius. Ich sucht dann sein Mitleid zu erwecken
  Für die besondern Freund'. Er gab zur Antwort:
  Nicht lesen könn er sie aus einem Haufen
  Verdorbner, schlechter Spreu, auch sei es Torheit,

Um ein zwei arme Körner stinken lassen
Den Unrat unverbrannt.
Menenius. Um ein paar Körner?
Davon bin ich eins, seine Frau und Mutter,
Sein Kind, der wackre Freund, wir sind die Körner:
Ihr seid die dumpfe Spreu, und eur Gestank
Dringt bis zum Mond; wir müssen für euch brennen.
Sicinius. Seid milde doch, wenn ihr zu helfen weigert
In so ratloser Zeit. Verhöhnt uns mindestens
Mit unserm Elend nicht; denn sprächet Ihr
Für Euer Vaterland, Eur gutes Wort,
Mehr als ein eilig aufgerafftes Heer,
Hemmt' unsern Landsmann.
Menenius. Nein, ich bleib davon.
Sicinius. Ich bitt Euch, geht zu ihm.
Menenius. Was soll es nutzen?
Brutus. Versuchen nur, was Eure Liebe kann
Für Rom bei Marcius.
Menenius. Und gesetzt, daß Marcius
Zurück mich schickt, wie er Cominius tat,
Ganz ungehört. – Die Folge?
Noch ein gekränkter Freund, von Gram durchbohrt
Durch seine Härte. Nun?
Sicinius. Euern Willen
Erkennt Rom dankbar nach dem Maß, wie Ihr
Die gute Meinung zeigt.
Menenius. Ich will's versuchen –
Kann sein, er hört mich; doch, die Lippe beißen
Und grollen mit Cominius schwächt mein Herz.
Man traf die Stunde nicht, vor Tische war's.
Und sind die Adern leer, ist kalt das Blut,
Dann schmollen wir dem Morgen, sind unwillig
Zu geben und vergeben; doch gefüllt
Die Röhren und Kanäle unsers Bluts
Mit Wein und Nahrung, macht die Seele schmeidger
Als priesterliches Fasten. – Drum erpaß ich,
Bis er für mein Gesuch in Tafellaune,

Und dann mach ich mich an ihn.
Brutus. Ihr kennt den wahren Pfad zu seiner Güte
Und könnt des Wegs nicht fehlen.
Menenius. Gut, ich prüf ihn.
Geh's, wie es will, bald werd ich selber wissen,
Ob's mir gelang. (*Geht ab.*)
Cominius. Er hört ihn nimmer.
Sicinius. Nicht?
Cominius. Glaubt mir, er sitzt in Gold, sein Blick so feurig,
Als wollt er Rom verbrennen; und sein Zorn
Ist Kerkermeister seiner Gnad. — Ich kniete,
Nur leise sprach er: «Auf!» — entließ mich — so —
Mit seiner stummen Hand. Was er tun würde,
Schickt' er mir schriftlich nach; was er nicht würde,
Zwäng ihn ein Eid, sich selbst nicht nachzugeben.
So daß uns keine Hoffnung bleibt —
Wenn's seine edle Mutter nicht und Gattin —
Die, hör ich, sind gewillt, ihn anzuflehn
Um Gnade für die Stadt; drum gehn wir hin,
Daß unser bestes Wort sie noch mehr treibe.
(*Gehn ab.*)

ZWEITE SZENE

Lager der Volsker vor Rom
Zwei Wachen der Volsker, zu ihnen kommt Menenius

Erste Wache. Halt! — Woher kommt Ihr?
Zweite Wache. Halt, und geht zurück!
Menenius.
Ihr wacht wie Männer. Gut; doch mit Vergunst,
Ich bin ein Staatsbeamter und gekommen,
Mit Coriolan zu sprechen.
Erste Wache. Von wo?
Menenius. Von Rom.
Erste Wache.
Ihr kommt nicht durch, Ihr müßt zurück. — Der Feldherr
Will nichts von dort mehr hören.

Zweite Wache. Ihr sollt Eur Rom in Flammen sehn, bevor
Mit Coriolan Ihr sprecht.
Menenius. Ihr guten Freunde,
Habt ihr gehört von Rom den Feldherrn sprechen
Und seinen Freunden dort? Zehn gegen eins,
So traf mein Nam eur Ohr, er heißt Menenius.
Erste Wache. Mag sein. Zurück! denn Euers Namens Würde
Bringt Euch nicht durch.
Menenius. Ich sage dir, mein Freund,
Dein Feldherr liebt mich, denn ich war die Chronik
Des Guten, das er tat, und wo sein Ruhm
Als gleichlos stand, wohl etwas übertrieben.
Denn immer zeugt ich gern für meine Freunde
(Von denen er der liebste), ganz und groß,
Soweit's die Wahrheit litt. Zuweilen wohl,
So wie auf scheinbar glattem Grund die Kugel,
Sprang ich was jenseits, machte fast im Loben
Ein wenig Wind. – Drum, Kerl, muß ich auch durch.
Erste Wache. Mein Treu, Herr, wenn Ihr auch so viele Lügen
für ihn als jetzt Worte für Euch gesprochen habt, so sollt
Ihr doch nicht durch. Nein – und wenn auch das Lügen
so verdienstlich wäre wie ein keusches Leben. Darum –
zurück!
Menenius. Ich bitte dich, Mensch, erinnere dich, daß ich Menenius heiße, der immer die Partei deines Feldherrn hielt.
Zweite Wache. Wenn Ihr auch sein Lügner gewesen seid, wie Ihr
vorgebt, so bin ich einer, der in seinem Dienst die Wahrheit
spricht und Euch sagt, daß Ihr hier nicht hinein dürft. Darum,
zurück!
Menenius. Hat er zu Mittag gegessen? weißt du's nicht? denn
ich wollte nicht gern eher mit ihm reden als nach der Mahlzeit.
Erste Wache. Nicht wahr, Ihr seid ein Römer?
Menenius. Ich bin, was dein Feldherr ist.
Erste Wache. Dann solltet Ihr auch Rom hassen, so wie er. Könnt
Ihr, nachdem Ihr Euern Verteidiger zu Euern Toren hinausgestoßen und in Eurer blödsinnigen Volkswut Euerm Feind

Euern eignen Schild gegeben habt, noch glauben, seine Rache
ließe sich durch die schwächlichen Seufzer alter Frauen ab-
wenden, durch das jungfräuliche Händefalten Eurer Töchter,
oder durch gichtlahme Fürbitte eines so welken, kindischen
Mannes, wie Ihr zu sein scheint? Könnt Ihr glauben, das
Feuer, das Eure Stadt entflammen soll, mit so schwachem
Atem auszublasen? Nein, Ihr irrt Euch – darum, zurück nach
Rom und bereitet Euch zu Eurer Hinrichtung. Ihr seid verurteilt ohne Aufschub und Gnade, das hat der General geschworen.

Menenius. Bursche, wenn dein Hauptmann wüßte, daß ich hier
bin, so würde er mich mit Achtung behandeln.

Erste Wache. Geht, mein Hauptmann kennt Euch nicht.

Menenius. Ich meine den Feldherrn.

Erste Wache. Der Feldherr fragt nichts nach Euch. – Zurück,
ich sag es Euch, geht, sonst zapfe ich noch Eure halbe Unze
Blut ab – zurück! denn mehr könnt Ihr nicht haben! Fort!

Menenius. Nein, aber, Mensch! Mensch!

Coriolanus und Aufidius treten auf.

Coriolanus. Was gibt's?

Menenius. Jetzt, Geselle, will ich dir etwas einbrocken – du sollst
nun sehn, daß ich in Achtung stehe. Du sollst gewahr werden, daß solch ein Hans Schilderhaus mich nicht von meinem
Sohn Coriolan wegtreiben kann. Sieh an der Art, wie er mit
mir sprechen wird, ob du nicht reif für den Galgen bist, oder
für eine Todesart von längrer Aussicht[1] und größerer Qual.
Sieh nun her und fall sogleich in Ohnmacht wegen dessen,
was dir bevorsteht. – Die glorreichen Götter mögen stünd-
liche Ratsversammlung halten wegen deiner besondern Glück-
seligkeit und dich nicht weniger lieben als dein alter Vater
Menenius. O! mein Sohn! mein Sohn! du bereitest uns Feuer?
Sieh, hier ist Wasser, um es zu löschen. Ich war schwer zu
bewegen, zu dir zu gehn; aber weil ich überzeugt bin, daß
keiner besser als ich dich bewegen kann, so bin ich mit Seuf-
zern aus den Toren dort hinausgeblasen worden und be-

---

1. Sinn: bei der man länger zuschauen kann

schwöre dich nun, Rom und deinen flehnden Landsleuten zu verzeihn. Die gütigen Götter mögen deinen Zorn sänftigen und die Hefen davon hier auf diesen Schurken leiten, auf diesen, der mir, wie ein Klotz, den Eintritt zu dir versagte.
Coriolanus. Hinweg!
Menenius. Wie, hinweg?
Coriolanus.
Weib, Mutter, Kind, nicht kenn ich sie. – Mein Tun
Ist andern dienstbar. Eignet *mir* die Rache
Auch gänzlich, kann doch von den Volskern nur
Verzeihung kommen. Daß wir einst vertraut,
Vergifte lieber undankbar Vergessen,
Als Mitleid sich, wie sehr, erinnre. Fort denn!
Mein Ohr ist fester Euerm Flehn verschlossen,
Als Eure Tore meiner Kraft. Doch nimm dies,
Weil ich dich liebt, ich schrieb's um deinetwillen
Und wollt es senden. Kein Wort mehr, Menenius.
Verstatt ich dir. Der Mann, Aufidius,
War mir sehr lieb in Rom; und dennoch siehst du –
Aufidius. Du bleibst dir immer gleich.
(*Coriolanus und Aufidius gehn ab.*)
Erste Wache. Nun, Herr, ist Euer Name Menenius?
Zweite Wache. Ihr seht, er ist ein Zauber von großer Kraft. Ihr wißt nun den Weg nach Hause.
Erste Wache. Habt Ihr gehört, wie wir ausgescholten sind, weil wir Eure Hoheit nicht einließen?
Zweite Wache. Warum doch, denkt Ihr, soll ich nun in Ohnmacht fallen?
Menenius. Ich frage weder nach der Welt noch nach euerm Feldherrn. Was solche Kreaturen betrifft, wie ihr, so weiß ich kaum, ob sie da sind, so unbedeutend seid ihr. – Wer den Entschluß fassen kann, von eigner Hand zu sterben, fürchtet es von keiner andern. Mag euer Feldherr das Ärgste tun; und, was euch betrifft, bleibt, was ihr seid, lange, und eure Erbärmlichkeit wachse mit euerm Alter! Ich sage euch das, was mir gesagt wurde: Hinweg! –
(*Er geht ab.*)

Erste Wache. Ein edler Mann, das muß ich sagen.
Zweite Wache. Der würdigste Mann ist unser Feldherr, er ist ein
  Fels, eine Eiche, die kein Sturm erschüttert.

(*Sie gehn ab.*)

Dritte Szene

Coriolans Zelt
Es treten auf Coriolanus, Aufidius und andere

Coriolanus. So ziehn wir moren denn mit unserm Heer
  Vor Rom. Ihr, mein Genoß in diesem Krieg,
  Tut Euren Senatoren kund, wie redlich
  Ich alles ausgeführt.
Aufidius. Nur ihren Vorteil
  Habt Ihr beachtet; Euer Ohr verstopft
  Roms allgemeinem Flehn; nie zugelassen
  Geheimes Flüstern; nein, selbst nicht von Freunden,
  Die ganz auf Euch vertraut.
Coriolanus. Der alte Mann,
  Den ich nach Rom gebrochnen Herzens sende,
  Er liebte mehr mich als mit Vaterliebe,
  Ja, machte mich zum Gott. – Die letzte Zuflucht
  War, ihn zu senden; und aus alter Liebe,
  Blickt ich schon finster, tat ich noch einmal
  Den ersten Antrag, den sie abgeschlagen
  Und jetzt nicht nehmen können; ihn zu ehren,
  Der mehr zu wirken hoffte, gab ich nach,
  Sehr wenig nur. Doch neuer Sendung, Bitte,
  Sei's nun vom Staat, von Freunden, leih ich nun
  Mein Ohr nicht mehr. – Ha! welch ein Lärm ist das?

(*Geschrei hinter der Szene.*)

Werd ich versucht, zu brechen meinen Schwur,
Indem ich ihn getan? Ich werd es nicht.

*Es treten auf Virgilia, Volumnia, die den jungen Marcius an der Hand
  führt. Valeria mit Gefolge. Alle in Trauer.*

Mein Weib voran, dann die ehrwürdge Form,
Die meinen Leib erschuf, an ihrer Hand
Der Enkel ihres Bluts. – Fort, Sympathie!
Brecht, all ihr Band' und Rechte der Natur!
Sei's tugendhaft, in Starrsinn fest zu bleiben. –
Was gilt dies Beugen mir? dies Taubenauge,
Das Götter lockt zum Meineid? – Ich zerschmelze!
Und bin nicht festre Erd als andre Menschen –
Ha! meine Mutter beugt sich –
Als wenn Olympus sich vor kleinem Hügel
Mit Flehen neigte; und mein junger Sohn
Hat einen Blick der Bitt, aus dem allmächtig
Natur schreit: «Weiger's nicht!» – Nein, pflüge auf
Der Volsker Rom, verheer Italien. – Nimmer
Soll, wie unflügge Brut, Instinkt mich führen;
Ich steh, als wär der Mensch sein eigner Schöpfer
Und kennte keinen Ursprung.
Virgilia. Herr und Gatte!
Coriolanus. Mein Auge schaut nicht mehr wie sonst in Rom.
Virgilia. Der Gram, der uns verwandelt hat, macht dich
So denken.
Coriolanus. Wie ein schlechter Spieler jetzt
Vergaß ich meine Roll und bin verwirrt,
Bis zur Verhöhnung selbst. – Blut meines Herzens!
Vergib mir meine Tyrannei; doch sage
Drum nicht: «Vergib den Römern.» – O! ein Kuß,
Lang wie mein Bann und süß wie meine Rache.
Nun, bei der Juno Eifersucht, den Kuß
Nahm ich, Geliebte, mit, und meine Lippe
Hat ihn seitdem jungfräulich treu bewahrt.
Ihr Götter! wie? ich schwatze?
Und aller Mütter edelste der Welt
Blieb unbegrüßt? – Mein Knie, sink in die Erde,
Drück tiefer deine Pflicht dem Boden ein
Als jeder andre Sohn. (*Er kniet nieder.*)
Volumnia. Steh auf gesegnet!
Daß, auf nicht weicherm Kissen als der Stein,

Ich vor dir knie und Huldgung neuer Art
Dir weihe, die bisher ganz falsch verteilt
War zwischen Kind und Eltern. (*Sie kniet.*)
Coriolanus. Was ist das?
Ihr vor mir knien? vor dem gescholtnen Sohn?
Dann mögen Kiesel vor der öden Bucht
Frech an die Sterne springen; rebellsche Winde
Die Feuersonn mit stolzen Zedern peitschen,
Mordend Unmöglichkeit, zum Kinderspiel
Zu machen das, was ewig nie kann sein.
Volumnia. Du bist mein Krieger,
Ich half dich formen. Kennst du diese Frau?
Coriolanus. Die edle Schwester des Publicola,
Die Luna Roms, keusch wie die Eiszacken,
Die aus dem reinsten Schnee der Frost erschuf
Am Heiligtum Dianens. Seid gegrüßt, Valeria.
Volumnia. Dies ein kleiner Auszug von dir selbst,
Der durch die Auslegung erfüllter Jahre
Ganz werden kann wie du.
Coriolanus. Der Gott der Krieger,
Mit Beistimmung des höchsten Zeus, erziehe
Zum Adel deinen Sinn, daß du dich stählst,
Der Schande unverwundbar, und im Krieg
Ein groß Seezeichen stehst, den Stürmen trotzend,
Die rettend, die dich schaun.
Volumnia. Knie nieder, Bursch.
Coriolanus. Das ist mein wackrer Sohn.
Volumnia. Er und dein Weib, die Frau hier und ich selbst
Sind Flehende vor dir.
Coriolanus. Ich bitt euch, still!
Wo nicht, bedenket dies, bevor ihr sprecht:
Was zu gewähren ich verschwor, das nehmt nicht
Als euch verweigert; heißt mich nicht entlassen
Mein Heer; nicht, wieder unterhandeln mit
Den Handarbeitern Roms; nicht sprecht mir vor,
Worin ich unnatürlich scheine; denkt nicht
Zu sänftgen meine Wut und meine Rache

Mit euren kältern Gründen.
Volumnia. O! nicht mehr! nicht mehr!
Du hast erklärt, du willst uns nichts gewähren;
Denn nichts zu wünschen haben wir, als das,
Was du schon abschlugst; dennoch will ich bitten,
Daß, weichst du unsern Bitten aus, der Tadel
Auf deine Härte falle. Hör uns drum.
Coriolanus. Aufidius und ihr Volsker, merkt, wir hören
Nichts insgeheim von Rom. Nun, eure Bitte?
Volumnia. Wenn wir auch schwiegen, sagte doch dies Kleid
Und unser bleiches Antlitz, welch ein Leben
Seit deinem Bann wir führten. Denke selbst,
Wie wir, unselger als je Fraun auf Erden,
Dir nahn! Dein Anblick, der mit Freudentränen
Die Augen füllen soll, das Herz mit Wonne,
Netzt sie mit Leid, und quält's mit Furcht und Sorge;
Da Mutter, Weib und Kind es sehen müssen,
Wie Sohn, Gemahl und Vater grausam wühlt
In seines Landes Busen. – Weh, uns Armen!
Uns trifft am härtsten deine Wut; du wehrst uns
Die Götter anzuflehn, ein Trost, den alle,
Nur wir nicht, teilen: denn wie könnten wir's?
Wie können für das Vaterland wir beten,
Was unsre Pflicht? und auch für deinen Sieg,
Was unsre Pflicht? – Ach! unsre teure Amme,
Das Vaterland, geht unter, oder du,
Du Trost im Vaterland. Wir finden immer
Ein unabwendbar Elend, wird uns auch
Ein Wunsch gewährt; wer auch gewinnen mag,
Entweder führt man dich, Abtrünn'gen, Fremden,
In Ketten durch die Straßen; oder du
Trittst im Triumph des Vaterlandes Schutt
Und trägst die Palme, weil du kühn vergossest
Der Frau, des Kindes Blut; denn ich, mein Sohn,
Ich will das Schicksal nicht erwarten, noch
Des Krieges Schluß. Kann ich dich nicht bewegen,
Daß lieber jedem Teil du Huld gewährst,

Als einen stürzest – Traun, du sollst nicht eher
Dein Vaterland bestürmen, bis du tratst
(Glaub mir, du sollst nicht) auf der Mutter Leib,
Der dich zur Welt gebar.

Virgilia. Ja, auch auf meinen,
Der diesen Sohn dir gab, auf daß dein Name
Der Nachwelt blüh.

Der kleine Marcius. Auf mich soll er nicht treten.
Fort lauf ich, bis ich größer bin, dann fecht ich.

Coriolanus. Wer nicht will Wehmut fühlen, gleich den Frauen,
Der muß nicht Frau noch Kindes Antlitz schauen.
Zu lange saß ich. (*Er steht auf.*)

Volumnia. Nein, so geh nicht fort.
Zielt' unsre Bitte nur dahin, die Römer
Zu retten durch den Untergang der Volsker,
Die deine Herrn, so möchtst du uns verdammen
Als Mörder deiner Ehre. – Nein, wir bitten,
Daß beide du versöhnst; dann sagen einst
Die Volsker: «Diese Gnad erwiesen wir», –
Die Römer: «Wir empfingen sie»; und jeder
Gibt dir den Preis und ruft: «Gesegnet sei
Für diesen Frieden!» – Großer Sohn, du weißt,
Des Krieges Glück ist ungewiß; gewiß
Ist dies, daß, wenn du Rom besiegst, der Lohn
Den du dir erntest, solch ein Name bleibt,
Dem, wie er nur genannt wird, Flüche folgen.
Dann schreibt die Chronik einst: «Der Mann war edel,
Doch seine letzte Tat löscht' alles aus,
Zerstört' sein Vaterland; drum bleibt sein Name
Ein Abscheu künftgen Zeiten.» – Sprich zu mir.
Der Ehre zartste Fordrung war dein Streben,
In ihrer Hoheit Göttern gleich zu sein:
Den Luftraum mit dem Donner zu erschüttern
Und dann den Blitz mit einem Keil zu tauschen,
Der nur den Eichbaum spaltet. Wie? nicht sprichst du? –
Hältst du es würdig eines edlen Mannes,
Sich stets der Kränkung zu erinnern? – Tochter,

Sprich du, er achtet auf dein Weinen nicht. –
Sprich du, mein Kind –
Vielleicht bewegt dein Kindgeschwätz ihn mehr,
Als unsre Rede mag. – Kein Mann auf Erden
Verdankt der Mutter mehr; doch hier läßt er
Mich schwatzen wie ein Weib am Pranger. – Nie
Im ganzen Leben gabst der lieben Mutter
Du freundlich nach, wenn sie, die arme Henne,
Nicht andrer Brut erfreut, zum Krieg dich gluckte,
Und sicher heim, mit Ehren stets beladen. –
Heiß ungerecht mein Flehn und stoß mich weg;
Doch ist's das nicht, so bist nicht edel du,
Und strafen werden dich die Götter, daß
Du mir die Pflicht entziehst, die Müttern ziemt.
Er kehrt sich ab! –
Kniet nieder, Fraun, beschäm ihn unser Knien.
Dem Namen Coriolanus ziemt Verehrung,
Nicht Mitleid unserm Flehn. – Kniet, sei's das Letzte. –
Nun ist es aus – wir kehren heim nach Rom
Und sterben mit den Unsern. – Nein, sieh her!
Dies Kind, nicht kann es sagen, was es meint;
Doch kniet es, hebt die Händ empor mit uns,
Spricht so der Bitte Recht mit größrer Kraft,
Als du zu weigern hast. – Kommt, laßt uns gehn:
Der Mensch hat eine Volskerin zur Mutter,
Sein Weib ist in Corioli, dies Kind
Gleicht ihm durch Zufall. – So sind wir entlassen,
Still bin ich, bis die Stadt in Flammen steht,
Dann sag ich etwas noch.
Coriolanus. O! Mutter! – Mutter!
     (*Er faßt die beiden Hände der Mutter. Pause.*)
Was tust du? Sieh, die Himmel öffnen sich,
Die Götter schaun herab; den Auftritt, unnatürlich,
Belachen sie. – O! meine Mutter! Mutter! O!
Für Rom hast glücklich du den Sieg gewonnen;
Doch deinen Sohn – O glaub es, glaub es mir,
Ihm höchst gefahrvoll hast du den bezwungen,

Wohl tödlich selbst. Doch mag es nur geschehn!
Aufidius, kann ich Krieg nicht redlich führen,
Schließ ich heilsamen Frieden. Sprich, Aufidius,
Wärst du an meiner Statt, hättst du die Mutter
Wen'ger gehört? ihr wen'ger zugestanden?
Aufidius. Ich war bewegt.
Coriolanus. Ich schwöre drauf, du warst es.
Und nichts Geringes ist es, wenn mein Auge
Von Mitleid träuft. Doch rate mir, mein Freund!
Was für Bedingung machst du? denn nicht geh ich
Nach Rom, ich kehre mit euch um und bitt euch,
Seid hierin mir gewogen. – O Mutter! Frau!
Aufidius (für sich). Froh bin ich, daß dein Mitleid, deine Ehre,
Dich so entzwein; hieraus denn schaff ich mir
Mein ehemalges Glück.
(*Die Frauen wollen sich entfernen.*)
Coriolanus. O! jetzt noch nicht.
Erst trinken wir, dann tragt ein beßres Zeugnis
Als bloßes Wort nach Rom, das gegenseitig
Auf billige Bedingung wir besiegeln.
Kommt, tretet mit uns ein. Ihr Fraun verdient,
Daß man euch Tempel baut; denn alle Schwerter
Italiens und aller Bundsgenossen,
Sie hätten diesen Frieden nicht erkämpft.
(*Alle ab.*)

VIERTE SZENE

Rom. Ein öffentlicher Platz
Menenius und Sicinius treten auf

Menenius. Seht ihr dort jenen Vorsprung am Kapitol? jenen
Sicinius. Warum? Was soll er? [Eckstein?
Menenius. Wenn es möglich ist, daß Ihr ihn mit Euerm kleinen
Finger von der Stelle bewegt, dann ist einige Hoffnung, daß
die römischen Frauen, besonders seine Mutter, etwas bei ihm
ausrichten können. – Aber! ich sage, es ist keine Hoffnung;
unsre Kehlen sind verurteilt und warten auf den Henker.

Sicinius. Ist es möglich, daß eine so kurze Zeit die Gemütsart eines Menschen so verändert?

Menenius. Es ist ein Unterschied zwischen einer Raupe und einem Schmetterling; und doch war der Schmetterling eine Raupe. Dieser Marcius ist aus einem Menschen ein Drache geworden, die Schwingen sind ihm gewachsen, er ist mehr als ein kriechendes Geschöpf.

Sicinius. Er liebte seine Mutter von Herzen.

Menenius. Mich auch. Aber er kennt jetzt seine Mutter sowenig als ein achtjähriges Roß. Die Herbigkeit seines Angesichts macht reife Trauben sauer. Wenn er wandelt, so bewegt er sich wie ein Turm, und der Boden bebt unter seinem Tritt. Er ist imstande, einen Harnisch mit seinem Blick zu durchbohren; er spricht wie eine Glocke, und sein «Hm» ist eine Batterie. Er sitzt da in seiner Herrlichkeit wie ein Abbild Alexanders. Was er befiehlt, das geschehen soll, das ist schon vollendet, indem er es befiehlt. Ihm fehlt zu einem Gotte nichts als Ewigkeit und ein Himmel, darin zu thronen.

Sicinius. Doch, Gnade, wenn Ihr ihn richtig beschreibt.

Menenius. Ich male ihn nach dem Leben. Gebt nur acht, was für Gnade seine Mutter mitbringen wird. Es ist nicht mehr Gnade in ihm als Milch in einem männlichen Tiger; das wird unsre arme Stadt empfinden. – Und alles dies haben wir euch zu danken.

Sicinius. Die Götter mögen sich unser erbarmen!

Menenius. Nein, bei dieser Gelegenheit werden sich die Götter unser nicht erbarmen. Als wir ihn verbannten, achteten wir nicht auf sie, und da er nun zurückkommt, um uns den Hals zu brechen, achten sie nicht auf uns.

Ein Bote tritt auf.

Bote. Wollt Ihr das Leben retten, flieht nach Hause,
Das Volk hat Euren Mittribun ergriffen
Und schleift ihn durch die Straßen. Alle schwören,
Er soll, wenn keinen Trost die Frauen bringen,
Den Tod zollweis empfinden.

Ein zweiter Bote kommt.

Sicinius. Was für Nachricht?
Bote. Heil! Heil! Die Frauen haben obgesiegt,
Es ziehn die Volsker ab und Marcius geht.
Ein frohrer Tag hat nimmer Rom begrüßt,
Nicht seit Tarquins Vertreibung.
Sicinius. Freund, sag an,
Ist's denn auch wirklich wahr? weißt du's gewiß?
Bote. Ja, so gewiß die Sonne Feuer ist.
Wo stecktet Ihr, daß Ihr noch zweifeln könnt?
Geschwollne Flut stürzt so nicht durch den Bogen,
Wie die Beglückten durch die Tore. Horcht!
(*Man hört Trompeten, Hoboen, Trommeln und Freudengeschrei.*)
Posaunen, Flöten, Trommeln und Drommeten,
Zimbeln und Pauken und der Römer Jauchzen,
Es macht die Sonne tanzen. (*Freudengeschrei.*)
Menenius. Gute Zeitung.
Ich geh den Fraun entgegen. Die Volumnia
Ist von Patriziern, Konsuln, Senatoren
Wert eine Stadt voll, solcher Volkstribunen
Ein Meer und Land voll. – Ihr habt gut gebetet,
Für hunderttausend eurer Kehlen gab ich
Heut früh nicht einen Pfennig. Hört die Freude!

(*Musik und Freudengeschrei.*)

Sicinius. Erst für die Botschaft segnen Euch die Götter,
Und dann nehmt meinen Dank.
Bote. Wir haben alle
Viel Grund zu vielem Dank.
Sicinius. Sind sie schon nah?
Bote. Fast schon am Tor.
Sicinius. Laßt uns entgegengehn
Und ihren Jubel mehren.

*Die Frauen treten auf, von Senatoren, Patriziern und Volk begleitet
Sie gehn über die Bühne*[1].

---

1. Englische Ausgaben setzen für die sieben folgenden Verse eine neue Szene an.

FÜNFTER AUFZUG · FÜNFTE SZENE

Erster Senator. Seht unsre Schutzgöttin, das Leben Roms!
Ruft alles Volk zusammen, preist die Götter,
Macht Freudenfeuer, streut den Weg mit Blumen
Und übertönt den Schrei, der Marcius bannte,
Ruft ihn zurück im Willkomm seiner Mutter.
Willkommen! ruft den Fraun Willkommen zu.
Alle. Willkommen! edle Frauen! seid willkommen!
(*Trommeln und Trompeten. Alle ab.*)

FÜNFTE SZENE

Antium. Ein öffentlicher Platz
Aufidius tritt auf mit Begleitern

Aufidius. Geht, sagt den Senatoren, ich sei hier,
Gebt ihnen dies Papier, und wenn sie's lasen,
Heißt sie zum Marktplatz kommen, wo ich selbst
Vor ihrem und des ganzen Volkes Ohr
Bekräftge, was hier steht. Der Angeklagte
Zog eben in die Stadt und ist gewillt,
Sich vor das Volk zu stellen, in der Hoffnung,
Durch Worte sich zu rein'gen. Geht.
(*Die Begleiter gehn ab.*)
Drei oder vier Verschworne treten auf.
Willkommen!
Erster Verschworner. Wie steht's mit unserm Feldherrn?
Aufidius. Grade so
Wie dem, der durch sein Wohltun wird vergiftet,
Den sein Erbarmen mordet.
Zweiter Verschworner. Edler Herr,
Wenn bei derselben Absicht Ihr verharrt,
Zu der Ihr unsern Beitritt wünscht, erretten
Wir Euch von der Gefahr.
Aufidius. Ich weiß noch nicht.
Wir müssen handeln nach des Volkes Stimmung.
Dritter Verschworner. Das Volk bleibt ungewiß, solang es noch
Kann wählen zwischen euch. Der Fall des einen
Macht, daß der andre alles erbt.

Aufidius. Ich weiß es.
Auch wird der Vorwand, ihm eins beizubringen,
Beschönigt. Ich erhob ihn, gab mein Wort
Für seine Treu. Er, so emporgestiegen,
Begoß mit Schmeicheltau die neuen Pflanzen,
Die Freunde mir verführend; zu dem Zweck
Bog er sein Wesen, das man nur vorher
Als rauh, unlenksam und freimütig kannte.

Dritter Verschworner. Jawohl, sein Starrsinn, als er einst die [Würde
Des Konsuls suchte, die er nur verlor,
Weil er nicht nachgab –

Aufidius. Davon wollt ich reden.
Deshalb verbannt, kam er an meinen Herd,
Bot seinen Hals dem Dolch. Ich nahm ihn auf,
Macht ihn zu meinesgleichen, gab ihm Raum
Nach seinem eignen Wunsch, ja, ließ ihn wählen
Aus meinem Heer, zu seines Plans Gelingen,
Die besten, kühnsten Leute. Selbst auch dient ich
Für seinen Plan, half ernten Ruhm und Ehre,
Die er ganz nahm als eigen. Selbst mir Schaden
Zu tun, war ich fast stolz. Bis ich am Ende
Sein Söldner schien, nicht Mitregent, den er
Mit Gunst bezahlt und Beifall; als wär ich
Für Lohn in seinem Dienste.

Erster Verschworner. Ja, das tat er,
Das Heer erstaunte drob. Und dann zuletzt,
Als Rom sein war, und wir nicht wen'ger Ruhm
Als Beut erwarteten –

Aufidius. Dies ist der Punkt,
Wo meine ganze Kraft ihm widerstrebt.
Für wen'ge Tropfen Weibertränen, wohlfeil
Wie Lügen, konnt er Schweiß und Blut verkaufen
Der großen Unternehmung. Darum sterb er,
Und ich ersteh in seinem Fall. – Doch, horcht. –

(*Trommeln und Trompeten, Freudengeschrei des Volks.*)

Erster Verschworner. Ihr kamt zur Vaterstadt, gleich einem Boten,

Und wurdet nicht begrüßt; bei seiner Rückkehr
Zerreißt ihr Schrein die Luft.
Zweiter Verschworner. Ihr blöden Toren!
Die Kinder schlug er euch: ihr sprengt die Kehlen,
Ihm Glück zu wünschen.
Dritter Verschworner. Drum zu Euerm Vorteil,
Eh er noch sprechen kann, das Volk zu stimmen
Durch seine Rede, fühl er Euer Schwert.
Wir unterstützen Euch, daß, wenn er liegt,
Auf Eure Art sein Wort gedeutet wird,
Mit ihm sein Recht begraben.
Aufidius. Sprich nicht mehr,
Hier kommt schon der Senat.
     Die Senatoren treten auf.
Die Senatoren. Ihr seid daheim willkommen!
Aufidius. Das hab ich nicht verdient; doch, würdge Herrn,
Last ihr bedächtig durch, was ich euch schrieb?
Die Senatoren. Wir taten's.
Erster Senator. Und mit Kummer, dies zu hören.
Was früher er gefehlt, das, glaub ich, war
Nur leichter Strafe wert; doch da zu enden,
Wo er beginnen sollte, wegzuschenken
Den Vorteil unsers Kriegs, uns zu bezahlen
Mit unsern Kosten und Vergleich zu schließen
Statt der Eroberung – das ist unverzeihlich.
Aufidius. Er naht, ihr sollt ihn hören.
Coriolanus tritt ein mit Trommeln und Fahnen, Bürger mit ihm.
Coriolanus. Heil, edle Herrn! Heim kehr ich, euer Krieger,
Unangesteckt von Vaterlandsgefühlen,
So wie ich auszog. Euerm hohen Willen
Bleib ich stets untertan. – Nun sollt ihr wissen,
Daß uns der herrlichste Erfolg gekrönt:
Auf blutgem Pfade führt ich euern Krieg
Bis vor die Tore Roms. Wir bringen Beute,
Die mehr als um ein Dritteil überwiegt
Die Kosten dieses Kriegs. Wir machten Frieden,
Mit minderm Ruhm nicht für die Antiaten

Als Schmach für Rom, und überliefern hier,
Von Konsuln und Patriziern unterschrieben
Und mit dem Siegel des Senats versehn,
Euch den Vergleich.
Aufidius. Lest ihn nicht, edle Herrn.
Sagt dem Verräter, daß er eure Macht
Im höchsten Grad gemißbraucht.
Coriolanus. Was? Verräter?
Aufidius. Ja, du Verräter, Marcius!
Coriolanus. Marcius?
Aufidius. Ja, Marcius, Cajus Marcius! denkst du etwa,
Daß ich mit deinem Raub dich schmücke, deinem
Gestohlnen Namen Coriolan?
Ihr Herrn und Häupter dieses Staats, meineidig
Verriet er eure Sach und schenkte weg
Für ein'ge salzge Tropfen euer Rom,
Ja, eure Stadt, an seine Frau und Mutter,
Den heilgen Eid zerreißend, wie den Faden
Verfaulter Seide, niemals Kriegesrat
Berufend. Nein, bei seiner Amme Tränen
Weint' er und heulte euern Sieg hinweg,
Daß Pagen sein sich schämten und Soldaten
Sich staunend angesehn.
Coriolanus. Hörst du das, Mars?
Aufidius. O! nenne nicht *den* Gott, du Knab der Tränen! –
Coriolanus. Ha!
Aufidius. Nichts mehr!
Coriolanus. Du grenzenloser Lügner! zu groß machst du
Mein Herz für meinen Busen. Knab? O Sklave!
Verzeiht mir, Herrn, das ist das erste Mal,
Daß man mich zwingt zu schimpfen. – Ihr Verehrten,
Straft Lügen diesen Hund; sein eignes Wissen
(Denn meine Striemen sind ihm eingedrückt,
Und diese Zeichen nimmt er mit ins Grab)
Schleudr' ihm zugleich die Lüg in seinen Hals.
Erster Senator. Still, beid, und hört mich an.
Coriolanus. Reißt mich in Stück', ihr Volsker! Männer, Kinder,